I0040743

LA LÉGISLATION

DE

L'INSTRUCTION PRIMAIRE

DEPUIS 1789 JUSQU'A NOS JOURS

RECUEIL

DES

LOIS, DÉCRETS, ORDONNANCES, ARRÊTÉS, RÈGLEMENTS,
DÉCISIONS, AVIS, PROJETS DE LOIS,

AVEC INTRODUCTION HISTORIQUE ET TABLES

Par M. GRÉARD

VICE-RECTEUR DE L'ACADÉMIE DE PARIS
MEMBRE DE L'INSTITUT.

DEUXIÈME ÉDITION

TOME VII

I. — Table systématique des six volumes.

PARIS

LIBRAIRIE DE MM. DELALAIN FRÈRES

IMPRIMEURS DE L'UNIVERSITÉ

115, Boulevard Saint-Germain, 115

LA LÉGISLATION

DE

L'INSTRUCTION PRIMAIRE

EN FRANCE.

Lois et Règlements organiques de l'Enseignement primaire en France, 1881-1898, texte unique comprenant les modifications apportées, jusqu'au 1er janvier 1898, à la rédaction primitive des documents ; 1 vol. in-8°, *br.* 2 f. 50 c.

Circulaires et Instructions relatives à l'Instruction publique, 1831-1900, collection publiée sous les auspices du Ministère de l'Instruction publique ; 11 vol. in-8° (tomes II, III, IV, V, VI (avec table analytique des tomes I à VI), VII, VIII, IX, X, XI et XII), *br.* 110 f.

Il ne reste plus à vendre isolément que quelques exemplaires des tomes II (1831-1839), III (1840-1849), IV (1850-1855), V (1856-1863), chacun séparément, in-8°, *br.* 12 f.

Le Tome Ier (1802-1830) et le Tome VI (1863-1869), en dehors des collections réservées, sont épuisés.

— Tome VII (du 25 janvier 1870 au 28 février 1878), avec une double table chronologique et analytique ; 1 fort vol. in-8°, *br.* 12 f.

— Tome VIII (du 11 mars 1878 au 28 mars 1882), avec une double table chronologique et analytique ; 1 fort vol. in-8°, *br.* 12 f.

— Tome IX (du 28 mars 1882 au 29 octobre 1886), avec une double table chronologique et analytique ; 1 fort vol. in-8°, *br.* 12 f.

— Tome X (du 31 octobre 1886 à mai 1889), avec une double table chronologique et analytique ; 1 vol. in-8°, *br.* 8 f.

— Tome XI (de juin 1889 à décembre 1893), avec une double table chronologique et analytique ; 1 fort vol. in-8°, *br.* 12 f.

— Tome XII (1894-1900), avec une double table chronologique et analitique ; 1 fort vol. in-8°, *br.* 12 f.

Cette collection sera continuée.

Recueil des Lois et Actes de l'Instruction publique (Janvier 1848 à décembre 1891), Recueil des lois, décrets, arrêtés, circulaires, décisions, etc., relatifs à l'Instruction publique, 44 volumes, format in-8°, *br.* 100 f.

[Cette publication périodique s'est arrêtée en décembre 1891.]

Chaque Année séparée, de 1848 à 1891, *non épuisée* en dehors des collections complètes réservées ; 1 fort vol. in-8°, *br.* 3 f.

Chaque volume contient deux tables, l'une chronologique, l'autre alphabétique-analytique.

Les *numéros* des années 1848 à 1891, qui existent encore *séparément*, se vendent chacun 30 *centimes*.

LA LÉGISLATION

DE

L'INSTRUCTION PRIMAIRE

DEPUIS 1789 JUSQU'A NOS JOURS

---∞∞---

RECUEIL

DES

LOIS, DÉCRETS, ORDONNANCES, ARRÊTÉS, RÈGLEMENTS,
DÉCISIONS, AVIS, PROJETS DE LOIS,

AVEC INTRODUCTION HISTORIQUE ET TABLES

Par M. GRÉARD

VICE-RECTEUR DE L'ACADÉMIE DE PARIS
MEMBRE DE L'INSTITUT.

DEUXIÈME ÉDITION

---∞∞---

TOME VII

I. — Table systématique des six volumes.

---∞∞---

PARIS

LIBRAIRIE DE MM. DELALAIN FRÈRES

IMPRIMEURS DE L'UNIVERSITÉ

115, Boulevard Saint-Germain, 115

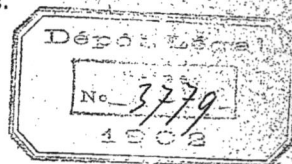

ABRÉVIATIONS

A. = Arrêté.
A. Pr. S. = Arrêté du Préfet de la Seine.
Ar. C. de Cass. = Arrêt de la Cour de Cassation.
Ar. C. d'App. = Arrêt de la Cour d'Appel.
Ar. Pr. Rh. = Arrêté du Préfet du Rhône.
Ar. Trib. des Confl. = Arrêt du Tribunal des Conflits.
Av. = Avis.
Av. C. = Avis du Conseil (de l'Université, — Royal, — Supérieur, suivant les époques).
Av. C. d'Et. = Avis du Conseil d'État.

C. = Circulaire.
C. Dép. Rh. = Conseil départemental du Rhône.
C. Dép. S. = Conseil départemental de la Seine.
C. R. B. = Circulaire du Recteur de Besançon.
C. V.-R. P. = Circulaire du Vice-Recteur de Paris.
Constit. = Constitution.

D. = Décret.
Décis. = Décision.
Décis. C. Dép. S. = Décision du Conseil départemental de la Seine.
Décis. C. d'Et. = Décision du Conseil d'État.
Décis. R. = Décision royale.
Délib. = Délibération.
Délib. C. M. L. = Délibération du Conseil municipal de Lyon.

I. = Instruction.

Jug. Tr. Civ. = Jugement de Tribunal civil.
Jug. Tr. Com. = Jugement de Tribunal de commerce.

L. = Loi.
Let. = Lettre (du Ministre de l'Instruction publique).
Let. Min. J.-C. = Lettre du Ministre de la Justice et des Cultes.
Let. Min. T. P. = Lettre du Ministre des Travaux publics.

Min. Agr. et C. = Ministre de l'Agriculture et du Commerce.
Min. C. = Ministre du Commerce.
Min. F. = Ministre des Finances.
Min. Int. = Ministre de l'Intérieur.

n. = note.

O. = Ordonnance royale.

Rap. = Rapport.
Règl. = Règlement.
Règl. Pr. S. = Règlement émanant de la Préfecture de la Seine.
Stat. = Statut.

Trib. des Confl. = Tribunal des Conflits.

Toutes nos éditions sont revêtues de notre griffe.

Septembre 1902.

LÉGISLATION DE L'INSTRUCTION PRIMAIRE

TABLE SYSTÉMATIQUE

DES SIX VOLUMES

A

ABSENCE.

Autorisations d'ᴍ accordées aux fonctionnaires de l'enseignement primaire : C. 31 mai 1862, III, 795.

ACADÉMIES UNIVERSITAIRES.

Création des ᴍ : D. 17 mars 1808, art. 4-5, I, 196. — Leur remplacement par des *universités* : O. 17 février 1815, art. 1-2, I, 229. — Rétablissement des ᴍ : D. 30 mars 1815, I, 237; — O. 15 août 1815, art. 1ᵉʳ, I, 238.

Substitution d'*Académies départementales* aux ᴍ : L. 15 mars 1850, art. 7-8, III, 324; — D. 27 mai 1850, III, 350; — D. 29 juillet 1850, ch. II, III, 359.

Création de 16 ᴍ : L. 14 juin 1854, tit. Iᵉʳ, III, 587; — D. 22 août 1854, §§ I, IV, VI III, 592 et s.

Création d'une Académie universitaire à Chambéry : D. 13 juin 1860, III, 755. — Rattachement du département des Alpes-Maritimes à l'Académie universitaire d'Aix : D. 13 juin 1860, III, 755. — Académie universitaire d'Alger : D. 15 août 1875, art. 3, IV, 568. — Élévation de la classe de l'Académie d'Aix : D. 13 juin 1860, III, 755.

Attributions des autorités académiques : C. 24 mai 1876, IV, 598.

Projets et propositions de lois : 5 févr. 1849, art. 13, III, 145; — 18 juin 1849, art. 7-8, III, 174; — 6 oct. 1849, art. 7, III, 232; — 17 déc. 1849, art. 12-13, III, 272; — 31 déc. 1849, art. 7-9, III, 299.

Voir aussi ADMINISTRATION ACADÉMIQUE, CONSEIL ACADÉMIQUE, INSPECTEURS D'ACADÉMIE, RECTEURS, VICE-RECTEURS, UNIVERSITÉS.

ACADÉMIQUE (CONSEIL).

Voir CONSEIL ACADÉMIQUE.

ACTES CIVILS.

Enseignement de la rédaction des actes de l'état civil et des procès-verbaux dans les Écoles normales primaires : A. C, 14 déc. 1832, art. 3, I, 429.

ADJOINT au maire.

L'ᴍ remplace de droit le maire dans les comités : L. 28 juin 1833, art. 17, **II**, 16; — O. 5 nov. 1833, art. 1ᵉʳ, **II**, 69; — Av. C. 13 juin 1834, **II**, 144. Un ᴍ peut être instituteur privé : Av. C. 5 juillet 1836, **II**, 260.

ADJOINTE de Salle d'asile.

Ouverture d'un registre d'inscription à Paris pour les aspirantes aux fonctions d'ᴍ : Av. C. 31 mars 1840, **II**, 438.

Voir aussi SALLES D'ASILE.

ADJOINTS ET ADJOINTES dans les écoles primaires.

Voir INSTITUTEURS ADJOINTS et Institutrices adjointes.

ADJUDICATIONS.

Autorisation de l'usage des salles d'écoles pour les ᴍ : C. 30 août 1882, **V**, 483

ADMINISTRATION ACADÉMIQUE.

Obligation pour les départements de fournir un local pour l'ᴍ : D. 29 juillet 1850, art. 14, **III**, 359; — L. 19 juil. 1889, art. 3, **VI**, 163.

Propositions de lois : 5 févr. 1849, tit. ɪɪɪ, **III**, 145; — 18 juin 1849, art. 7-15, **III**, 174.

Voir aussi ACADÉMIES UNIVERSITAIRES, CONSEIL ACADÉMIQUE, CONSEIL DÉPARTEMENTAL, INSPECTEURS D'ACADÉMIE, RECTEURS.

ADMINISTRATION PRÉFECTORALE.

Rappel des attributions et devoirs de l'ᴍ : C. 24 mai 1876, **IV**, 598.

Voir aussi PRÉFETS.

ADMISSIBILITÉ (Liste d').

Voir LISTE D'ADMISSIBILITÉ.

ADMISSION des enfants dans les écoles.

Âge d'ᴍ : D. 19 déc. 1793, art. 8, **I**, 84; — D. 17 nov. 1794, ch. ɪᴠ, art. 1ᵉʳ, **I**, 103; — A. 25 avril 1834, art. 2, **II**, 123; — A. 1ᵉʳ mars 1842, art. 1ᵉʳ, **II**, 456; — Décis. C. 15 juil. 1845, **II**, 514; — Ar. C. de Cass. 7 févr. 1846, **II**, 533; — Règl. 17 août 1851, art. 6, **III**, 483; — C. 26 juin 1856, **III**, 700; — Av. C. 9 juil. 1858, **III**, 726; — Av. C. 19 janvier 1859, **III**, 740; — Av. C. 5 juillet 1860, **III**, 757; — C. 21 juil. 1865, **IV**, 58; — L. 10 avril 1867, art. 21, **IV**, 138; — C. 12 mai 1867, **IV**, 156; — Décis. C. 24 juin 1873, **IV**, 466; — D. 18 janv. 1887, art. 1ᵉʳ, 2, 28, **V**, 721, 726; — D. 14 février 1891, **VI**, 345.

Conditions d'ᴍ : A. 25 avril 1834, art. 2, 20, 22, **II**, 123, 126; — A. 1ᵉʳ mars 1842, art. 2, **II**, 456; — A. 20 déc. 1842, art. 3-4, **II**, 479; — Av. C. 13 oct. 1843, **II**, 496; — Règl. 17 août 1851, art. 6-7, **III**, 483; — Av. C. 9 juillet 1858, **III**, 726; — A. 6 janv. 1881, art. 1-2, **V**, 235; — A. 2 août 1881, art. 1-2, **V**, 312; — A. 18 juillet 1882, art. 1-2, **V**, 442; — D. 18 janv. 1887, art. 1ᵉʳ, 2, 28, **V**, 721, 726; — Règl. 18 janv. 1887, art. 1ᵉʳ, **V**, 822, et art. 1-2, **V**, 823; — A. 29 déc. 1888, art. 1-2, **VI**, 131; — D. 30 déc. 1889, **VI**, 222; — D. 14 février 1891, **VI**, 345.

Projets et propositions de lois : Sept. 1791, tit. ɪ, art. 3, et tit. xvɪɪ, art. 1ᵉʳ, **I**, 9, 12; — avril 1792, tit. ɪɪ, art. 4, **I**, 15; — 12-18 déc. 1792, **I**, 27; — 1793, art. 3, **I**,

1.

I, 61 ; — 20 oct. 1793, art. 4, I, 70 ; — 13 avril 1794, art. 9, I, 93 ; — 27 mars 1795, tit. II, art. 10, I, 117 ; — 14 janv. 1799, 2°, I, 155 ; — 18 févr. 1799, art. 31, I, 160 ; — 8 nov. 1800, tit. III, § 1er, art. 1er, I, 170 ; — janv. 1821, art. 21, I, 299 ; — 31 mars 1847, art. 15, II, 563 ; — 20 juillet 1847, art. 14, II, 593 ; — 15 déc. 1848, art. 2, 35, III, 98, 103 ; — sept. 1866, art. 20, IV, 121 ; — 26 mars 1867, IV, 132 ; — 15 déc. 1871, art. 1er, IV, 335 ; — 23 mars 1877, art. 9, IV, 685 ; — 1er déc. 1877, art. 5, IV, 727 ; — 6 déc. 1879, art. 8, 26, V, 85, 87 ; — 7 févr. 1882, art. 3, V, 379.

Voir aussi BILLET d'admission à l'École, RÈGLEMENTS SCOLAIRES.

ADULTES.

Institution de cours communs à tous les citoyens de tout âge, de l'un et de l'autre sexe : D. 30 mai 1793, art. 4, I, 43 ; — D. 28 janv. 1794, art. 4, I, 87.

Projet de décret : 12 déc. 1792, I, 27.

Voir aussi-APPRENTIS, CLASSES D'ADULTES, COURS D'ADULTES, ÉCOLES COMMU-NALES D'ADULTES.

AGE D'ADMISSION des enfants dans les écoles.

Voir ADMISSION des enfants dans les écoles.

AGENT DE REMPLACEMENT MILITAIRE.

Incompatibilité éventuelle entre la profession d'~ et les fonctions d'instituteur : Av. C. 12 juillet 1842, II, 462.

AGRICULTURE (Enseignement de l').

Institution de commissions : pour l'enseignement pratique de l'~ : A. 3 juillet 1852, III, 505 ; — pour la préparation d'un programme d'enseignement de l'~ : D. 12 février 1867, IV, 127 ; — pour le développement et le perfectionnement de l'enseignement agricole dans les établissements universitaires, et en particulier dans les établissements d'enseignement primaire : A. 25 oct. 1887, VI, 60.

Création d'une chaire d'~ dans une école primaire supérieure : Av. C. 1er février 1850, III, 317.

Instructions élémentaires sur l'~, comprises parmi les matières de l'enseignement primaire : L. 15 mars 1850, art. 23, III, 329 ; — A. 3 juillet 1866, art. 17, IV, 108 ; — L. 28 mars 1882, art. 1er, V, 419 ; — A. 29 déc. 1888, VI, 128.

Enseignement de l'~ dans les écoles primaires : A. 30 déc. 1867, IV, 183 ; — C. 24 oct. 1895, VI, 669 ; — C. 4 janvier 1897, VI, 745 ; — C. 12 mai 1898, VI, 818.

Enseignement de l'~ dans les Écoles normales primaires : Règl. 14 déc. 1832, art. 3, I, 429 ; — C. 18 août 1838, II, 396 ; — Décis. C. 2 août 1839, II, 429 ; — D. 24 mars 1851, art. 1er, III, 453 ; — A. 31 juillet 1851, III, 479 ; — C. 18 avril 1855, III, 642 ; — Rap. 16 février 1856, III, 692 ; — D. 2 juillet 1866, art. 1er, IV, 91 ; — A. 30 déc. 1867, IV, 183 ; — D. 29 juillet 1881, art. 7, 11°, V, 270 ; — D. 9 janv. 1883, art. 7, 11°, IV, 504 ; — D. 18 janv. 1887, art. 82, 11°, V, 740 ; — A. 18 janvier 1887, art. 97, V, 790-791 ; — C. 30 nov. 1895, VI, 674 ; — C. 12 mai 1898, VI, 818.

Enseignement élémentaire pratique de l'~ : L. 30 juillet 1875, IV, 556.

Nomination et attributions des professeurs départementaux d'~ : A. 31 déc. 1867, IV, 188.

Loi sur l'enseignement départemental et communal de l'agriculture : L. 16 juin 1879, V, 62.

Projets et propositions de lois : 12 nov. 1798, art. 7, I, 142 ; — 30 juin 1848, art. 1er, III, 36 ; — 15 déc. 1848, art. 12, III, 99 ; — 18 juin 1849, art. 21, III, 176 ; — 17 déc. 1849, art. 25, III, 274 ; — 26 janv. 1872, art. 1er, IV, 348 ; — 12 juin 1872, art. 2, IV, 369 ; — 7 juil. 1876, art. 9, IV, 623 ; — 23 mars 1877, art. 2, IV,

685 ; — 16 juin 1877, **IV**, 717 ; — 1er déc. 1877, art. 1er, **IV**, 726 ; — 16 février 1878, **IV**, 775 ; — 22 février 1879, **V**, 4 ; — 19 mai 1879, **V**, 52.

Voir aussi CERTIFICAT D'APTITUDE à l'enseignement agricole, CHAMPS D'EXPÉRIENCES agricoles, ÉCOLES PRATIQUES d'agriculture, PROFESSEURS départementaux d'Agriculture.

ALCOOLISME.

Mesures pour combattre l'~ dans l'enseignement primaire : C. 2 août 1895, **VI**, 646 ; — Rapport de M. Steeg, **VI**, 648 ; — C. 30 janvier 1896, **VI**, 684.

Introduction dans les programmes d'enseignement de notions sur les dangers de l'~ : C. 9 mars 1897, **VI**, 756.

Voir aussi BOISSONS ALCOOLIQUES, SOCIÉTÉ FRANÇAISE de tempérance.

ALGÈBRE ÉLÉMENTAIRE.

Enseignement du calcul algébrique dans les écoles primaires supérieures : D. 18 janv. 1887, art. 35, **V**, 728 ; — dans les Écoles normales primaires : D. 18 janv. 1887, art. 82, 7o, **V**, 739.

Proposition de loi : 1er déc. 1877, art. 1er, **IV**, 727.

ALGÉRIE.

ENSEIGNEMENT PRIMAIRE. — Organisation de l'instruction publique et plus particulièrement de l'enseignement primaire en ~ : A. 30 mai 1848, **III**, 25 ; — A. 16 août 1848, **III**, 44 ; — L. 15 mars 1850, art. 81, **III**, 339 ; — A. 30 déc. 1853, **III**, 561 ; — D. 2 août 1858, **III**, 731 ; — D. 27 oct. 1858, **III**, 737 ; — D. 10 déc. 1860, **III**, 762 ; — D. 15 août 1875, **IV**, 567 ; — D. 1er juillet 1876, **IV**, 621 ; — D. 13 février 1883, **V**, 506 ; — D. 16 février 1883, **V**, 519 ; — D. 1er février 1885, **V**, 604 ; — D. 16 oct. 1886, **V**, 668 ; — L. 30 oct. 1886, art. 68, **V**, 698 ; — D. 8 nov. 1887, **VI**, 62 ; — D. 9 déc. 1887, **VI**, 66 ; — D. 9 août 1888, **VI**, 124 ; — L. 19 juillet 1889, art. 29, 30, **VI**, 176 ; — D. 2 août 1890, art. 10, **VI**, 293 ; — D. 18 oct. 1892, **VI**, 432.

Droits des conseils municipaux d'~ relativement à l'option entre instituteurs laïques et congréganistes : Décis. C. d'Et. 23 mai 1873, **IV**, 458.

Valeur des brevets de capacité délivrés par la Commission d'inspection primaire en ~ : Av. C. 8 mai 1846, **II**, 535.

Création d'une École normale d'instituteurs à Alger : D. 4 mars 1865, **IV**, 38.

Droit d'opposition du Gouverneur général de l'~ à l'ouverture d'écoles primaires libres ou privées : D. 15 août 1875, art. 8, **IV**, 569.

Conditions requises pour l'installation, en ~, d'écoles dirigées par des instituteurs appartenant à une congrégation religieuse : Décis. févr. 1857, **III**, 705.

Vœu de revision de la législation de l'instruction publique en ~ : Av. C. 28 juin 1873, **IV**, 467.

Part contributive de l'État dans le payement des annuités communales pour construction et appropriation d'écoles primaires en ~ : D. 22 nov. 1890, **VI**, 316 ; — L. 26 janvier 1892, art. 68, **VI**, 406 ; — L. 26 juillet 1893, art. 66, **VI**, 516 ; — L. 13 avril 1898, art. 101, **VI**, 812 ; — L. 30 mai 1899, art. 55, **VI**, 883.

TRAITEMENT des instituteurs et institutrices en ~ : A. 30 déc. 1853, **III**, 561 ; — D. 15 août 1875, art. 11, **IV**, 570 ; — D. 1er juillet 1876, **IV**, 621 ; — D. 27 mai 1878, **IV**, 794 ; — L. 19 juillet 1889, art. 31 et 48, 10o et 11o, **VI**, 176 ; — L. 25 juillet 1893, art. 31 et 48, 10o et 11o, **VI**, 507 et s.

Indemnités et allocations attribuées au personnel des écoles primaires publiques d'~ : D. 8 nov. 1887, art. 9, **VI**, 64 ; — D. 24 juillet 1890, **VI**, 284 ; — D. 17 mars 1891, art. 1er, **VI**, 374 ; — D. 20 juillet 1894, art. 1er, **VI**, 571.

Quart colonial alloué aux agents et préposés des divers services civils en ~ : suppression : L. 26 déc. 1890, art. 51, **VI**, 322 ; — rétablissement : L. 16 avril 1895, art. 63, **VI**, 609.

Écoles musulmanes françaises : D. 14 juillet 1850, III, 352 ; — D. 30 sept. 1850, III, 379 ; — A. 2 mai 1865, IV, 46 ; — D. 9 déc. 1887, VI, 66 ; — D. 18 oct. 1892, VI, 432.

Prime en faveur des indigènes algériens qui connaissent la langue française : D. 13 février 1883, art. 30, V, 515 ; — A. 1er octobre 1883, V, 546 ; — en faveur des membres français de l'enseignement primaire public qui possèdent un brevet de langue arabe ou kabyle : D. 27 mai 1878, art. 2, IV, 795 ; — A. 17 mars 1882, V, 417 ; — D. 8 nov. 1887, art. 9, VI, 64 ; — L. 19 juil. 1889, art. 48, 10°, VI, 187 ; — L. 25 juil. 1893, art. 31, VI, 507.

Inspection de l'enseignement primaire. — Mode de correspondance des sous-inspecteurs primaires en ... : Av. C. 15 juin 1849, III, 160. — Modification dans le service de l'inspection primaire en ... : D. 5 oct. 1849, III, 191 ; — A. 8 mai 1860, III, 753. — Création d'un emploi d'inspectrice des salles d'asile en ... : A. 11 juin 1860, III, 754.

Dispositions diverses. — Frais de passage de France en ... pour les fonctionnaires de l'instruction publique : A. 8 mars 1862, III, 785 ; — A. 25 avril 1874, IV, 515 ; — A. 18 mai 1885, V, 610 ; — A. 3 juin 1898, VI, 820.

Conditions suivant lesquelles les Français domiciliés en ... sont soumis au service militaire : L. 6 nov. 1875, IV, 571.

Projets et propositions de lois : 15 déc. 1871, art. 20, IV, 341 ; — 6 déc. 1879, art. 25, V, 87 ; — 13 mars 1886, art. 25-27, V, 659 ; — 19 février 1891, art. 49-51, VI, 353.

Voir aussi Brevets de capacité, Commissions d'examen, Caisse des Lycées, Frères des Écoles chrétiennes, Heure légale, Langue arabe.

AMBULANTS (Instituteurs).

Formalités et conditions à exiger des ... : Av. C. 26 février 1836, II, 223. — Décisions spéciales relatives aux ... dans l'Académie de Grenoble : A. 26 août 1836, II, 273.

Propositions de lois : 24 oct. 1831, art. 19, I, 416 ; — 15 déc. 1848, art. 21, III, 101.

AMENDE.

Prononcée pour ouverture d'une école primaire privée en contravention avec la loi : L. 28 juin 1833, art. 6, II, 12 ; — L. 15 mars 1850, art. 29, III, 330 ; — L. 30 oct. 1886, art. 40, V, 688 ; — pour refus de se soumettre à la surveillance de l'État : L. 15 mars 1850, art. 22, III, 328 ; — L. 30 oct. 1886, art. 42, V, 690.

Propositions de lois : 31 mars 1847, art. 23, II, 565 ; — 20 juil. 1847, art. 20, II, 594 ; — 15 déc. 1848, art. 50, 54, III, 105 et s. ; — 18 juin 1849, art. 26, III, 176 ; — 6 oct. 1849, art. 25, III, 235 ; — 17 déc. 1849, art. 24, III, 274 ; — 31 déc. 1849, art. 25, III, 302 ; — 1er déc. 1877, art. 116-117, IV, 746 ; — 6 déc. 1879, art. 63, 65, V, 93 ; — 7 févr. 1882, art. 48, 50, V, 386.

ANIMAUX de réquisition (Classement des).

Coopération des instituteurs secrétaires de mairie aux travaux des commissions de classement des ... : C. 2 oct. 1880, V, 204 ; — C. 11 avril 1900, VI, 915.

ANNÉE.

Nouvelle organisation de l'... par la Convention : D. 24 nov. 1793, I, 81.

ANNUAIRE DE L'ENSEIGNEMENT PRIMAIRE.

Création d'un ... : A. 15 mai 1896, VI, 721 ; — C. 15 mai 1896, VI, 723. Modèle de fiche pour renseignements destinés à l'..., VI, 960.

ANTIALCOOLIQUE (Enseignement).

Voir ALCOOLISME.

APPEL.

Droit d'⌣, exercé par des membres de l'enseignement primaire : L. 28 juin 1833, art. 7, 23, II, 12, 19 ; — A. 24 avril 1838, art. 32, II, 381 ; — L. 15 mars 1850, art. 30, 33, III, 331 et s.; — D. 29 juil. 1850, art. 27-28, III, 361 ; — D. 21 mars 1855, art. 24, III, 632 ; — L. 10 avril 1867, art. 19, IV, 138 ; — I. 30 oct. 1886, art. 39, 41, V, 688 et s.

Projets et propositions de lois : 17 nov. 1832, art. 12, I, 426 ; — 31 mars 1847, art. 22, II, 564 ; — 30 juin 1848, art. 24, 43, III, 38, 42 ; — 15 déc. 1848, art. 51, 80, III, 105, 111 ; — 18 juin 1849, art. 34, III, 177 ; — 31 déc. 1849, art. 28, III, 303 ; — 24 mai 1865, art. 4, IV, 52 ; — sept. 1866, art. 18, IV, 121 ; — 15 déc. 1871, art. 3, 8-9, IV, 336 et s.; — 3 juil. 1872, art. 63-64, IV, 409 ; — 23 mars 1877, art. 19, 53, 85, IV, 687 et s.; — 1er déc. 1877, art. 25, 28, 121, 131, IV, 730 et s.; — 6 déc. 1879, art. 38, 64, V, 89 et s.; — 7 févr. 1882, art. 39-40, 49, V, 384 et s.

APPRENTIS.

Enquête sur les écoles d'⌣ : C. 11 janv. 1850, III, 310.

Création d'écoles ou classes d'⌣ : L. 15 mars 1850, art. 54-56, III, 337 ; — L. 30 oct. 1886, art. 8, V, 672 ; — D. 18 janv. 1887, art. 98-105, V, 745.

Réorganisation de cours d'⌣ dans les écoles de Paris : A. Pr. S. 10 août 1877, IV, 719.

Projets et propositions de lois : 15 déc. 1848, art. 1er, 37, III, 98, 103 ; — 18 juin 1849, art. 49-50, III, 180 ; — 6 oct. 1849, art. 50-51, III, 239 ; — 17 déc. 1849, art. 72, III, 281 ; — 31 déc. 1849, art. 56-58, III, 307 ; — 3 juil. 1872, art. 10, 43, IV, 400, 406 ; — 23 mars 1877, art. 39-44, IV, 689 ; — 1er déc. 1877, art. 39-42, IV, 732.

Voir aussi CONTRAT D'APPRENTISSAGE, ÉCOLES MANUELLES d'apprentissage, ÉCOLES NATIONALES d'enseignement primaire supérieur et professionnel, ÉCOLES PROFESSIONNELLES, ENFANTS employés dans les manufactures.

APPROPRIATION de maisons d'écoles.

Voir CONSTRUCTION de maisons d'écoles, MAISONS D'ÉCOLES.

ARABE (Langue).

Voir LANGUE ARABE.

ARCHEVÊQUES et ÉVÊQUES.

Droit des ⌣ de visiter et surveiller les écoles catholiques de leur diocèse : O. 29 févr. 1816, art. 40, I, 248 ; — I. 4 nov. 1820, I, 292 ; — O. 8 avril 1824, art. 8-12, I, 325 ; — O. 21 avril 1828, art. 20, I, 344.

Délivrance, par les ⌣ ou leur délégué, de certificats d'instruction religieuse à présenter par les aspirants aux brevets de capacité : O. 21 avril 1828, art. 9, I, 342.

Appel à la sollicitude des ⌣ en faveur des divers établissements de l'Université : C. 12 juillet 1822, I, 321.

Approbation par les ⌣ des statuts des congrégations religieuses de femmes : L. 24 mai 1825, art. 2, I, 329 ; — I. 17 juil. 1825, art. 2, I, 334.

Droit de présentation par les ⌣ d'ecclésiastiques pour l'inspection des pensionnats de filles tenus par des associations religieuses : D. 31 déc. 1853, art. 12, III, 570.

Instruction religieuse donnée sous l'autorité des ⌣ dans les salles d'asile catholiques : D. 21 mars 1855, art. 3, III, 629.

I, 424 ; — 15 déc. 1848, art. 12, III, 99 ; — 18 juin 1849, art. 21, III, 176 ; — 17 déc. 1849, art. 25, III, 274 ; — 3 juillet 1872, art. 2, IV, 399.

ARTS INDUSTRIELS.

Nécessité d'une autorisation et de l'approbation des programmes par le Ministre de l'Instruction publique pour des cours publics de mécanique et de géométrie applicables aux ⁓ : Av. C. 23 oct. 1838, II, 400.

ASILE (Salles d').

Voir SALLES D'ASILE.

ASILES.

Projet de création d'⁓ destinés à recevoir les anciens instituteurs retraités : C. 28 août 1869, IV, 232.

ASILES-OUVROIRS.

Subventions pour la fondation d'⁓ : C. 9 août 1845, II, 518.
Conditions d'existence des ⁓ : C. 31 oct. 1854, III, 607 ; — L. 30 oct. 1886, art. 43, V, 690.

Voir aussi OUVROIRS.

ASSEMBLÉES ADMINISTRATIVES.

Chargées de la surveillance de l'éducation publique et de l'enseignement politique et moral : D. 22 déc. 1789-janv. 1790, I, 2.

ASSOCIATION pour la direction d'une école.

Deux personnes ne peuvent être autorisées comme ayant simultanément la direction d'une école : Av. C. 11 juillet 1837, II, 328.

ASSOCIATION LIBRE pour l'éducation de la jeunesse ouvrière.

Demande de reconnaissance légale comme établissement d'utilité publique : Av. C. 30 juin 1873, IV, 469.

ASSOCIATIONS DE FONCTIONNAIRES.

Règles à suivre pour les ⁓ : C. 30 janvier 1897, VI, 749.

ASSOCIATIONS ENSEIGNANTES.

Droit de présentation de l'instituteur par les ⁓ qui ont fondé une école : O. 29 février 1816, art. 18, I, 243.
Délivrance de l'autorisation d'exercer dans les écoles dotées par les ⁓ : O. 8 avril 1824, art. 8, I, 325.
Les ⁓ qui entretiennent à leurs frais des écoles ne peuvent y établir des méthodes et règlements particuliers : O. 29 février 1816, art. 31, I, 244.
Écoles fondées et entretenues par des ⁓ : L. 15 mars 1850, art. 17, III, 327 ; — L. 30 oct. 1886, art. 38, V, 687.
État de toutes les ⁓ : C. 3 mai 1877, IV, 709 ; — C. 21 oct. 1895, VI, 667.

Projets et propositions de lois : 20 janvier 1831, art. 6, I, 389 ; — 26 janvier 1872, art. 3-4, 40, IV, 348, 355 ; — 3 juillet 1872, art. 14-20, 86-87, IV, 401, 413 ; — 4 avril 1876, art. 10, IV, 588 ; — 23 mars 1877, art. 17-23, IV, 687 ; — 1er déc. 1877, art. 26-29, 121-123, IV, 730, 746.

Voir aussi ASSOCIATIONS LAÏQUES, ASSOCIATIONS RELIGIEUSES, ÉCOLES PRIMAIRES libres ou privées.

ASSOCIATIONS LAÏQUES.

RECONNAISSANCE D'UTILITÉ PUBLIQUE : Société pour l'encouragement de l'instruction primaire à Lyon : O. 5 avril 1829, I, 367 ; — Société d'encouragement pour l'instruction primaire des protestants en France : O. 15 juil. 1829, I, 374 ; — Société pour l'instruction élémentaire à Paris : O. 29 avril 1831, I, 396 ; — Société pour l'encouragement de l'enseignement mutuel élémentaire à Angers : O. 3 déc. 1831, I, 417 et *n.* 1 ; — Associations diverses, au nombre de 11 : L. 27 juillet 1872, art. 20, 5°, **IV**, 417, *n.* 1.

La loi du 28 juin 1833 ne fait nul obstacle à ce qu'il se forme, comme avant la loi, des ⌣ pour l'instruction primaire : Av. C. 25 août 1837, **II**, 335.

Statistique des ⌣ contribuant à la prospérité de l'école et favorisant la diffusion de l'enseignement : C. 21 oct. 1895, **VI**, 667.

Voir aussi aux divers titres du mot SOCIÉTÉ.

ASSOCIATIONS RELIGIEUSES.

Exigence d'une autorisation pour la formation des ⌣ : D. 22 juin 1804, I, 193.

Supérieurs d'⌣ membres de l'Université : D. 17 mars 1808, art. 109, I, 199.

Liste des ⌣ autorisées : I, 245, *n.* 1 ; — D. 20 juin 1851, III, 468.

Admission des ⌣ à fournir, à des conditions convenues, des maîtres aux communes qui en demandent : O. 29 février 1816, art. 36-38, I, 245 ; — L. 19 juillet 1875, art. 6, **IV**, 554.

Droit de présentation d'instituteurs par des ⌣ : O. 29 février 1816, art. 18, I, 243 ; — O. 2 août 1820, art. 16, I, 290 ; — O. 21 avril 1828, art. 10, I, 342 ; — Décis. C. 6 sept. 1833, II, 65 ; — L. 15 mars 1850, art. 31, III, 331 ; — Av. C. 9 août 1853, III, 537.

Délivrance par le recteur, sur le vu de la lettre d'obédience du supérieur, d'un brevet de capacité aux membres des ⌣ légalement autorisées pour former ou fournir des *instituteurs* primaires : D. 17 mars 1808, art. 109, I, 199 ; — O. 8 avril 1824, art. 12, I, 326 ; — O. 21 avril 1828, art. 10, I, 342 ; — C. 6 mai 1828, I, 347.

Pour les *institutrices* appartenant à des ⌣, la lettre d'obédience tient lieu de titre de capacité : I. 29 juil. 1819, I, 272 ; — O. 3 avril 1820, art. 3, I, 280 ; — I. 19 juin 1820, I, 286 ; — Av. C. 26 déc. 1834, I, 176 ; — O. 23 juin 1836, art. 13, II, 254 ; — C. 13 août 1836, II, 266 ; — A. 9 juin 1837, 2°, II, 320 ; — C. 25 janv. 1849, III, 117 ; — L. 15 mars 1850, art. 49, III, 336 ; — D. 21 mars 1855, art. 20, III, 631.

Exigence d'un titre de capacité pour les *instituteurs* appartenant à des ⌣ : O. 18 avril 1831, I, 395 ; — L. 28 juin 1833, art. 4, 16, II, 12, 16 ; — L. 15 mars 1850, art. 25, III, 329 ; — pour les *institutrices* appartenant à des ⌣ : C. 5 juin 1848, III, 27 ; — C. 6 nov. 1848, III, 54 ; — pour toute fonction d'instituteur ou d'institutrice : L. 16 juin 1881, V, 259.

Exclusion des membres des ⌣ de toute école publique : L. 30 oct. 1886, art. 17-18, V, 679.

Inspection des pensionnats, externats, écoles de filles, tenus par des ⌣ : D. 31 déc. 1853, art. 12, III, 570 ; — C. 26 janv. 1854, III, 571, 572 ; — C. 20 mars 1854, III, 584 ; — I. 20 déc. 1854, III, 621. — C. 27 oct. 1865, IV, 60 ; — C. 21 févr. 1866, IV, 69 ; — L. 30 oct. 1886, art. V, 674.

Non-application de la loi sur les pensions civiles aux membres des ⌣ : Av. C. 11 mars 1854, III, 579.

Les ⌣ charitables autorisées en faveur de l'instruction *primaire* n'ont pas la capacité légale pour contracter, quand il s'agit d'un établissement d'enseignement *secondaire* : Av. C. 10 déc. 1855, III, 665.

Voir aussi CONGRÉGANISTES, CONGRÉGATIONS, DONATIONS, LEGS, LETTRE D'OBÉDIENCE, SOCIÉTÉ (à ses divers titres).

ATELIERS.

Voir TRAVAIL DES ENFANTS DANS LES MANUFACTURES ET ATELIERS.

AUMONIERS des Écoles normales primaires.

Nomination des ᴍ : D. 21 mars 1851, art. 9, III, 454 ; — D. 2 juillet 1866, art. 2 et 7, **IV**, 91, 92 ; — D. 29 juillet 1881, art. 10, **V**, 272.
Classement et traitement des ᴍ : D. 1ᵉʳ avril 1872, **IV**, 360.

AUTORISATION D'ENSEIGNER ou de tenir école.

Exigence d'une ᴍ pour l'exercice des fonctions d'instituteur ou d'institutrice : Règl. 15 févr. 1804, art. 4-5, I, 188 ; — I. 8 mars 1811, I, 218 ; — I. 30 nov. 1812, I, 223, *n.* ; — O. 29 févr. 1816, art. 13, I, 242 ; — A. 22 mai 1818, I, 266 ; — C. 3 juin 1819, I, 271 ; — I. 29 juil. 1819, I, 273 ; — A. 5 déc. 1820, I, 294 ; — A. 15 sept. 1821, I, 312 ; — O. 8 avril 1824, art. 8, 11, I, 325, 326 ; — O. 21 avril 1828, art. 11, 15-16, I, 342 et s. ; — C. 6 mai 1828, I, 347 ; — A. 13 mars 1830, I, 382 ; — L. 28 juin 1833, art. 4, II, 12 ; — Av. C. 27 août 1833, II, 62 ; — Av. C. 7 mars 1834, II, 111 ; — Av. C. 15 avril 1834, II, 121 ; — Av. C. 22 août 1834, II, 159 ; — Av. C. 26 déc. 1834, II, 176, 178 ; — O. 23 juin 1836, art. 4, 7-8, 14, II, 253 et s. ; — C. 13 août 1836, II, 264 ; — Av. C. 9 juin 1837, 2°, II, 320 ; — Av. C. 27 juin 1837, II, 323 ; — Av. C. 26 oct. 1849, III, 241.
Formule de récépissé d'ᴍ : I, 539.
Modèles d'ᴍ : I, 493, 495, 497, 499, 501, 509, 511, 513, 515, 521, 523 ; — II, 687, 689.
Concession, effets, suppression d'ᴍ *provisoires* : Av. C. 7 mars 1834, II, 111 ; — Av. C. 2 août 1836, II, 262 ; — Décis. C. 19 mai 1837, II, 315 ; — Décis. C. 20 mars 1838, II, 373 ; — C. 10 mai 1838, II, 386 ; — Av. C. 12 sept. 1843, II, 495 ; — Av. C. 8 mai 1846, II, 535 ; — Av. C. 16 déc. 1850, III, 397 ; — C. 24 déc. 1850, III, 413 ; — A. 25 juil. 1860, art. 1-3, III, 758 ; — A. 18 janv. 1861, art. 1ᵉʳ, III, 766.
Refus d'ᴍ aux instituteurs du 3ᵉ degré pour les chefs-lieux de canton : A. 25 sept. 1819, art. 12, I, 275.
Révocation d'ᴍ : O. 29 févr. 1816, art. 25-26, I, 244 ; — Règl. Pr. S. 9 oct. 1819, art. 32-33, I, 279 ; — O. 21 avril 1828, art. 17, I, 344 ; — Av. C. 11 févr. 1845, II, 510.
Poursuites contre ceux qui tiennent école sans ᴍ : D. 15 nov. 1811, art. 54-56, I, 221 ; — C. 26 déc. 1827, I, 336.
Exigence passagère du brevet de capacité pour la délivrance d'ᴍ aux institutrices : C. 5 juin 1848, III, 27 ; — C. 6 nov. 1848, III, 54.

AUTORITÉS PRÉPOSÉES A L'ENSEIGNEMENT PRIMAIRE.

Énumération et attributions des ᴍ : D. 21 oct. 1793, art. 7, I, 74 ; — D. 19 déc. 1793, sect. II, art. 1ᵉʳ, I, 83 ; — D. 24 oct. 1795, tit. 1ᵉʳ, art. 11, I, 121 ; — L. 1ᵉʳ mai 1802, tit. II, art. 5, I, 179 ; — D. 17 mars 1808, art. 75-76, 103-106, I, 198 et s. ; — D. 15 nov. 1811, art. 191-192, I, 222 ; — O. 29 févr. 1816, art. 1ᵉʳ, 6, 8, 40-41, I, 240 et s. ; — O. 1ᵉʳ nov. 1820, art. 8-9, I, 292 ; — O. 8 avril 1824, art. 8-10, I, 325 ; — O. 21 avril 1828, art. 20, I, 344 ; — L. 28 juin 1833, tit. IV, II, 16 ; — O. 16 juil. 1833, tit. IV, II, 32 ; — O. 26 févr. 1835, II, 181 ; — O. 13 nov. 1837, II, 340 ; — O. 22 déc. 1837, tit. IV, II, 354 ; — A. 24 avril 1838, art. 28, II, 380 ; — L. 15 mars 1850, tit. 1ᵉʳ, ch. II et ch. III, sect. II ; tit. II, ch. IV, III, 324 et s. ; — D. 31 déc. 1853, art. 10-12, III, 569 ; — L. 14 juin 1854, art. 5, 7-9, III, 588 ; — D. 22 août 1854, art. 23-24, III, 595 ; — D. 21 mars 1855, tit. III, III, 630 ; — C. 24 mai 1876, IV, 598 ; — L. 30 oct. 1886, tit. I, ch. II ; tit. II, ch. III ; tit. IV, **V**, 673 et s. ; — D. 18 janv. 1887, art. 123-145, V, 754 ; — A. 18 janv. 1887, art. 232-239, V, 820.

Projets et propositions de lois : Sept. 1791, tit. XVIII, **I**, 13 ; — 24 oct. 1831, art. 1, 3, **I**, 414 ; — 17 nov. 1832, art. 2, 3, 20, **I**, 424, 427 ; — 30 juin 1848, tit. V, III, 39 ; — 15 déc. 1848, tit. V, §§ 1-3, III, 109 ; — 5 févr. 1849, art. 11-14, III, 145 ; — 18 juin 1849, III, 162, 173, 179 ; — 6 oct. 1849, III, 198, 231, 237 ; — 17 déc. 1849, III, 275 ; — 31 déc. 1849, III, 298, 305 ; — 3 juillet 1872, art. 70-85, **IV**, 410 ; — 25 janv. 1873, **IV**, 435 ; — 23 mars 1877, tit. V, **IV**, 697 ; — 1er déc. 1877, art. 83-111, **IV**, 739 ; — 6 déc. 1879, tit. V, **V**, 94 ; — 7 février 1882, tit. IV, **V**, 387.

AVANCEMENT.

Voir CLASSEMENT ET AVANCEMENT.

AVEUGLES.

Concours pour l'introduction des jeux actifs dans les écoles d'~ : A. 8 avril 1889, **VI**, 140.

B

BACHELIER (Diplôme de).

Le ~ peut suppléer le brevet de capacité de l'enseignement primaire : L. 15 mars 1850, art. 25, III, 329.
Conditions exigées des instituteurs exerçant en vertu d'un ~ pour avoir droit à un complément de traitement : D. 15 janv. 1877, **IV**, 655 ; — A. 15 janv. 1877, **IV**, 656.

BAIL.

Voir BAUX, BAUX A LOYER pour maisons d'écoles.

BATAILLONS SCOLAIRES.

Formation et organisation des ~ : D. 6 juillet 1882, **V**, 438.

BATIMENTS SCOLAIRES.

Affectation des bâtiments nationaux au service de l'Instruction publique : D. 8 mars 1793, **I**, 39 ; — D. 9 avril 1811, **I**, 219.
Affectation temporaire des ~ aux besoins de l'armée : C. 5 août 1870, **IV**, 254 ; — aux ambulances : C. 24 août 1870, **IV**, 269.
Autorisation de l'usage des ~ pour les adjudications : C. 30 août 1882, **V**, 483.
Institution d'une Commission spéciale pour l'étude des questions relatives aux ~ : A. 30 mars 1879, **V**, 35.

Projet de loi : 12-18 déc. 1792, tit. IV, **I**, 29.

Voir aussi BAUX A LOYER pour maisons d'écoles, CANTONNEMENT des troupes, CONSTRUCTION de maisons d'école, LOCAL SCOLAIRE, MAISONS D'ÉCOLE.

BAUX.

Baux à longues années des biens ruraux appartenant aux établissements d'instruction publique : A. 28 mars 1801, **I**, 177.

BAUX A LOYER pour Maisons d'écoles.

Conditions et durée des ~ : O. 16 juillet 1833, art. 3, **II**, 27 ; — C. 24 juil. 1833, **II**, 41 ; — C. 27 avril 1834, **II**, 132 ; — Av. C. 26 déc. 1834, **II**, 178 ; — O. 25 mars

1838, II, 373; — O. 26 déc. 1843, II, 499; — C. 19 mai 1858, III, 720; — I. 9 août 1870, IV, 259; — C. 9 janv. 1886, V, 645.

Voir aussi LOCATION ET LOYERS de Maisons d'écoles.

BIBLIOTHÈQUE CENTRALE de l'Enseignement primaire.

Création à Paris d'une ᴎ devant réunir tous les ouvrages utiles à l'enseignement primaire : Décis. 12 août 1831, I, 407; — D. 13 mai 1879, V, 39; — C. 30 mai 1879, V, 62.

Règlement de la ᴎ : 1er nov. 1881, V, 330; — Juin 1887, VI, 32.

Projet de loi : 16 mai 1878, IV, 786.

BIBLIOTHÈQUES COMMUNALES.

Établissement de ᴎ : C. 1er déc. 1848, III, 58; — C. 25 juillet 1859, III, 745; — Rap. 10 juil. 1861, III, 779; — C. 2 nov. 1865, IV, 64.

Encouragements pour la fondation de bibliothèques de livres utiles : L. 15 mars 1850, art. 56, III, 338.

Rapport sur la fondation de ᴎ dans chacun des arrondissements de Paris : 24 sept. 1870, IV, 270.

Maintien en vigueur de l'ordonnance du 22 février 1839 sur les ᴎ publiques : C. 4 mai 1874, IV, 515.

Voir aussi BIBLIOTHÈQUES POPULAIRES.

BIBLIOTHÈQUES PÉDAGOGIQUES.

Fondation de ᴎ : A. 10 févr. 1837, art. 15, II, 304; — C. 4 janv. 1876, IV, 578.

Établissement du catalogue et formation du fonds des ᴎ : C. 4 nov. 1879, V, 75.

Voir aussi MUSÉE PÉDAGOGIQUE.

BIBLIOTHÈQUES POPULAIRES.

Formation et inspection des ᴎ : A. 6 janv. 1874, IV, 501.

Demandes de concession de livres pour les ᴎ : C. 12 juin 1897, VI, 774.

Modèle de règlement des ᴎ, VI, 961.

Voir aussi BIBLIOTHÈQUES COMMUNALES, BIBLIOTHÈQUES SCOLAIRES.

BIBLIOTHÈQUES SCOLAIRES.

Établissement, organisation, développement des ᴎ : C. 31 mai 1860, III, 753; — A. 1er juin 1862, III, 795; — C. 8 oct. 1867, IV, 166; — C. 24 déc. 1876, IV, 648.

Mesures et formalités relatives à l'achat de livres pour les ᴎ à la suite d'adjudications : A. 15 avril 1868, IV, 194; — C. 24 mai 1899, VI, 880.

Conditions d'admission des livres dans les ᴎ : C. 17 janv. 1874, IV, 504.

Répartition entre les ᴎ de médailles de S. M. le Tsar : Let. 11 mai 1897, VI, 769.

BIENS NATIONAUX.

Administration des ᴎ : D. 22 avril 1790, I, 2.

Conservation des domaines nationaux : D. 13-19 oct. 1790, I, 3.

Vente des ᴎ : D. 23-28 oct. 1790, I, 4.

Concession gratuite de bâtiments nationaux aux départements, arrondissements et communes pour le service de l'instruction publique : D. 9 avril 1811, I, 219.

Proposition de loi : 27 mai 1795, art. 2-3, I, 115.

BILLET d'admission à l'école.

Délivrance d'un ⌇ par le maire à chaque enfant inscrit sur la liste de gratuité : 31 déc. 1853, art. 13, III, 570; — D. 26 mars 1866, IV, 80.

BOISSONS ALCOOLIQUES.

Affichage dans les écoles primaires d'un avis sur les ⌇ : 6 mai 1877, **IV**, 711.

Voir aussi ALCOOLISME.

BOITES DE SECOURS.

La garde des ⌇ ne doit pas être confiée aux instituteurs : C. 30 déc. 1880, **V**, 225.

BOURSES.

Éducation, aux frais de l'État, d'un enfant de chaque famille qui en compte sept vivants : D.-L. 18 janvier 1805, I, 193; — L. 8 août 1885. art. 27-28, V, 633; — L. 26 février 1887, art. 41, **V**, 633, *n.* 2.

ÉCOLES PRIMAIRES ÉLÉMENTAIRES. — Création de 5 000 ⌇ dans les écoles élémentaires privées de la ville de Paris : A. Pr. S., 20 nov. 1848, III, 57.

ÉCOLES PRIMAIRES SUPÉRIEURES. — Création de ⌇ dans les écoles primaires supérieures : L. 28 juin 1833, art. 14, § 4, II, 15; — O. 16 juil. 1833, art. 1er, § 3, II 27; — C. 27 avril 1834, II, 140; — O. 4 nov. 1844, II, 509.

Proposition de concession de ⌇ dans les écoles primaires supérieures, etc., à des enfants sortant des écoles primaires élémentaires : Rap. 21 avril 1848, III, 18.

Collation et examen de ⌇ d'enseignement primaire supérieur : D. 14 février 1880, V, 120; — D. 15 janv. 1881, art. 6, V, 242; — A. 15 janv. 1881, art. 5, V, 246; — D. 3 janv. 1882, **V**, 338; — A. 3 janv. 1882, tit. I, **V**, 340; — D. 18 janv. 1887, art. 43-53, 193, V, 730, 767; — A. 18 janv. 1887, art. 41-53, V, 776; — D. 17 mars 1888, art. 18-19, VI, 93; — A. 28 déc. 1888, art. 44, **VI**, 130.

Régime des boursiers d'enseignement primaire supérieur : A. 3 janv. 1882, tit. II, V, 344; — A. 28 juillet 1885, V, 631; — A. 18 janv. 1887, art. 54-64, V, 779.

Les ⌇ d'enseignement primaire supérieur ne sont concédées que dans les écoles primaires supérieures à l'exclusion des cours complémentaires : C. 7 sept. 1895, VI, 664.

Concession de ⌇ dans les établissements privés d'enseignement primaire supérieur : D. 18 janv. 1887, art. 169, V, 762.

Transfert des boursiers d'enseignement primaire supérieur dans l'enseignement secondaire avec jouissance d'une ⌇ : A. 18 janv. 1887, art. 61-62, V, 781.

Certificat de revaccination exigé des candidats aux ⌇ d'enseignement primaire supérieur : A. 29 déc. 1888, VI, 129-130.

Publication des sujets de compositions écrites données aux examens des ⌇ d'enseignement primaire supérieur : A. 7 février 1887, VI, 2.

ÉCOLES NORMALES PRIMAIRES. — Les ⌇ dans les classes normales primaires : C. 24 mars 1829, I, 364; — dans les écoles normales primaires : O. 11 mars 1831, art. 10-11, I, 393; — Régl. 13 mai 1831, art. 7, 13, I, 397 et s.; — A. C. 14 déc. 1832, art. 8-9, 12-14, I, 430 et s.; — C. 24 juillet 1833, II, 45; — A. C. 29 déc. 1835, II, 215 et 495, *n.*; — Av. C. 21 févr. 1837, II, 305; — A. C. 19 févr. 1839, II, 409; — Av. C. 14 juin 1839, II, 423; — Av. C. 18 janv. 1842, II, 450; — O. 15 déc. 1842, II, 477; — L. 15 mars 1850, art. 35, III, 332; — D. 24 mars 1851, art. 18-19, III, 456; — D. 26 déc. 1855, tit. I, sect. II, III, 670; — A. 25 juil. 1860, art. 7, III, 759; — D. 2 juil. 1866, art. 16-17, IV, 95; — C. 5 avril 1873, IV, 453; — L. 16 juin 1881, art. 1er, V, 262.

Projets et propositions de lois : Sept. 1791, tit. III, I, 10; — avril 1792, tit. IX, art. 4, 6, I, 18; — 24 déc. 1792, art. 4, I, 35; — 26 janv. 1872, art. 36, IV, 355; — 7 juillet 1876, art. 10, IV, 623; — 1er déc. 1877, art. 61, IV, 736; — 8 avril 1885, V, 607.

Voir aussi ENGAGEMENT DÉCENNAL, GRATUITÉ.

BOURSES dans les Écoles nationales professionnelles.

Examen pour l'obtention des ⸺ : D. 6 janv. 1891, VI, 327; — A. 7 janv. 1891, VI, 329; — A. 18 janv. 1894, VI, 544; — A. 25 janv. 1895, VI, 601.

BOURSES d'enseignement secondaire.

Transfert des boursiers d'enseignement primaire supérieur dans l'enseignement secondaire avec jouissance d'une bourse : A. 18 janv. 1887, art. 61-62, V, 781.

Propositions de lois : 20 janv. 1872, art. 36, IV, 355; — 5 févr. 1872, IV, 356.

BOURSES de séjour à l'étranger.

Concession et concours de ⸺ : D. 18 janv. 1887, art. 54, 97, V, 732, 745; — A. 18 janv. 1887, art. 65-67, 126, V, 781, 797; — A. 30 juil. 1890, VI, 286; — A. 18 juin 1892, VI, 418.

Allocation aux membres du jury du concours des ⸺ : D. 17 juillet 1891, art. 2, VI, 390.

BOURSES de voyage.

Règlement des ⸺ en faveur des élèves des écoles industrielles : 30 juil. 1887, VI, 38.

BREVETS DE CAPACITÉ de l'enseignement primaire.

I. DISPOSITIONS GÉNÉRALES : D. 28 oct. 1793, art. 13-15, I, 77; — D. 17 mars 1808, art. 103, 109, I, 198 et s.; — O. 29 févr. 1816, art. 10-13, I, 241; — C. 14 juin 1816, I, 252; — C. 14 nov. 1820, I, 293; — O. 21 avril 1828, art. 9 et s., I, 342; — O. 18 avril 1831, I, 395; — L. 28 juin 1833, art. 25, II, 19; — A. 19 juil. 1833, II, 34; — Décis. C. 1er oct. 1833, II, 67; — Av. C. 5 nov. 1833, II, 71; — Av. C. 12 nov. 1833, II, 76; — Av. C. 28 févr. 1834, II, 108; — Décis. C. 2 mai 1834, II, 141; — Décis. C. 4 nov. 1834, II, 170; — Règl. 27 févr. 1835, art. 6, II, 184; — A. 21 juil. 1835, II, 189; — O. 23 juin 1836, art. 4-7, II, 253; — A. 28 juin 1836, II, 256; — C. 13 août 1836, II, 264; — A. 28 déc. 1838, II, 408; — A. 18 juin 1839, 1o, II, 425; — Av. C. 4 juil. 1843, II, 494; — Av. C. 15 juin 1849, III, 161; — L. 15 mars 1850, art. 25, 46, 49, III, 329 et s.; — D. 29 juil. 1850, art. 50, III, 366; — A. 15 févr. 1853, III, 514; — A. 3 juil. 1866, IV, 104; — C. 3 juil. 1866, IV, 109; — D. 2 mai 1870, IV, 252; — C. 18 déc. 1873, IV, 498; — A. 5 juin 1880, V, 169; — D. 4 janv. 1881, V, 226; — A. 5 janv. 1881, V, 228; — A. 28 juil. 1881, V, 267; — D. 27 juillet 1882, V, 448; — A. 14 janv. 1884, V, 558; — D. 30 déc. 1884, V, 592; — A. 30 déc. 1884, V, 594; — L. 30 oct. 1886, art. 21, V, 679; — D. 18 janv. 1887, art. 106-107, 117-119, 121-122, V, 746 et s.; — A. 18 janv. 1887, art. 134-153, V, 799; — A. 29 déc. 1888, VI, 128; — D. 28 juil. 1893, VI, 519; — D. 15 janv. 1894, VI, 541; — A. 24 janv. 1896, VI, 677; — A. 20 janv. 1897, VI, 747; — A. 31 juil. 1897, VI, 781.

II. EXIGENCE D'UN ⸺ POUR L'EXERCICE DES FONCTIONS D'INSTITUTEUR ET D'INSTI-TUTRICE : O. 29 février 1816, art. 10, I, 241; — A. 7 oct. 1816, art. 3, I, 259; — A. 22 mai 1818, I, 265; — A. 3 juil. 1818, art. 6, I, 268; — I. 3 juin 1819, I, 271; — A. 29 déc. 1829, I, 376; — O. 18 avril 1831, I, 395; — C. 1er juin 1832, I, 420; — L. 28 juin 1833, art. 4, 16, II, 12, 16; — Av. C. 5 nov. 1833, II, 71; — Av. C. 3 oct. 1834, II, 163; — O. 23 juin 1836, art. 4-6, 11, 14, II, 253 et s.; — C. 13 août

1836, II, 264; — Décis. C. 19 mai 1837, II, 315; — Av. C. 21 avril 1843, II, 489; — C. 5 juin 1848, III, 27; — C. 6 nov. 1848, III, 54; — L. 15 mars 1850, art. 25, 49-50, III, 329 et s.; — L. 16 juin 1881, V, 259.

Obligation pour les Frères des écoles chrétiennes de se pourvoir d'un ⌣ : O. 18 avril 1831, I, 395; — Av. C. 17 mars 1837, 3°, II, 311.

Le ⌣ régulièrement délivré est une présomption légale de capacité : Av. C. 2 déc. 1834, II, 171.

La condition d'un ⌣ du degré supérieur ne doit pas être exigée d'une institutrice du degré élémentaire qui demande à recevoir des pensionnaires : Décis. C. 25 oct. 1842, II, 469.

Le ⌣, dans une école primaire supérieure, n'est exigible que du chef de l'école et non des adjoints : Av. C. 31 janv. 1834, II, 105.

Le chef d'établissement secondaire, qui veut annexer une école primaire à son établissement, n'est tenu de se munir du ⌣ qu'au cas où il n'a pas de maître spécial possédant ce ⌣ : Av. C. 10 janv. 1834, II, 100.

L'école primaire annexée à une école secondaire ecclésiastique doit être tenue par un chef spécial pourvu du ⌣ : Av. C. 21 juil. 1837, II, 330.

III. DISPENSE DE BREVET DE CAPACITÉ. — Remise d'un ⌣ aux Frères des écoles chrétiennes et aux membres de toute association charitable légalement autorisée, sur le vu de l'obédience délivrée par le supérieur : D. 17 mars 1808, art. 109, I, 199; — O. 8 avril 1824, art. 12, I, 326; — O. 21 avril 1828, art. 10, I, 342; — aux sœurs institutrices sur la présentation de leur lettre d'obédience : I. 29 juillet 1819, I, 272; — O. 3 avril 1820, art. 3, I, 280; — Av. C. 26 déc. 1834, II, 176; — O. 23 juin 1836, art. 23, II, 254; — C. 13 août 1836, II, 266; — C. 25 janv. 1849, III, 117; — L. 15 mars 1850, art. 49, III, 336.

Dispense de ⌣ dans le cas particulier d'écoles primaires uniquement destinées à des étrangers : D. 5 déc. 1850, art. 2, 4, III, 391.

IV. AGE D'ADMISSION A L'EXAMEN DU ⌣ : C. 22 avril 1822, I, 319; — A. 29 déc. 1829, I, 376; — O. 12 mars 1831, art. 1er, I, 395; — A. 19 juillet 1833, art. 6, II, 35; — O. 23 juin 1836, art. 6, II, 253; — D. 29 juillet 1850, art. 50, III, 366; — C. 14 févr. 1851, III, 437; — D. 31 déc. 1853, art. 7, III, 569; — C. 26 janv. 1854, III, 573; — D. 2 mai 1870, IV, 252; — D. 4 janv. 1881, art. 4-5, V, 227; — D. 27 juil. 1882, V, 448; — D. 30 déc. 1884, art. 3-4, V, 593; — D. 18 janv. 1887, art. 107, V, 748; — D. 15 janv. 1894, VI, 541.

Dispenses d'âge : Av. C. 4 nov. 1836, II, 280; — Av. C. 11 nov. 1836, II, 282; — D. 30 déc. 1884, art. 7, V, 593; — D. 18 janv. 1887, art. 107, V, 748; — D. 15 janv. 1894, VI, 541.

V. DIVERS DEGRÉS OU ORDRES DE BREVETS DE CAPACITÉ. — *Trois* degrés de ⌣ pour les instituteurs : O. 29 févr. 1816, art. 11-12, I, 242; — I. 14 juin 1816, I, 252; — I. 15 janv. 1819, I, 265, *n.*; — I. 3 juin 1819, I, 271; — A. 5 déc. 1820, art. 6, I, 296; — O. 8 avril 1824, art. 7, I, 325; — A. 29 déc. 1829, I, 376. = Les instituteurs du *troisième* degré ne peuvent exercer dans les chefs-lieux de canton : A. 25 sept. 1819, art. 12, I, 275. = Suppression du *troisième* degré : C. 31 janv. 1829, I, 361.

Deux degrés de ⌣ pour les institutrices : I. 3 juin 1819, I, 271.

Deux degrés de ⌣ (*d'instruction élémentaire* et *d'instruction supérieure*) pour les instituteurs et les institutrices : A. 19 juillet 1833, art. 1er, II, 34; — O. 23 juin 1836, art. 5, II, 253.

Il ne peut être délivré à un candidat, qui n'a pas été jugé digne d'obtenir le ⌣ d'instruction supérieure, un ⌣ d'instruction élémentaire, sans qu'il ait subi l'examen spécial correspondant à ce dernier ⌣ : Décis. C. 29 mars 1842, II, 457.

Un seul examen sur les matières obligatoires de l'enseignement primaire, avec addition de telle ou telle matière facultative, suivant la demande du candidat, exprimée avant l'examen : Av. C. 24 mai 1851, III, 463.

Deux degrés de ⌣ (1° *obligatoire* ou *simple* ou *de second ordre*; 2° *facultatif* ou *complet* ou *de premier ordre*) : A. 15 février 1853, III, 514 ; — C. 11 août 1858, III, 732 ; — A. 3 juillet 1866, IV, 104.

Deux degrés de ~ (*de second ordre* ou *élémentaire* et *de premier ordre* ou *supérieur*) : D. 4 janv. 1881, art. 1-2, V, 226.

Deux ~ (*élémentaire* ou *supérieur*) : D. 30 déc. 1884, art. 1er, V, 592 ; — D. 18 janv. 1887, art. 106, V, 747.

VI. CONDITIONS D'INSCRIPTION : O. 29 février 1816, art. 10, I, 241 ; — O. 21 avri 1828, art. 9, I, 342 ; — O. 12 mars 1831, art. 1er, I, 395 ; — A. C. 14 déc. 1832 art. 25, I, 433 ; — Décis. C. 9 juillet 1833, II, 26 ; — A. 19 juil. 1833, art. 6 II, 35 ; — O. 23 juin 1836, art. 6, II, 253 ; — A. 28 déc. 1838, II, 408 ; — A. 15 févr. 1853, tit. II, III, 515 ; — A. 3 juil. 1866, tit. II, III, 105 ; — A. 5 janv. 1881, tit. II, V, 230 ; — A. 30 déc. 1884, tit. II, V, 596 ; — A. 18 janv. 1887, tit. II, sect. II, V, 800.

Constatation de l'identité des aspirants et aspirantes : A. 28 déc. 1838, II, 408 ; — A. C. 18 juin 1839, 1°, II, 425 ; — A. 18 janv. 1887, art. 143, V, 801.

Déclaration à signer per les aspirants et aspirantes : C. 22 juin 1852, III, 505 ; — A. 15 févr. 1853, art. 3, 2°, III, 515 ; — A. 18 janv. 1887, art. 141, V, 800, *n.* 1. — Exemption du timbre pour cette déclaration : C. 29 janv. 1864, IV, 22.

VII. COMMISSIONS D'EXAMEN. — *Voir* ce mot.

VIII. EXAMENS. — Matières des examens des 1er, 2e et 3e degrés : C. 14 juin 1816, I, 252, 253, 254, *n.* 1 ; — C. 14 nov. 1820, I, 293.

Matières des examens des ~ pour l'*instruction primaire élémentaire* et pour l'*instruction primaire supérieure* : A. 19 juillet 1833, art. 7-10, II, 35 ; — Av. C. 17 oct. 1834, II, 170 ; — Av. C. 5 janv. 1836, II, 216 ; — A. 28 juin 1836, art. 1-3, II, 256 ; — A. 11 oct. 1836, II, 278 ; — Décis. C. 15 nov. 1836, II, 283 ; — Règl. 7 mars 1837, art. 17, II, 309 ; — A. 15 sept. 1837, II, 335 ; — A. 18 juin 1839, 2° et 3°, II, 425 ; — Av. C. 28 mai 1847, II, 568. = Programmes pour les examens du chant : A. 29 mars 1836, II, 228 ; — Décis. C. 15 mai 1838, II, 386.

Matières des examens des ~ 1° obligatoire, simple ou de second ordre ; 2° facultatif, complet ou de premier ordre : Av. C. 24 mai 1851, III, 463 ; — A. 15 févr. 1853, tit. III, III, 515 ; — A. 27 août 1852, III, 812 ; — A. 3 juil. 1866, tit. III et IV, IV, 106 ; — C. 18 déc. 1873, IV, 498 ; — A. 10 nov. 1875, art. 4, IV, 574 ; — A. 28 déc. 1877, IV, 759 ; — A. 26 juin 1879, V, 68 et 844. = Rôle du ministre du culte dans les examens : L. 15 mars 1850, art. 46, III, 335 ; — A. 15 févr. 1853, art. 2, III, 514 ; — C. 15 oct. 1853, III, 540.

Matières des examens des ~ 1° élémentaire ; 2° supérieur : A. 5 janv. 1881, tit. III et IV, V, 230 ; — A. 28 juil. 1881, V, 267 ; — A. 14 janv. 1884, V, 558 ; — A. 30 déc. 1884, tit. III et IV, V, 596 ; — A. 18 janv. 1887, art. 145-153, V, 801 ; — A. 29 déc. 1888, VI, 128 ; — A. 25 juil. 1889, VI, 192 ; — A. 24 janv. 1896, VI, 677 ; — A. 20 janv. 1897, VI, 747 ; — A. 31 juil. 1897, VI, 781.

Procédure des examens : Règl. 19 juil. 1833, art. 10, 13-14, II, 36 ; — A. 16 juillet 1852, III, 508 ; — A. 16 août 1852, III, 509 ; — C. 8 mai 1855, III, 648 ; — C. 1er juil. 1856, III, 701 ; — C. 3 juil. 1866, IV, 109 ; — C. 5 juil. 1875, IV, 550 ; — C. 10 mars 1896, VI, 692.

Choix des compositions : Av. C. 14 oct. 1842, II, 463 ; — A. 27 août 1862, III, 812 ; — A. 3 juil. 1866, art. 2-3, IV, 104 ; — C. 18 déc. 1873, IV, 499 ; — A. 21 janv. 1885, V, 603 ; — C. 1er oct. 1895, VI, 666 ; — C. 10 mars 1896, VI, 697 et s.

Instructions sur la lecture des auteurs d'explication pour le ~ supérieur : C. 16 oct. 1890, VI, 309.

Droit du ministre de faire recommencer les examens : Av. C. 15 juil. 1842, II, 463.

Délai d'ajournement en cas d'échec : Décis. C. 4 nov. 1834, II, 170 ; — A. C. 8 juin 1838, II, 387 ; — C. 9 août 1838, II, 394 ; — A. 16 juil. 1852, III, 508 ; — C. 5 juil. 1875, IV, 550.

Procès-verbaux des examens : C. 14 nov. 1820, I, 293 ; — A. 19 juil. 1833, art. 10, II, 36 ; — Décis. C. 15 nov. 1836, II, 283 ; — modèles, I, 457, 459, 461 ; II, 643, 645.

IX. Droits d'examens. — Établissement de droits d'examens sur les ⌇ : L. 26 févr. 1887, art. 3, VI, 3; — D. 12 mars 1887, VI, 5. —

X. Diplomes. — Délivrance des ⌇ par le grand-maître de l'Université : D. 17 mars 1808, art. 103, I, 198; — par le recteur : O. 29 févr. 1816, art. 10, I, 241; — O. 8 avril 1824, art. 7, I, 325; — O. 21 avril 1828, art. 9, I, 342; — par la Commission : A. 19 juil. 1883, art. 11-12, II, 36; — par le recteur : C. 14 mars 1851, III, 452; — A. 15 févr. 1853, art. 14, III, 517.

Visa et légalisation par le recteur : Av. C. 4 févr. 1834, II, 106; — par l'inspecteur général, chargé de l'administration de l'Académie de Paris : Décis. C. 30 août 1833, II, 63.

Exigence de la signature de l'impétrant sur les ⌇ : A. C. 15 sept. 1821, I, 312.

Délivrance de duplicata : A. C. 13 janv. 1837, II, 297.

Le brevet doit être délivré à tout individu, soit français, soit étranger, qui a subi l'examen d'une manière satisfaisante : Av. C. 12 nov. 1833, II, 77.

Un brevet élémentaire ne peut être délivré qu'après un examen spécial : Av. C. 28 févr. 1834, II, 108; — Décis. C. 29 mars 1842, II, 457; — Av. C. 4 juillet 1843, II, 494.

Modèles de diplômes : I, 445, 447, 449, 451, 453, 471, 475, 477, 481, 483, 487, 525; — II, 651, 653, 663; III, 851, 853; IV, 857, 858, 859; = de certificats d'aptitude : II, 647, 649; III, 841, 843, 845; = de brevet délivré sur le vu d'une lettre d'obé-dience : II, 659; = de brevet délivré par un préfet : II, 661.

Instruction imprimée au verso des brevets de tous ordres : I, 455, 473, 479, 489.

Formule de récépissé de brevet : I, 539.

XI. Validité, nullité ou retrait de brevets.

Valeur des ⌇ délivrés antérieurement aux nouvelles prescriptions légales : Décis. C. 19 juil. 1833, II, 38; — Décis. C. 1er oct. 1833, II, 67; — Av. C. 5 nov. 1833, II, 71; — Av. C. 12 nov. 1833, II, 76; — Av. C. 25 févr. 1834, II, 107; — Av. C. 4 juil. 1834, II, 154; — Av. C. 23 sept. 1836, 2o, II, 275; — Av. C. 30 sept. 1836, II, 275; — Av. C. 15 juin 1849, III, 161.

Interdiction de délivrer des ⌇ provisoires : Déc. C. 10 oct. 1834, II, 165.

Cas de nullité de ⌇ : C. 11 déc. 1838, II, 408; — Décis. C. 24 déc. 1839, II, 435; — Av. C. 12 juil. 1842, II, 462; — Av. 12 oct. 1847, II, 600; — A. 15 févr. 1853, art. 5, III, 515; — A. 3 juillet 1866, art. 9, IV, 106; — A. 5 janv. 1881, art. 8, V, 230.

Retrait de ⌇ : O. 29 févr. 1816, art. 28, I, 244; — A. 5 déc. 1820, art. 6, I, 296; — O. 8 avril 1824, art. 10-11, I, 326; — C. 29 avril 1824, I, 327; — O. 21 avril 1828, art. 16-18, I, 343; — Av. C. 12 juil. 1842, II, 462.

Projets et propositions de lois : Sept. 1791, ch. IV, art. 2, I, 11; — 12 déc. 1792, tit. V, § 8, I, 29; — 20 janv. 1831, art. 5, 8, I, 389; — 24 oct. 1831, art. 5, I, 415; — 17 nov. 1832, art. 8, 15, I, 425, 426; — 31 mars 1847, art. 10; II, 563; — 30 juin 1848, art. 8, 21, 40-41, III, 36 et s.; — 15 déc. 1848, art. 16, 48, 76-77, 97, III, 100 et s.; — 18 juin 1849, art. 24, III, 176; — 6 oct. 1849, art. 23, III, 231; — 17 déc. 1849, art. 38-40, III, 276; — 31 déc. 1849, art. 23, III, 302; — 23 mars 1877, art. 70-73, IV, 694; — 1er déc. 1877, art. 62-63, IV, 736; — 6 déc. 1879, art. 6-7, 29, 41, V, 85 et s.; — 7 févr. 1882, art. 20, 22, V, 381 et s.

Voir aussi Commissions d'examen, Équivalences.

BUDGET COMMUNAL.

Part du ⌇ affecté à l'établissement et à l'entretien des écoles primaires : O. 14 févr. 1830, art. 5-9, I, 378; — L. 28 juin 1833, art. 13, II, 14; — O. 16 juil. 1833, art. 4, 7, 12, II, 27 et s.; — Av. C. 23 août 1833, II, 54; — L. 15 mars 1850, art. 40, III, 333; — D. 20 avril 1850, III, 342; — Décis. C. d'Ét. 29 mars 1853, III, 519; — Décis. C. d'Ét. 30 mai 1861, III, 773; — L. 10 avril 1867, art. 8, IV, 135; — Décis. C. d'Ét. 11 août 1869, IV, 229; — I. 9 août 1870, IV, 256; — L. 19 juil. 1875, art. 7-8,

IV, 554; — L. 26 déc. 1876, art. 4, IV, 652; — L. 13 juin 1878, art. 9, IV, 802; — L. 16 juin 1881, art. 2-4, V, 262; — L. 30 oct. 1886, art. 14, V, 677; — L. 19 juil. 1889, ch. III, VI, 175; — D. 26 juil. 1889, VI, 193; — L. 25 juil. 1893, ch. III, VI, 506.

Ressources budgétaires des communes : C. 24 juil. 1833, II, 43.

Inscription dans le ⁓ des dépenses de l'instruction primaire et des ressources servant à les acquitter : C. 27 avril 1834, II, 137.

Projets et propositions de lois : 20 janv. 1831, art. 7, 10, I, 389; — 24 oct. 1831, art. 6-7, I, 415; — 17 nov. 1832, art. 18-19, I, 426; — 31 mars 1847, art. 3, 9, II, 561 et s.; — 15 déc. 1848, tit. VII, III, 112; — 5 févr. 1849, art. 23, III, 147; — 6 oct. 1849, art. 40, III, 237; — 17 déc. 1849, art. 63, III, 280; — 31 déc. 1849, art. 40, III, 304; — 15 déc. 1871, art. 17, IV, 340; — 3 juil. 1872, art. 30, IV, 404; — 7 juillet 1876, art. 17, IV, 624; — 29 janv. 1877, IV, 660; — 23 mars 1877, art. 11, IV, 685; — 1er mai 1877, art. 10, IV, 708; — 1er déc. 1877, art. 22, IV, 729; — 17 déc. 1877, IV, 757; — 6 déc. 1879, art. 53, V, 91; — 20 janv. 1880, art. 2 et s., V, 118; — 7 févr. 1882, art. 15, V, 381.

BUDGET DE L'ÉTAT.

Part du ⁓ dans les dépenses de l'instruction primaire : L, 1er nov. 1798, I, 154, *n.*; — L. 21 mars 1800, I, 166; — O. 29 févr. 1816, art. 35, I, 244; — L. 28 avril 1816, art. 121, I, 249; — L. 15 mai 1818, art. 88, I, 266; — L. 17 juil. 1819, I, 272; — L. 23 juil. 1820, I, 288; — Décis. R. 5 oct. 1821, I, 313; — O. 14 févr. 1830, art. 11-13, I, 380; — L. 28 juin 1833, art. 13, II, 14; — Av. C. 18 juil. 1834, II, 156; — O. 29 janv. 1835, II, 179; — L. 15 mars 1850, art. 40, III, 333; — L. 10 avril 1867, art. 8, IV, 135; — L. 26 déc. 1876, IV, 652; — L. 13 juin 1878, IV, 803; — L. 16 juin 1881, art. 5, V, 263; — L. 26 févr. 1887, art. 40, VI, 4; — L. 19 juil. 1889, ch. III, VI, 175; — D. 26 juil. 1889, VI, 193; — D. 30 juil. 1889, VI, 197; — L. 6 août 1890, VI, 297; — L. 25 juil. 1893, art. 29, VI, 506.

Projets et propositions de lois : 20 janv. 1831, art. 11, I, 389; — 24 oct. 1831, art. 8, I, 415; — 31 mars 1847, art. 3, 35, II, 561, 566; — 15 déc. 1848, art. 90, III, 112; — 5 févr. 1849, art. 23, III, 147; — 6 oct. 1849, art. 40, III, 237; — 17 déc. 1849, art. 63, III, 280; — 31 déc. 1849, art. 40, III, 305; — 15 déc. 1871, art. 17, IV, 340; — 3 juil. 1872, art. 30, IV, 404; — 7 juil. 1876, art. 17, IV, 624; — 23 mars 1877, art. 11, IV, 685; — 1er mai 1877, art. 10, IV, 708; — 1er déc. 1877, art. 22, IV, 729; — 6 déc. 1879, art. 53, V, 91; — 7 février 1882, art. 15, V, 381.

BUDGET DU DÉPARTEMENT.

Part du ⁓ dans les frais des écoles primaires : O. 14 févr. 1830, art. 8-9, I, 380; — L. 20 juin 1833, art. 13, II, 14; — O. 16 juil. 1833, art. 9, II, 28; — L. 15 mars 1850, art. 40, III, 333; — D. 20 avril 1850, art. 4, III, 342; — L. 10 avril 1867, art. 8, 14, IV, 135, 136; — L. 19 juillet 1875, art. 7, IV, 554; — L. 26 déc. 1876, IV, 652; — L. 13 juin 1878, IV, 802; — L. 16 juin 1881, art. 4, V, 263; — L. 19 juil. 1889, ch. III, VI, 175.

Part du ⁓ dans les frais des Écoles normales primaires : O. 14 févr. 1830, art. 10, I, 380; — L. 28 juin 1833, art. 11, II, 13; — L. 15 mars 1850, art. 35, III, 332; — L. 9 août 1879, V, 72; — L. 16 juin 1881, art. 1er, V, 262.

Projets et propositions de lois : 20 janv. 1831, art. 10, I, 389; — 24 oct. 1831, art. 7, I, 415; — 31 mars 1847, art. 3, 9, II, 561, 562; — 15 déc. 1848, art. 90, III, 112, et les autres références indiquées à la suite au BUDGET COMMUNAL.

BULLETIN de direction.

Rédaction d'un ⁓ par le directeur d'une école à plusieurs classes pour guider les maîtres : C. 13 janv. 1895, VI, 595.

2.

C

CAHIER de roulement.

Tenue du ∿ dans les écoles primaires : C. 13 janv. 1895, VI, 596.

CAISSE DE RETRAITE pour les Instituteurs communaux.

Commission chargée de préparer un règlement pour l'établissement d'une ∿. A. 29 juin 1849, **III**, 181. = Rapport et projet de règlement concernant une ∿ : 15 nov. 1849, **III**, 243, 261.

Substitution d'une ∿ aux Caisses d'épargne des instituteurs : L. 15 mars 1850, art. 39, **III**, 333.

Voir aussi CAISSE NATIONALE des retraites pour la vieillesse, CAISSES D'ÉPARGNE et de prévoyance, PENSIONS DE RETRAITE.

CAISSE DES DÉPOTS ET CONSIGNATIONS.

Chargée de recevoir et administrer les fonds provenant des caisses d'épargne des instituteurs communaux : O. 13 févr. 1838, **II**, 369.

CAISSE DES ÉCOLES.

Création de la ∿ : L. 10 avril 1867, art. 15, **IV**, 136 ; — C. 12 mai 1867, **IV**, 152 ; — L. 28 mars 1882, art. 17, **V**, 429.

Modification des dispositions relatives à la ∿ : L. 19 juil. 1889, art. 54, **VI**, 192.

Organisation de la ∿ I. 9 juil. 1867, **IV**, 159.

Choix du trésorier de la ∿ : C. 10 déc. 1877, **IV**, 752.

Répartition et emploi des subventions de l'État aux communes en faveur de la ∿ : A. 23 sept. 1881, **V**, 314 ; — D. 29 janv. 1890, art. 8, **VI**, 229 ; — C. 2 mai 1890, **VI**, 266.

Affectation des ressources de la ∿ à la fourniture gratuite des livres aux élèves indigents : D. 29 janv. 1890, art. 8, **VI**, 229.

Enquête sur la situation des ∿ au 31 déc. 1892 : C. 17 févr. 1893, **VI**, 488.

Services que peuvent rendre les membres de la ∿ pour l'instruction des enfants et des adultes : C. 10 juil. 1895, **VI**, 631.

Projets et propositions de lois : 24 mai 1865, art. 3, **IV**, 52 ; — sept. 1866, art. 14, **IV**, 121 ; — 26 mars 1867, art. 15, **IV**, 132 ; — 3 juil. 1872, art. 11, **IV**, 400 ; — 23 mars 1877, art. 12, **IV**, 686 ; — 1er déc. 1877, art. 23, **IV**, 730 ; — 6 déc. 1879, art. 54, **V**, 91 ; — 20 janv. 1880, art. 10, **V**, 110 ; — 7 févr. 1882, art. 16, **V**, 381.

CAISSE DES LYCÉES, Collèges et Écoles primaires.

Dotation et fonctionnement : L. 3 juil. 1880, **V**, 193 ; — L. 2 août 1881, **V**, 298 ; — L. 20 mars 1883, **V**, 528 ; — L. 20 juin 1885, **V**, 613.

Emprunts faits à la ∿ par les communes algériennes : D. 29 sept. 1883, **V**, 545.

CAISSE NATIONALE des retraites pour la vieillesse.

Versement des épargnes des instituteurs à la ∿ par suite de la liquidation des caisses d'épargne des instituteurs : Av. C. 30 juin 1854, **III**, 590 ; — D. 8 août 1855, art. 2, **III**, 660 ; — D. 29 août 1857, **III**, 718.

Récompenses aux instituteurs et institutrices primaires publics pour leur propagande en faveur de la ∿ : C. 27 avril 1893, **VI**, 495.

CAISSE POUR LA CONSTRUCTION DES ÉCOLES.

Création d'une ∿ : L. 1er juin 1878, tit. II, **IV**, 798.

Fonctionnement de la ∿ : D. 10 août 1878, **IV**, 806 ; — I. 16 août 1878, **IV**, 808.

La ⸺ prend le nom de *Caisse des Lycées, Collèges et Écoles primaires* : L. 3 juil. 1880, art. 10, V, 197.

Voir CAISSE DES LYCÉES, Collèges et Écoles primaires.

CAISSES D'ÉPARGNE et de prévoyance.

Création et fonctionnement de ⸺ en faveur des instituteurs : L. 28 juin 1833, art. 15, II, 15 ; — Décis. C. 6 mai 1836, II, 243 ; — O. 13 févr. 1838, II, 366 ; — en faveur des institutrices communales de la ville de Paris : Av. C. 28 février 1842, II, 455 ; — en faveur des surveillantes des salles d'asile de Paris : O. 9 août 1846, II, 537.

Statuts des ⸺ : O. 13 févr. 1838, II, 366. = Règlement du versement des fonds à la Caisse des dépôts et consignations : O. 13 févr. 1838, II, 369.

Intervention des Conseils généraux pour la création et l'encouragement des ⸺ départementales : O. 16 juil. 1833, art. 32, II, 33 ; — C. 24 juil. 1833, II, 46.

Frais de registres et d'imprimés pour les ⸺ : C. 24 juin 1834, II, 146.

Versement de retenues sur le traitement dans les ⸺ : Av. C. 17 oct. 1834, II, 169 ; — Av. C. 16 déc. 1836, II, 292 ; — Av. 12 janv. 1847, II, 543 ; — D. 5 janv. 1851, III, 434.

Faculté pour l'instituteur de se créer dans une autre caisse de nouvelles ressources pour l'avenir : Av. C. 16 déc. 1836, II, 292.

Suppression des ⸺ : L. 15 mars 1850, art. 39, III, 333 ; — L. 9 juin 1853, art. 1-2, III, 522 ; — D. 29 déc. 1853, III, 560.

Mesures de liquidation des ⸺ : Av. C. 30 juin 1854, III, 590 ; — D. 8 août 1855, art. 2, III, 660 ; — D. 29 août 1857, III, 718.

Tableau des ⸺ supprimées à partir du 1er janvier 1854, III, 835.

Projets et propositions de lois : 31 mars 1847, art. 33, II, 566 ; — 15 déc. 1848, art. 98, 100, III, 113 ; — 18 juin 1849, art. 54, III, 181 ; — 6 oct. 1849, art. 39, III, 237 ; — 17 déc. 1849, art. 65, III, 280 ; — 31 déc. 1849, art. 39, III, 304.

CALCUL.

Compris dans les matières de l'enseignement primaire élémentaire : D. 21 oct. 1793, art. 3, I, 73 ; — D. 30 oct. 1794, art. 8, I, 99 ; — D. 17 nov. 1794, ch. IV, art. 2, I, 103 ; — D. 17 mars 1808, art. 5, 6e et 107, I, 197, 199 ; — O. 29 févr. 1816, art. 11, I, 242 ; — L. 28 juin 1833, art. 1er, II, 11 ; — L. 15 mars 1850, art. 23, III, 329 ; — L. 28 mars 1882, art. 1er, V, 419 ; — D. 18 janv. 1887, art. 4, 27, V, 721 et s.

Programme d'enseignement du ⸺ dans les Écoles normales primaires : A. 31 juil. 1851, III, 472.

Enseignement du ⸺ verbal dans les salles d'asile : O. 22 déc. 1837, art. 1er, II, 352 ; — D. 21 mars 1855, art. 2, III, 628.

Projets et propositions de lois : 10-19 sept. 1791, art. 4, I, 9 ; — 2 juil. 1793, tit. II, art. 4, I, 49 ; — 1793, art. 5, I, 63 ; — 12 nov. 1798, art. 6, I, 142 ; — 20 avril 1799, art. 8, I, 163 ; — janv. 1821, art. 13, I, 298 ; — 17 nov. 1832, art. 1er, I, 424 ; — 30 juin 1848, art. 1er, III, 35 ; — 15 déc. 1848, art. 3, 11, 24, III, 98 et s. ; — 18 juin 1849, art. 21, III, 175 ; — 6 oct. 1849, art. 21, III, 234 ; — 17 déc. 1849, art. 25, III, 274 ; — 31 déc. 1849, art. 21, III, 302 ; — 26 janv. 1872, art. 1er, IV, 348 ; — 12 juin 1872, art. 2, IV, 369 ; — 3 juil. 1872, art. 1er, IV, 399 ; — 23 mars 1877, art. 2, IV, 684 ; — 1er déc. 1877, art. 1er, IV, 726.

Voir aussi ARITHMÉTIQUE.

CALENDRIER.

Modification du ⸺ D. 24 nov. 1793, I, 81.

Projet de décret : 27 juil. 1795, art. 2, I, 118.

CALLIGRAPHIE.

Épreuve de ⁓ dans les examens : Règl. 7 mars 1837, art. 17, II, 309.
Obligation de soumettre les exemples de ⁓ à l'approbation des recteurs : Décis. C. 5 août 1845, II, 516.

Voir aussi Écriture.

CANDIDATS AUX ÉLECTIONS LÉGISLATIVES.

Proposition de loi ayant pour but d'obliger tous les fonctionnaires ⁓ à donner leur démission avant la déclaration de candidature : 27 févr. 1893, VI, 490.

CANTONNEMENT DES TROUPES.

Utilisation des locaux scolaires pour le ⁓ : C. 3 mai 1873, VI, 498.

CAPACITÉ CIVILE.

1° Des communes : L. 28 juin 1833, art. 13, II, 14 ; — L. 15 mars 1850, art. 40 ; III, 333 ; — Av. C. d'Ét. 22 nov. 1866, IV, 122.
2° Des caisses d'épargne et de prévoyance : L. 28 juin 1833, art. 15, II, 16.
3° Des Congrégations et établissements ecclésiastiques et religieux : L. 2 janv. 1817, art. 1er, I, 259 ; — O. 2 avril 1817, art. 3, I, 262 ; — L. 24 mai 1825, art. 4, I, 332 ; — I. 17 juil. 1825, art. 16, I, 335 ; — Délib. C. 2 avril 1839, II, 411 ; — Av. C. 7 déc. 1847, II, 603 ; — Av. C. 21 janv. 1848, III, 2 ; — Av. C. 10 mars 1848, III, 13 ; — Av. C. 2 juin 1848, III, 25 ; — Av. C. 13 oct. 1848, III, 53 ; — Av. C. 7 sept. 1849, III, 188 ; — Av. C. 24 déc. 1850, III, 403 ; — Av. C. 2 avril 1852, III, 499 ; — Av. C. 6 août 1853, III, 537 ; — Av. C. 10 déc. 1855, III, 665 ; — Av. C. d'Ét. 29 juin 1864, IV, 28 ; — Av. C. d'Ét. 18 déc. 1867, IV, 181 ; — Av. C. d'Ét. 24 juillet 1873, IV, 476 ; — L. 30 oct. 1886, art. 19, V, 679.
4° Des fabriques, cures, consistoires : Av. C. 10 févr. 1837, II, 299 ; — Av. C. d'Ét. 15 févr. 1837, III, 827 ; — Av. C. d'Ét. 12 avril 1837, III, 827 ; — Av. C. d'Ét. 4 mars 1841, III, 828 ; — Av. C. d'Ét. 30 déc. 1846, III, 829 ; — Av. C. de Cas. 18 mai 1852, III, 503 ; — Av. C. de Cas. 5 mai 1856, III, 698 ; — Av. C. d'Ét. 24 janv. 1863, III, 813 ; — Av. C. d'Ét. 10 juin 1863, III, 820 ; — Av. C. d'Ét. 22 nov. 1866, IV, 122 ; — Av. C. d'Ét. 24 juil. 1873, IV, 476 ; — L. 30 oct. 1886, art. 19, V, 679.

Voir aussi Dons et Legs.

CATÉCHISME.

Détermination des heures à consacrer aux leçons de ⁓ : Règl. janv. 1821, art. 5, I, 298 ; — Règl. 17 août 1851, art. 23, III, 485 ; — C. 15 déc. 1879, V, 100 ; — Règl. 18 juil. 1882, art. 5, V, 442 ; — Règl. 18 janv. 1887, art. 5, V, 823.
Autorisation de répétitions de ⁓ données par des personnes pieuses dans les communes rurales : C. 30 mars 1847, II, 545.
Interdiction de donner l'enseignement du ⁓ dans le local de l'école communale : Let. 29 janv. 1890, VI, 231.

Voir aussi Instruction religieuse.

CATÉCHISME RÉPUBLICAIN.

Projet de rédaction d'un ⁓ : 1er oct. 1793, art. 16, I, 68.

CAUTIONNEMENT.

Voir Économes des Écoles normales primaires.

CENTIMES ADDITIONNELS.

Vote de ⌣ au principal des contributions directes pour les services de l'enseignement primaire : O. 14 févr. 1830, art. 5, I, 378 ; — L. 28 juin 1833, art. 13, II, 14 ; — O. 16 juil. 1833, art. 4, II, 27 ; — C. 24 juil. 1833, II, 42 ; — Av. C. 23 août 1833, II, 54 ; — C. 27 avril 1834, II, 131, 133, 134, 136 ; — C. 13 août 1836, II, 268-269 ; — L. 15 mars 1850, art. 40, III, 333 ; — D. 7 oct. 1850, art. 19, III, 387 ; — L. 10 avril 1867, art. 8, 14, IV, 135, 136 ; — I. 9 août 1870, IV, 257 ; — L. 19 juil. 1875, art. 7, IV, 554 ; — L. 26 déc. 1876, art. 4, IV, 652 ; — L. 13 juin 1878, IV, 802 ; — L. 16 juin 1881, art. 2, 4, V, 262 et s. ; — L. 19 juil. 1889, art. 27-28, 54, VI, 175 et s. ; — D. 26 juil. 1889, VI, 193.

Décharge des ⌣ imposés par la ville de Paris, dont les revenus ordinaires étaient suffisants pour pourvoir aux dépenses de l'instruction primaire : Décis. C. d'Et. 11 août 1869, IV, 229. = Rejet de demandes en décharge des ⌣ imposés pour les dépenses de l'instruction primaire : Décis. C. d'Et. 30 mai 1861, III, 773 ; — Ar. C. d'Et. 24 janv. 1879, IV, 849.

Projets et propositions de lois : 15 déc. 1848, art. 90, III, 112 ; — 18 juin 1849, art. 40, III, 178 ; — 6 oct. 1849, art. 40, III, 237 ; — 17 déc. 1849, art. 63, III, 280 ; — 31 déc. 1849, art. 40, III, 304 ; — sept. 1866, art. 7, 13, IV, 120 ; — 26 mars 1867, IV, 131 ; — 9 juin 1873, art. 5, IV, 464 ; — 28 juin 1873, art. 19, IV, 468 ; — 27 juil. 1874, VIII, IV, 533 ; — 29 janv. 1877, art. 3, IV, 660 ; — 23 mars 1877, art. 11, IV, 686 ; — 1er déc. 1877, art. 22, IV, 729 ; — 17 déc. 1877, art. 3, IV, 757 ; — 6 déc. 1879, art. 53, V, 91 ; — 20 janv. 1880, art. 2, V, 118 ; — 7 févr. 1882, art. 15, V, 331 ; — 13 mars 1886, art. 23-24, V, 658.

CERCLES POLITIQUES.

Les membres du Corps enseignant ne doivent pas fréquenter les ⌣ : C. 31 oct. 1850, III, 390.

CERTIFICAT D'ADMISSION aux Écoles spéciales de l'État.

Le ⌣ reconnu comme pouvant suppléer le brevet de capacité de l'enseignement primaire : L. 15 mars 1850, art. 25, III, 329 ; — D. 31 mars 1851, III, 458 ; — D. 3 févr. 1874, IV, 510.

CERTIFICAT D'APTITUDE à la Direction des Écoles maternelles (Salles d'asile).

Conditions de l'examen du ⌣ : D. 2 août 1881, tit. IV, V, 309 ; — D. 30 déc. 1884, art. 6, 8-9, V, 593 ; — A. 30 déc. 1884, tit. VI, V, 599.
Suppression du ⌣ : L. 30 oct. 1886, art. 62, V, 697.

CERTIFICAT D'APTITUDE à la Direction des Écoles normales primaires.

Conditions de l'examen du ⌣ : O. 18 nov. 1845, art. 5-6, II, 530 ; — A. 12 mai 1846, II, 536 ; — D. 5 juin 1880, V, 159.
Délivrance d'un ⌣ constatant le résultat de l'examen : C. 22 mars 1850, III, 340.

Voir aussi CERTIFICAT D'APTITUDE à l'Inspection primaire et à la Direction des Écoles normales primaires.

CERTIFICAT D'APTITUDE à la Direction des Salles d'asile.

Commissions pour l'examen du ⌣ : O. 22 déc. 1837, tit. III, II, 353 ; — D. 21 mars 1855, art. 27, III, 633 ; — C. 18 mai 1855, III, 656.

Conditions de l'examen du ⸱⸱⸱ : D. 21 mars 1855, art. 28-30, III, 633.
Mode de procéder à l'examen du ⸱⸱⸱ : C. 14 févr. 1856, III, 688.

Voir aussi CERTIFICAT D'APTITUDE à la Direction des Écoles maternelles.

CERTIFICAT D'APTITUDE à l'Enseignement agricole.

Institution d'un ⸱⸱⸱ : D. 13 janv. 1891, VI, 332.
Conditions d'obtention du ⸱⸱⸱ : A. 14 janv. 1891, VI, 335.

CERTIFICAT D'APTITUDE à l'enseignement dans les Écoles normales primaires.

Institution d'un ⸱⸱⸱ : D. 5 juin 1880, art. 1er, V, 161; — D. 28 juil. 1885, art. 1er, V, 627.
Conditions : D. 5 juin 1880, art. 2-3, V, 162; — A. 5 juin 1880, V, 165; — A. 26 déc. 1882, V, 495; — A. 20 juil. 1883, V, 541; — A. 4 janv. 1885, V, 603; — D. 28 juil. 1885, art. 2-4, V, 627; — A. 28 juil. 1885, V, 628.

Voir aussi CERTIFICAT D'APTITUDE au professorat des Écoles normales primaires et des Écoles primaires supérieures.

CERTIFICAT D'APTITUDE à l'enseignement de la Comptabilité.

Institution d'un ⸱⸱⸱ : D. 10 août 1893, VI, 521.
Conditions d'obtention du ⸱⸱⸱ : A. 10 août 1893, VI, 522; — A. 18 janv. 1897, VI, 746.

CERTIFICAT D'APTITUDE à l'enseignement de la Gymnastique.

Institution d'un ⸱⸱⸱ : D. 3 février 1869, art. 11, IV, 207; — D. 18 janv. 1887, art. 106, 3°, V, 748.
Conditions d'obtention : A. 25 nov. 1869, IV, 237; — D. 18 janv. 1887, art. 114-115, V, 750; — A. 18 janv. 1887, art. 215-221, V, 817; — A. 25 mars 1887, VI, 10; — A. 3 janv. 1891, VI, 326.
Allocation aux membres des jurys d'examen : D. 17 juillet 1891, art. 2, VI, 390.

CERTIFICAT D'APTITUDE à l'enseignement des Exercices militaires.

Institution d'un ⸱⸱⸱ : D. 18 janv. 1887, art. 106, 3°, V, 748.
Conditions d'obtention : D. 18 janv. 1887, art. 114-115, V, 750; — A. 18 janv. 1887, art. 227-231, V, 819.

CERTIFICAT D'APTITUDE à l'enseignement des Langues vivantes.

Institution d'un ⸱⸱⸱ : D. 18 janv. 1887, art. 106, 3°, III, 748.
Conditions d'obtention : D. 18 janv. 1887, art. 112, 115, V, 750; — A. 18 janv. 1887, art. 187-193, V, 811.
Allocation aux membres des jurys d'examen : D. 17 juil. 1891, art. 2, VI, 390.

CERTIFICAT D'APTITUDE à l'enseignement des Travaux de couture.

Institution de deux ⸱⸱⸱ : A. 16 févr. 1882, art. 1er-2, V, 391; — d'un ⸱⸱⸱ : D. 18 janv. 1887, art. 106, 3°, V, 748.
Conditions d'obtention : A. 16 févr. 1882, art. 2-16, V, 392; — A. 20 juillet 1883, art. 5 et s., V, 539; — A. 2 janv. 1885, art. 5, 9, V, 602; — D. 18 janv. 1887, art. 114-115, V, 750; — A. 18 janv. 1887, art. 222-226, V, 818.

CERTIFICAT D'APTITUDE à l'enseignement du Chant.

Institution d'un ⸱⸱⸱ : A. 28 juillet 1886, art. 1er, V, 665; — D. 18 janv. 1887, art. 106, 3°, V, 748; — de deux ⸱⸱⸱ : D. 29 avril 1895, VI, 609.

Conditions d'obtention : A. 28 juil. 1886, art. 2-7, **V**, 665 ; — D. 18 janv. 1887, art. 114-115, **V**, 750 ; — A. 18 janv. 1887, art. 209-214, **V**, 816 ; — D. 18 janv. 1893, art. 113, **VI**, 466 ; — A. 18 janv. 1893, art. 209-214, **VI**, 468 ; — D. 29 avril 1895, art. 106, **VI**, 609 ; — A. 29 avril 1895, **VI**, 610.
Allocation aux membres des jurys d'examen : D. 17 juil. 1891, art. 2, **VI**, 390.

CERTIFICAT D'APTITUDE à l'enseignement du Dessin.

Institution d'un ᴍ : D. 18 janv. 1887, art. 106, 3°, **V**, 748.
Conditions d'obtention : D. 18 janv. 1887, art. 114-115, **V**, 750 ; — A. 18 janv. 1887, art. 200-208, **V**, 814.
Allocation aux membres des jurys d'examen : D. 17 juil. 1891, art. 2, **VI**, 390.

CERTIFICAT D'APTITUDE à l'enseignement du Travail manuel.

Institution d'un ᴍ : A. 20 juil. 1883, art. 1ᵉʳ, **V**, 539 ; — D. 18 janv. 1887, art. 106, 3°, **V**, 748.
Conditions d'obtention : A. 20 juil. 1883, art. 2-10, **V**, 539 ; — A. 2 janv. 1885, **V**, 601 ; — D. 18 janv. 1887, art. 113, 115, **V**, 750 ; — A. 18 janv. 1887, art. 194-199, **V**, 813 ; — A. 3 janv. 1891, **VI**, 324 ; — D. 18 janv. 1893, art. 113-114, **VI**, 466.
Allocation aux membres des jurys d'examen : D. 17 juillet 1891, art. 2, **VI**, 390.

Voir aussi COURS NORMAUX préparatoires à l'enseignement du Travail manuel.

CERTIFICAT D'APTITUDE à l'Inspection des Écoles maternelles.

Conditions d'obtention, modifications : D. 2 août 1881, art. 8-9, **V**, 304 ; — A. 27 juil. 1882, **V**, 452 ; — D. 23 déc. 1882, art. 4-5, **V**, 489 ; — A. 23 déc. 1882, art. 11, **V**, 491 ; — D. 18 janv. 1887, art. 106, 2°, 111, 115, **V**, 748 et s. ; — A. 18 janv. 1887, art. 183-186, **V**, 810.

CERTIFICAT D'APTITUDE à l'Inspection primaire.

Conditions : O. 18 nov. 1845, **II**, 529 ; — A. 6 déc. 1845, **II**, 531 ; — Règl. 12 mai 1846, **II**, 536 ; — D. 29 juil. 1850, art. 38-40, **III**, 363 ; — A. 16 déc. 1850, **III**, 394 ; — C. 31 oct. 1854, **III**, 618.
Voir aussi ci-après.

CERTIFICAT D'APTITUDE à l'Inspection primaire et à la Direction des Écoles normales primaires.

Institution d'un ᴍ : D. 5 juin 1880, art. 1ᵉʳ, **V**, 160 ; — C. 12 mai 1881, **V**, 160, *n*. 1 ; — D. 23 déc. 1882, art. 1ᵉʳ, **V**, 488 ; — D. 18 janv. 1887, art. 106, 2°, **V**, 748.
Conditions : D. 5 juin 1880, art. 2, **V**, 160 ; — A. 5 juin 1880, **V**, 162 ; — D. 19 juil. 1880, **V**, 160, *n*. 4 ; — D. 23 déc. 1882, art. 2-4, **V**, 489 ; — A. 23 déc. 1882, **V**, 490 ; — D. 24 juil. 1883, **V**, 543 ; — D. 27 déc. 1885, **V**, 643 ; — D. 18 janv. 1887, art. 110, 115, 186, **V**, 749, 750, 765 ; — A. 18 janv. 1887, art. 174-182, **V**, 809 ; — A. 29 déc. 1888, **VI**, 129 ; — D. 18 janv. 1893, art. 186, **VI**, 466 ; — A. 27 juil. 1893, art. 180, **VI**, 518 ; — A. 4 janv. 1894, **VI**, 538 ; — D. 15 janv. 1894, art. 186, **VI**, 542 ; — D. 31 juil. 1897, art. 110, 186, **VI**, 779, 780 ; — A. 20 janv. 1899, art. 175-176, **VI**, 854.
Production du ᴍ par les aspirantes aux fonctions d'inspectrice de l'enseignement primaire : D. 17 janv. 1891, art. 1ᵉʳ, **VI**, 338.
Allocation aux membres des jurys d'examen du ᴍ : D. 17 juil. 1891, art. 2, **VI**, 390.

CERTIFICAT D'APTITUDE au Professorat des Écoles normales primaires et des Écoles primaires supérieures.

Institution d'un ᴍ : D. 18 janv. 1887, art. 106, 2°, **V**, 747.

Conditions : D. 18 janv. 1887, art. 109, 115, 192, **V**, 749 et s.; — A. 18 janv. 1887, art. 165-173, **V**, 806; — D. 26 mars 1887, art. 109, 192, **VI**, 15, 16; — D. 31 juil. 1890, art. 8, **VI**, 289; — D. 6 juin 1891, **VI**, 385; — D. 25 juil. 1892, **VI**, 422; — A. 9 janv. 1895, art. 170, **VI**, 591; — A. 20 janv. 1899, **VI**, 852; — C. 19 déc. 1899, **VI**, 904.

Coefficients à attribuer aux épreuves : A. 23 janv. 1899, **VI**, 855; — A. 14 oct. 1899, **VI**, 901.

Allocation aux membres des jurys d'examen : D. 17 juil. 1891, art. 2, **VI**, 390.

Voir aussi Certificat d'aptitude à l'enseignement dans les Écoles normales primaires.

CERTIFICAT D'APTITUDE aux fonctions de Professeur des Classes élémentaires de l'enseignement classique.

Institution et conditions : D. 8 janv. 1881, **V**, 238.

CERTIFICAT D'APTITUDE aux fonctions de Sous-Inspecteur primaire.

Institution et conditions : O. 18 nov. 1845, art. 1er, 4, 6, **II**, 529 et s.; — Règl. 12 mai 1846, **II**, 536; — C. 22 mars 1850, **III**, 340.

CERTIFICAT d'aptitude pédagogique.

Institution du ⌣ : D. 4 janv. 1881, art. 3, **V**, 227; — D. 30 déc. 1884, art. 2, **V**, 592; — D. 18 janv. 1887, art. 106, 2°, **V**, 747.

Conditions : D. 4 janv. 1881, art. 6-7, 9-10, **V**, 227; — A. 5 janv. 1881, tit. v, **V**, 233; — D. 30 déc. 1884, art. 8-9, **V**, 593; — A. 30 déc. 1884, tit. v et vii, **V**, 599, 600; — D. 18 janv. 1887, art. 108, 120-122, 191, **V**, 749 et s.; — A. 18 janv. 1887, art. 154-164, **V**, 804; — A. 24 juil. 1888, art. 154, **VI**, 110; — A. 27 juil. 1893, art. 154, 160, **VI**, 517.

Allocation aux membres des jurys d'examen et payement des dépenses des commissions : D. 17 juillet 1891, art. 1er, **VI**, 389; — C. 18 févr. 1898, **VI**, 793.

Modèle du ⌣ : **VI**, 955.

Propositions de lois : 23 mars 1877, art. 74, **IV**, 694; — 1er déc. 1877, art. 64-65, **IV**, 736; — 18 nov. 1899, **VI**, 315.

CERTIFICAT de bonne conduite.

Voir Certificat de moralité.

CERTIFICAT de fin d'études primaires.

Délivrance d'un ⌣ aux enfants qui ont terminé leur cours d'études primaires : A. C. 25 avril 1834, art. 19, **II**, 126; — A. 19 févr. 1836, **II**, 221; — C. 20 août 1866, **IV**, 111.

Modèle de ⌣ : **IV**, 861.

Projet de décret : 30 juin 1848, art. 41, **III**, 41.

Voir aussi Certificat d'études primaires élémentaires, Certificat d'études primaires supérieures.

CERTIFICAT de moralité ou de bonnes vie et mœurs.

Production d'un ⌣ pour l'exercice des fonctions d'instituteur ou institutrice primaire publics : O. 29 févr. 1816, art. 10, **I**, 241; — I. 3 juin 1819, **I**, 271; — I. 19 juin 1820, **I**, 285; — I. 4 nov. 1820, **I**, 292; — O. 21 avril 1828, art. 9, **I**, 342; — L. 28 juin 1833, art. 4, 16, **II**, 12 et s.; — Av. C. 8 avril 1834, **II**, 120; — O. 23 juin 1836, art. 6, II, 253 ; — O. 26 oct. 1838, art. 5, II, 404 ; = pour les fonctions de surveillant et de surveillante de salle d'asile : O. 22 déc. 1837, art. 8, II, 353.

Délivrance du ⌣ par le maire : L. 28 juin 1833, art. 4, II, 12 ; — Décis. C. 30 août 1833, II, 63 ; — O. 5 nov. 1833, art. 6, II, 70 ; — Règl. 7 mars 1837, art. 10, 4°, II, 308 ; — O. 26 oct. 1838, art. 5, II, 404 ; — Décis. C. 30 avril 1839, II, 415.

Refus par le maire de délivrer un ⌣ : Av. C. 28 janv. 1834, II, 104 ; — Av. C. 25 mars 1834, II, 119 ; — Av. C. 8 avril 1834, II, 121 ; — Av. C. 8 août 1834, II, 157 ; — Ar. C. de Cass. 1er juil. 1836, II, 258 ; — Av. C. 11 oct. 1836, II, 277 ; — Décis. C. 10 mai 1839, II, 417.

⌣ délivré aux élèves-maîtres des Écoles normales primaires : Av. C. 22 oct. 1833, II, 68 ; = exigé des aspirantes à l'École normale de directrices de salles d'asile : A. 13 avril 1849, art. 10, III, 157.

Aucune autre attestation ne peut être équivalente au ⌣ : Av. C. 15 avril 1834, II, 121 ; — Av. C. 26 déc. 1834, II, 178 ; — Av. C. 25 nov. 1836, II, 290 ; — Av. C. 6 janv. 1837, II, 294 ; — Av. C. 1er févr. 1842, II, 452.

Durée de validité du ⌣ : Av. C. 2 août 1836, II, 261 ; — Av. C. 11 oct. 1842, II, 468.

Annulation des ⌣ : Av. C. 18 nov. 1836, 5°, II, 288 ; — Av. C. 11 oct. 1842, II, 468.

Le ⌣ n'est plus exigé avant l'examen du brevet de capacité : Décis. C. 9 juil. 1833, II, 26 ; — Av. C. 3 avril 1838, II, 374 ; — Av. C. 7 mai 1839, II, 416 ; — Av. C. 17 févr. 1843, II, 485.

Un instituteur communal démissionnaire, qui s'établit instituteur privé, n'est pas tenu de justifier d'un nouveau ⌣ : Décis. C. 7 mai 1839, II, 417.

Modèles de ⌣ : II, 675, 677, 679, 681 ; III, 861.

Projets et propositions de lois : 20 janv. 1831, art. 5, 8, I, 389 ; — 24 oct. 1831, art. 5, I, 415 ; — 15 déc. 1848, art. 16, 56, III, 100, 106.

CERTIFICAT DE STAGE.

Délivrance d'un ⌣ : L. 15 mars 1850, art. 47, III, 336 ; — D. 12 mars 1851, art. 11-12, III, 447.

Le ⌣ peut suppléer le brevet de capacité : L. 15 mars 1850, art. 25, III, 329. = Conditions requises des instituteurs enseignant en vertu d'un ⌣ pour avoir droit à un supplément de traitement : D. 15 janv. 1877, IV, 655 ; — A. 15 janv. 1877, art. 2, 13°, IV, 657.

Délivrance d'un ⌣ aux aspirantes à la direction des salles d'asile : D. 21 mars 1855, art. 26, 31, III, 632, 634 ; — C. 18 mai 1855, III, 657.

Suppression des effets du ⌣ : L. 30 oct. 1886, art. 20, V, 679.

Projets et propositions de lois : 18 juin 1849, art. 47, III, 180 ; — 6 oct. 1849, art. 48, III, 238 ; — 31 déc. 1849, art. 48, III, 306 ; — 3 juil. 1872, art. 48, 50, IV, 407.

CERTIFICAT d'études primaires élémentaires.

Institution et conditions d'un ⌣ : A. 16 juin 1880, V, 176 ; — L. 28 mars 1882, art. 6, V, 422 ; — D. 27 juil. 1882, V, 448 ; — A. 24 juil. 1888, art. 254-262, VI, 113 ; — A. 29 déc. 1891, VI, 402 ; — C. 2 mai 1892, VI, 413 ; — A. 31 juil. 1897, VI, 782 ; — C. 12 janv. 1898, VI, 787.

Production du ⌣ pour l'admission dans les cours complémentaires et les écoles primaires supérieures : A. 15 janv. 1881, art. 3, V, 244 ; — D. 27 juil. 1885, art. 6, V, 623 ; — D. 18 janv. 1887, art. 38, V, 728 ; — D. 21 janv. 1893, art. 38, VI, 475 ; — D. 28 janv. 1897, VI, 748.

Le ⌣ donne droit à l'entrée dans le cours supérieur des écoles primaires : A. 18 janv. 1887, art. 14, V, 771.

Les enfants munis du ⌣ peuvent être employés dans les manufactures à partir de douze ans : L. 2 nov. 1892, art. 2, VI, 450.

Modèle de ⌣ : V, 843.

Projets et propositions de lois : 15 déc. 1871, art. 1er, 5, IV, 335 et s.; — 26 janv. 1872, art. 33-38, IV, 354; — 23 mars 1877, art. 65-68, IV, 693; — 1er déc. 1877, art. 55-59, IV, 735; — 6 déc. 1879, art. 9, V, 85.

Voir aussi Certificat de fin d'études primaires.

CERTIFICAT d'études primaires supérieures.

Institution et conditions : D. 23 déc. 1882, V, 489; — A. 23 déc. 1882, V, 492; — A. 24 jul. 1888, art. 242-253, VI, 111; — A. 29 déc. 1888, VI, 128; — A. 12 janv. 1889, VI, 136; — C. 17 juin 1892, VI, 420; — A. 18 janv. 1893, art. 247-253, VI, 469; — A. 27 juil. 1893, art. 248, VI, 518; — A. 10 janv. 1894, VI, 538; — A. 17 sept. 1898, VI, 832.

Modèle de ൲ : V, 849.

Propositions de lois : 1er déc. 1877, art. 60, IV, 736; — 6 déc. 1879, art. 9, V, 85.

CERTIFICAT d'instruction primaire élémentaire.

Délivré aux enfants employés dans l'industrie : L. 19 mai 1874, art. 9, IV, 521; — C. 16 févr. 1876, IV, 578.

Suppression du ൲ : L. 2 nov. 1892, art. 2, VI, 450; — C. 3 mars 1897, VI, 756.

CERTIFICAT d'instruction religieuse.

Exigé des aspirants au brevet pour les fonctions d'instituteur : O. 21 avril 1828, art. 9, I, 342; — C. 6 mai 1828, I, 347.

CHAMBRIERS (Élèves).

Surveillance des ൲ : Av. C. 19 déc. 1855, III, 667.

Voir aussi Logeurs (élèves).

CHAMPS D'EXPÉRIENCES AGRICOLES.

Direction des ൲ : C. 20 avril 1896, VI, 718.

CHANT.

Compris parmi les matières de l'enseignement primaire : L. 28 juin 1833, art. 1er, II, 11; — L. 15 mars 1850, art. 23, III, 329; — L. 28 mars 1882, art. 1er, V, 419; — D. 18 janv. 1887, art. 27, V, 725.

Enseignement du ൲ dans les écoles d'adultes de la ville de Paris : A. 4 mai 1838, art. 4, II, 385; — dans les Écoles normales primaires : D. 24 mars 1851, art. 1er, III, 453; — A. 31 juil. 1851, III, 481; — A. 30 janv. 1865, IV, 37; — D. 2 juillet 1866, art. 1er, IV, 91; — D. 22 janv. 1881, art. 1er, V, 248; — D. 29 juil. 1881, art. 7, V, 270; — D. 9 janv. 1883, art. 7, V, 504; — D. 18 janv. 1887, art. 82, V, 740; — A. 10 janv. 1889, VI, 135-136.

Programmes pour les examens du ൲ au brevet de capacité : A. 29 mars 1836, II, 228; — Décis. C. 15 mai 1838, II, 386.

Dispense temporaire de l'épreuve du ൲ dans les examens du brevet : Régl. 19 juil. 1833, art. 16, II, 37; — Régl. 28 juin 1836, art. 10, II, 258.

Institution d'un Comité de patronage pour l'enseignement du ൲ dans les écoles : A. 8 février 1867, IV, 126; — d'une commission pour l'enseignement du ൲ : A. 23 janv. 1882, V, 352.

Projets et propositions de lois : 31 mars 1847, art. 13, II, 563; — 20 juil. 1847, art. 12, II, 593; — 30 juin 1848, art. 1er, III, 36; — 15 déc. 1848, art. 11, 12, 24, 25, III, 99 et s.; — 18 juin 1849, art. 21, III, 176; — 17 déc. 1849, art. 25, III, 274; — 26 janv. 1872, art. 1er, IV, 348; — 12 juin 1872, art. 2, IV, 370; — 3 juil. 1872, art. 2, IV, 399; — 6 déc. 1879, art. 2, V, 84.

Voir aussi Certificat d'aptitude à l'enseignement du Chant, Musique.

CHANTRE.

Fonctions de ⏖ à l'église confiées aux instituteurs : Décis. C. 27 déc. 1833, II, 97 ; — Av. C. 25 août 1837, II, 334 ; — C. 26 août 1862, III, 810.
Interdiction aux instituteurs de remplir des emplois rémunérés ou gratuits dans le service des cultes : L. 30 oct. 1886, art. 25, V, 681.
Modèle d'approbation de clerc-chantre : I, 507.

CHARITÉ (École de).

Autorisation d'enseigner à lire et à écrire dans un but purement charitable : L. 15 mars 1850, art. 29, § 5, III, 330.

CHATIMENTS CORPORELS.

Voir CORRECTIONS physiques ou corporelles.

CHAUFFAGE des classes.

Frais de ⏖ : I. 9 août 1870, IV, 267 ; — Lett. 29 mars 1879, V, 35 ; — C. 15 janv. 1883, V, 505 ; — L. 30 oct. 1886, art. 14, dernier §, V, 677.

CHEF D'INSTITUTION SECONDAIRE.

Conditions d'organisation de classes primaires par un ⏖ : A. 21 août 1818, I, 269.
Renouvellement des diplômes des ⏖ : O. 8 avril 1824, art. 6, I, 325.
Obligation pour un ⏖ de se pourvoir du brevet de capacité correspondant au degré de l'école primaire qu'il dirige : Décis. C. 15 oct. 1833, II, 67 ; — Décis. C. 10 janv. 1834, II, 100 ; — Décis. C. 5 août 1834, II, 156.
Exemption de la rétribution universitaire pour les élèves suivant les classes primaires d'un ⏖ : Décis. C. 5 août 1834, II, 156 ; — Décis. C. 3 avril 1835, II, 184.
Liberté pour un ⏖ de recevoir des enfants au-dessous de 6 ans : Décis. C. 24 juin 1873, IV, 466.
Admission par privilège de la créance d'un ⏖ dans une faillite : Jug. Trib. Com. 28 nov. 1871, IV, 320.

Voir aussi MAITRE DE PENSION.

CHIMIE.

Notions de ⏖ applicables aux usages de la vie comprises dans les matières de l'enseignement primaire : L. 28 juin 1833, art. 1er, II, 11 ; — L. 15 mars 1850, art. 23, III, 329 ; — L. 28 mars 1882, art. 1er, V, 419 ; — D. 18 janv. 1887, art. 27, 35, V, 725 et s.
Enseignement de la ⏖ dans les Écoles normales primaires : D. 24 mars 1851, art. 1er, III, 453 ; — A. 31 juil. 1851, III, 476 ; — D. 2 juil. 1866, art. 1er, IV, 91 ; — D. 22 janv. 1881, art. 1er, V, 248 ; — D. 29 juil. 1881, art. 7, V, 270 ; — D. 9 janv. 1883, art. 7, V, 504 ; — D. 18 janv. 1887, art. 82, V, 739 ; — A. 10 janv. 1889, VI, 135, 136.

Projets et propositions de lois : 30 juin 1848, art. 1er, III, 36 ; — 15 déc. 1848, art. 12, 25, III, 99, 102 ; — 17 déc. 1849, art. 25, III, 274 ; — 26 janv. 1872, art. 1er, IV, 348 ; — 12 juin 1872, art. 2, IV, 370 ; — 23 mars 1877, art. 2, IV, 685 ; — 1er déc. 1877, art. 1er, IV, 727 ; — 6 déc. 1879, art. 3, V, 84.

CIRCONSCRIPTIONS ACADÉMIQUES.

L'Université est composée d'autant de ⏖ qu'il y a de Cours d'appel : D. 17 mars 1808, art. 4, I, 196.

Réduction des ~ à 17 : O. 17 févr. 1815, art. 1er, I, 229 et 236.

Rétablissement des ~ conformément au décret du 17 mars 1808 : D. 30 mars 1815, I, 237; — O. 15 août 1815, art. 1er, I, 238.

Division de la France en 16 ~ L. 14 juin 1854, art. 1er-2, III, 587; — D. 22 août 1854, § 1er, III, 592. = Addition d'une ~ : D. 13 juin 1860, III, 755. = Création d'une ~ en Algérie : D. 15 août 1875, art. 3, IV, 568.

Voir aussi ACADÉMIES UNIVERSITAIRES.

CITOYENS ILLUSTRES OU UTILES.

Enquête sur les moyens de conserver le souvenir des ~ : C. 1er déc. 1848, III, 60.

CLASSEMENT des animaux de réquisition.

Voir ANIMAUX DE RÉQUISITION.

CLASSEMENT ET AVANCEMENT du Personnel de l'enseignement primaire.

Dispositions générales : Av. C. 8 févr. 1839, II, 409; — L. 15 mars 1850, art. 31, III, 331; — D. 7 oct. 1850, art. 13, III, 386; — Av. C. 16 déc. 1850, III, 395; — C. 31 oct. 1854, III, 606; — L. 10 avril 1867, art. 4, IV, 134; — C. 12 mai 1867, IV, 139; — D. 27 juil. 1870, art. 6, IV, 254; — I. 9 août 1870, IV, 262; — L. 19 juil. 1875, art. 2, IV, 553; — A. 1er févr. 1888, VI, 77; — L. 19 juil. 1889, 6-15, 24, 32-43, 48-50, 52, VI, 165 et s.; — C. 24 mars 1890, VI, 238; modèles, VI, 947-948; — A. 15 avril 1890, VI, 263; — D. 20 mai 1890, VI, 269; — A. 16 sept. 1890, VI, 301; — L. 26 déc. 1890, art. 53, VI, 322; — A. 24 févr. 1891, VI, 355; — D. 15 avril 1891, VI, 375; — D. 6 juin 1891, VI, 387; — L. 26 janv. 1892, art. 70, VI, 407; — A. 29 janv. 1892, VI, 408; — A. 30 avril 1892, VI, 413; — D. 4 août 1892, VI, 425; — D. 20 août 1892, VI, 427; — D. 31 oct. 1892, VI, 447; — L. 28 avril 1893, art. 70, VI, 496; — A. 29 avril 1893, VI, 497; — L. 25 juil. 1893, art. 6-25, VI, 503; — A. 18 févr. 1894, VI, 549; — A. 11 sept. 1894, VI, 575; — D. 17 juil. 1895, VI, 639; — C. 6 sept. 1895, VI, 654; — L. 29 mars 1897, art. 49, VI, 759; — C. 3 mai 1898, VI, 813; — D. 25 juin 1898, VI, 826; — L. 13 avril 1900, art. 30, VI, 916; — C. 11 juin 1900, VI, 917.

Compte à tenir des services militaires pour le ~ : C. 14 mars 1893, VI, 493.

Dispositions particulières à la ville de Paris : D. 20 mai 1890, VI, 269; — D. 20 août 1892, VI, 427; — D. 25 juin 1898, VI, 826.

Propositions de lois : 6 nov. 1890, VI, 312; — 17 janv. 1891, VI, 339; — 19 févr. 1891, art. 6 et s., VI, 347; — 24 févr. 1891, VI, 363; — 28 févr. 1891, VI, 367.

Voir aussi ANNUAIRE de l'enseignement primaire, LISTE d'avancement.

CLASSES D'ADULTES.

Utilité des ~ : C. 4 juil. 1833, II, 21; — C. 27 avril 1834, II, 136.

Conditions des ~ : A. 22 déc. 1835, II, 213; — A. 22 mars 1836, II, 226; — C. 16 juin 1836, II, 248; — Av. C. 25 août 1837, II, 334; — A. 4 mai 1838, II, 385; — A. 20 mars 1840, II, 437.

Indemnité aux instituteurs et institutrices dirigeant les ~ : L. 10 avril 1867, art. 7, IV, 135.

Faculté de créer des ~ : L. 30 oct. 1886, art. 8, V, 672; — D. 18 janv. 1887, art. 98-105, V, 745.

Projets et propositions de lois : 12-18 déc. 1792, I, 27; — 17 nov. 1832, art. 28, I, 428; — 31 mars 1847, art. 6, 15, II, 561, 563; — 20 juil. 1847, art. 6, 14, II, 591, 593; — 15 déc. 1848, art. 1er, 37, 91, 95, III, 98 et s.; — 18 juin 1849, art. 49, III, 180; — 6 oct. 1849, art. 50-51, III, 239; — 17 déc. 1849, art. 72-73, III, 231; — 31 déc. 1849, art. 56-58, III, 307; — 15 févr. 1867, art. 7, IV, 128; — 26 mars 1867,

IV, 1.1; — 3 juil. 1872, art. 10, 43, **IV**, 400, 406; — 23 mars 1877, art. 39-45, **IV**, 689; — 1er déc. 1877, art. 39-42, **IV**, 732; — 6 déc. 1879, art. 28, **V**, 88.

Voir aussi ADULTES, COURS D'ADULTES.

CLASSES ENFANTINES.

Existence et conditions de ⌣ : L. 16 juin 1881, art. 7, 3o, **V**, 264; — D. 10 oct. 1881, art. 6, **V**, 320; — C. 28 janv. 1882, **V**, 364; — A. 26 mai 1882, **V**, 436; — D. 14 janv. 1884, **V**, 557; — L. 30 oct. 1886, art. 1er, 15, 3o, **V**, 669, 678; — C. 8 déc. 1886, **V**, 719; — D. 18 janv. 1887, art. 2, 4, **V**, 721; — A. 18 janv. 1887, art. 2, 6, **V**, 769; — C. 20 mars 1887, **VI**, 7; — C. 17 sept. 1887, **VI**, 51; — C. 30 déc. 1887, **VI**, 75; — C. 22 janv. 1888, **VI**, 76.

Age d'admission des enfants dans les ⌣ privées : L. 30 oct. 1886, art. 36, § 3, **V**, 685; — D. 30 déc. 1889, **VI**, 222; — D. 14 févr. 1891, **VI**, 345.

La ⌣ annexée à une école privée doit être établie dans un local distinct et confiée à une maîtresse spéciale : Let. 9 mai 1889, **VI**, 142.

Proposition de loi : 7 févr. 1882, art. 9, **V**, 380.

CLASSES NORMALES PRIMAIRES.

Établissement de ⌣ destinées à former des maîtres pour les écoles primaires : D. 17 mars 1808, art. 107-108, **I**, 199; — O. 29 févr. 1816, art. 39, **I**, 247; — C. 6 mai 1828, **I**, 348; — C. 19 août 1828, **I**, 357; — C. 24 mars 1829, **I**, 363.

Proposition de loi : 24 oct. 1831, art. 14, **I**, 416.

Voir aussi ÉCOLES NORMALES PRIMAIRES.

CLICHÉS PHOTOGRAPHIQUES.

Circulation en franchise par la poste des ⌣ destinés aux projections lumineuses dans les cours d'adultes et les conférences populaires : D. 3 févr. 1896, **VI**, 688.

COLLÈGE CHAPTAL.

Organisation spéciale du ⌣ : D. 26 juil. 1895, **VI**, 641; — A. 23 oct. 1895, **VI**, 669; — D. 26 janv. 1896, **VI**, 678.

Retraite des fonctionnaires du ⌣ : L. 13 avril 1898, art. 51, **VI**, 810; — L. 30 mai 1899, art. 30, **VI**, 882.

COLLÈGES.

Création de Cours d'instruction primaire supérieure annexés aux ⌣ : O. 21 nov. 1841, **II**, 447; — O. 21 avril 1842, **II**, 460; — O. 7 août 1842, **II**, 463; — O. 30 oct. 1842, **II**, 470; — O. 18 nov. 1842, **II**, 473; — O. 20 déc. 1842, **II**, 478.

Annexion de l'école primaire publique aux ⌣ : A. 18 mars 1856, art. 3, **III**, 694.

Règlement des cours d'instruction primaire supérieure annexés aux ⌣ : A. 24 janv. 1843, **II**, 483; — Av. C. 3 févr. 1843, 2o, **II**, 484.

COLONIES et possessions françaises.

Organisation de l'instruction primaire dans les ⌣ : D. 27 avril 1848, art. 1er-9, **III**, 20.

Concession de récompenses et de distinctions honorifiques pour le personnel enseignant en service aux ⌣ : D. 7 sept. 1885, **V**, 637; — D. 30 oct. 1895, **VI**, 672.

Demandes d'emploi dans le personnel de l'enseignement primaire aux ⌣ : C. 23 avril 1898, **VI**, 812.

Voir aussi ALGÉRIE, FRÈRES DES ÉCOLES CHRÉTIENNES, GUADELOUPE (LA), MARTINIQUE (LA), RÉUNION (LA).

COMITÉ CENTRAL de patronage des Salles d'asile.

Création et attributions du ᴍ : D. 16 mai 1854, III, 585; — D. 21 mars 1855, art. 18, III, 631.
Dissolution du ᴍ : D. 6 juil. 1871, **IV**, 292.

COMITÉ CENTRAL d'instruction primaire à Paris.

Institution d'un ᴍ : O. 5 nov. 1833, art. 4-5, **II**, 70; — O. 26 oct. 1838, art. 4, **II**, 404.
Extension des attributions du ᴍ aux salles d'asile : O. 22 déc. 1837, art. 18, **II**, 354.

COMITÉ CONSULTATIF de l'enseignement public.

Création et attributions du ᴍ : A. 25 mars 1873, IV, 448; — A. 23 mars 1875, **IV**, 546; — D. 5 déc. 1877, **IV**, 748.

Voir aussi COMITÉ des inspecteurs généraux.

COMITÉ des Écoles primaires catholiques.

Création d'un ᴍ : O. 8 avril 1824, art. 8-10, **I**, 325.

COMITÉ des Inspecteurs généraux.

Fonctionnement du ᴍ : A. 28 sept. 1869, **IV**, 233. = Sa transformation en Comité consultatif de l'enseignement public : A. 25 mars 1873, art. 1er, **IV**, 448.

COMITÉ d'Instruction publique (sous la Convention).

Institution, attributions : L. 24 août 1794, **I**, 97; — D. 7 avril 1795, **I**, 113.

COMITÉS CANTONAUX.

Création, composition, attributions : O. 29 févr. 1816, art. 1-9, 18, 21, 23-27, 29, **I**, 240 et s.; — Décis. 30 avril 1816, **I**, 249; — Décis. 18 mai 1816, **I**, 250; — A. 3 juil. 1818, **I**, 267; — A. 21 août 1818, art. 2, **I**, 270; — I. 3 juin 1819, **I**, 271-272; — A. 25 sept. 1819, **I**, 273; — Régl. 9 oct. 1819, art. 3, 13, 19, **I**, 276 et s.; — O. 2 août 1820, **I**, 289; — A. 5 déc. 1820, art. 7, **I**, 296 et 503.
Rappel des sentiments qui doivent animer les membres des ᴍ : C. 9 mai 1821, **I**, 312.

Projets et propositions de lois : 24 oct. 1831, art. 20, **I**, 416; — 17 nov. 1832, art. 2-6, 21-22, **I**, 424, 427; — 17 déc. 1849, art. 32, 35, 37, **III**, 275, 276; — 15 déc. 1871, art. 12-15, **IV**, 339; — 26 janv. 1872, art. 21-25, **IV**, 351; — 12 juin 1872, art. 16, **IV**, 371; — 3 juil. 1872, art. 72-76, **IV**, 411; — 7 juil. 1876, art. 11, **IV**, 623; — 23 mars 1877, art. 121-124, **IV**, 701; — 1er déc. 1877, art. 102-109, **IV**, 743; — 6 déc. 1879, art. 85-88, **V**, 96; — 7 févr. 1882, art. 68-72, **V**, 389; — 16 févr. 1882, art. 6-7, **V**, 399.

Voir aussi COMMISSION CANTONALE, ISRAÉLITE (Culte), PROTESTANT (Culte).

COMITÉS COMMUNAUX, LOCAUX ou INFÉRIEURS.

Création, composition, attributions : L. 28 juin 1833, art. 17, 20-21, **II**, 16 et s.; — O. 16 juil. 1833, art. 27-28, **II**, 32; — I. 13 déc. 1833, **II**, 92; — Av. C. 13 déc. 1833, 3°, 5°, 6°, **II**, 94; — Av. C. 31 déc. 1833, **II**, 98; — Av. C. 11 mars 1834, **II**, 112; — Stat. 25 avril 1834, art. 22, **II**, 126; — Av. C. 5 déc. 1834, **II**, 173; — Décis. 10 janv. 1845, **II**, 509.
Organisation spéciale à Paris : O. 5 nov. 1833, art. 1er-3, **II**, 69; — O. 26 oct. 1838, art. 1er-3, **II**, 403; — O. 8 sept. 1845, **II**, 524.

Extension des attributions des ⸺ aux écoles de filles : O. 23 juin 1836, art. 7, 15-17, II, 253, 255 ; — C. 13 août 1836, II, 266 ; — Av. C. 26 août 1836, II, 271 ; = aux salles d'asile : O. 22 déc. 1837, art. 18, II, 354.

La loi n'appelle aux ⸺ que le maire ou l'adjoint, et non pas le maire et l'adjoint simultanément : Av. C. 13 juin 1834, II, 144.

Les étrangers non naturalisés ne peuvent être membres de ⸺ : Av. C. 20 oct. 1843, II, 497 ; — Décis. 25 mai 1847, II, 568.

Pouvoirs des ⸺ en matière d'exclusion d'un élève de l'école normale : Stat. 25 avril 1834, art. 30, II, 127 ; — Av. C. 13 oct. 1843, II, 496.

Droit d'inspection des écoles primaires : Av. C. 17 mars 1837, II, 311 ; — A. 9 juin 1837, 2º, II, 320 ; = des écoles primaires annexées aux écoles normales : Décis. 3 juil. 1839, II, 427 ; = des classes primaires annexées aux établissements d'enseignement secondaire : Av. C. 28 mars 1845, II, 513 ; — Av. C. 26 août 1845, II, 520.

Droit des ⸺ à l'égard des méthodes : Av. C. 25 févr. 1834, II, 107 ; = à l'égard du choix des dames inspectrices des salles d'asile : Av. C. 10 janv. 1837, II, 295.

Correspondance directe des instituteurs avec les ⸺ : Av. C. 25 mars 1834, II, 117.

Rapports des ⸺ avec les comités d'arrondissement ou supérieurs : Av. C. 5 janv. 1836, II, 216. = Frais de bureau : O. 16 juillet 1833, art. 27, II, 32.

Dénomination des actes des ⸺ : C. 25 sept. 1847, II, 600.

Assistance des membres des ⸺ aux conférences d'instituteurs : Règl. 10 févr. 1837, art. 6, II, 302.

Interdiction aux membres des ⸺ de prendre une délibération pour donner leur démission en masse : Av. C. 21 févr. 1837, II, 305.

Projets et propositions de lois : 20 janv. 1831, art. 2-6, I, 388 ; — 31 mars 1847, art. 20, II, 564 ; — 30 juin 1848, art. 31, III, 39 ; — 15 déc. 1848, art. 5-6, 16, 60-63, 75, III, 98 et s.

Voir aussi ISRAÉLITE (Culte), PROTESTANT (Culte).

COMITÉS D'ARRONDISSEMENT ou SUPÉRIEURS.

Formation, attributions des ⸺ : O. 21 avril 1828, art. 2-16, I, 341 ; — C. 6 mai 1828, I, 345 ; — O. 16 oct. 1830, I, 383 ; — L. 28 juin 1833, art. 18-23, II, 16 ; — O. 16 juil. 1833, tit. IV, II, 32 ; — Av. C. 19 nov. 1833, II, 82 ; — Av. C. 13 déc. 1833, II, 94 ; — C. 13 déc. 1833, II, 85 et s. ; — Av. C. 31 déc. 1833, II, 98 ; — Av. C. 21 janv. 1834, II, 102 ; — Av. C. 11 mars 1834, II, 112 ; — Stat. 25 avril 1834, art. 32, II, 128 ; — Av. C. 30 sept. 1834, II, 163 ; — Av. C. 3 oct. 1834, II, 163 ; — Av. C. 4 avril 1837, II, 312 ; — Av. C. 26 mai 1837, II, 316 ; — Av. C. 17 déc. 1839, II, 434 ; — Av. C. 26 avril 1842, II, 461 ; — Av. C. 28 mars 1845, II, 513 ; — O. 8 sept. 1845, art. 3, II, 524 ; — Décis. 18 janv. 1850, III, 316.

Intervention des ⸺ dans la nomination des instituteurs : L. 28 juin 1833, art. 22, II, 18 ; — Av. C. 27 mai 1834, II, 142 ; — Av. C. 23 févr. 1836, II, 222 ; — Av. C. 29 nov. 1842, II, 474 ; — Av. C. 25 avril 1845, II, 513 ; — O. 8 sept. 1845, art. 4, II, 525 ; — Av. 18 févr. 1848, III, 11 ; — L. 11 janv. 1850, art. 2, 3, 6, III, 309 ; = dans la suspension ou la révocation des instituteurs : Av. C. 30 sept. 1834, II, 163 ; — Av. C. 18 nov. 1836, II, 286 ; — Décis. 19 mai 1843, II, 491 ; — C. 25 sept. 1847, II, 600 ; — L. 11 janv. 1850, art. 3, 6, III, 309 ; — Av. C. 12 juil. 1850, III, 351.

Représentation dans les ⸺ de tout culte reconnu par l'État : Av. C. 8 mars 1836, II, 225.

Extension des attributions des ⸺ aux écoles de filles : Av. C. 24 déc. 1833, II, 96 ; — Av. C. 14 janv. 1834, II, 101 ; — O. 23 juin 1836, art. 7, 15-17, II, 253, 255 ; — C. 13 août 1836, II, 266, 269 ; — Av. C. 26 août 1836, II, 271 ; — O. 8 sept. 1845, II, 524 ; = aux salles d'asile : Av. C. 10 janv. 1837, II, 295 ; — O. 22 déc. 1837, art. 18, 21, 22, 29, II, 354 et s. ; — A. 24 avril 1838, art. 29, II, 381 ; = aux pensionnats primaires : Av. C. 3 mars 1843, II, 487 ; = aux pensions et institutions de jeunes filles dans le département de la Seine : A. 7 mars 1837, tit. III, II, 309 ; — O. 8 sept. 1845, art. 1er, II, 524.

Les écoles de filles tenues par des religieuses ne sont pas soumises à la surveillance des ↝ : Décis. 6 janv. 1830, I, 376.

Désignation provisoire d'office par les préfets de membres des ↝ : Av. C. 3 sept. 1833, II, 64.

Exigence de la qualité de Français ou naturalisé Français pour faire partie des ↝: Décis. 25 mai 1847, II, 568.

Renouvellement des membres amovibles des ↝ : Décis. 15 juil. 1828, I, 356.

Remplacement à la présidence des ↝ : Av. C. 25 mars 1834, II, 117; — Av. C. 17 oct. 1845, II, 527.

Remplacement d'un membre des ↝ : Décis. C. 23 juil. 1839, II, 429.

Lieu des séances des ↝ : Av. C. 21 févr. 1843, 1°, II, 486.

Procès-verbal d'installation des ↝ dans la ville de Paris : 14 juil. 1828, I, 351.

Le secrétaire des ↝ doit, pour toute correspondance relative à l'instruction primaire, en référer au président : Av. C. 17 oct. 1845, II, 528.

Frais de bureau : O. 16 juil. 1833, art. 27, II, 32; — C. 24 juil. 1833, II, 47.

Dépôt des archives à la sous-préfecture : Av. C. 17 oct. 1845, II, 528. = Communication des registres au sous-préfet : Av. C. 21 févr. 1843, 2°, II, 487.

Choix d'un membre des ↝ pour remplir les fonctions de ministère public : Décis. C. 25 mars 1836, II, 227.

Surveillance des conférences d'instituteurs : A. 10 févr. 1837, art. 1, 3, 6, II, 302.

Droit pour les ↝ d'exiger l'observation des règlements à l'égard des méthodes : Av. C. 25 févr. 1834, II, 107.

Juridiction disciplinaire des ↝ : C. 21 mars 1834, II, 114; — Décis. C. 27 janv. 1843, II, 484; — Av. C. 9 mai 1843, II, 490.

Avis sur les autorisations à accorder aux principaux de collèges, chefs d'institution et maîtres de pension, de tenir une classe primaire : Décis. C. 3 avril 1835, II, 184.

Mission de proposer, mais non d'arrêter des réformes : Av. C. 19 mai 1837, 2°, II, 314; — Av. C. 8 août 1837, 7°, II, 333.

Incompétence des ↝ pour faire subir un examen aux candidats aux fonctions d'instituteur pourvus d'un brevet régulièrement délivré : Av. C. 17 déc. 1839, II, 434.

Rapports des ↝ avec les Comités communaux : Av. C. 5 janv. 1836, II, 216.

Dénomination des actes des ↝ : C. 25 sept. 1847, II, 600.

Modèles d'avis des ↝ I, 521, 523.

Projets et propositions de lois : 31 mars 1847, art. 20, II, 564; — 30 juin 1848, art. 30, III, 39; — 15 déc. 1848, art. 5-7, 16, 64-68, 75, III, 98 et s.

Voir aussi COMITÉS CANTONAUX, ISRAÉLITE (Culte), PROTESTANT (Culte).

COMITÉS DÉPARTEMENTAUX.

Projets de lois : 30 juin 1848, art. 34-35, III, 40; — 17 déc. 1849, art. 27-31, 36, III, 275 et s.

COMITÉS DE PATRONAGE des Apprentis et enfants employés dans les manufactures.

Institution de ↝ dans chaque département : L. 2 nov. 1892, art. 25, VI, 458.

COMITÉS DE PATRONAGE des Écoles primaires supérieures.

Nomination, attributions : D. 18 janv. 1887, art. 42, V, 730; — A. 18 janv. 1887, art. 33-40, V, 775.

COMITÉS DE PATRONAGE des Salles d'asile ou Écoles maternelles.

Institution de ↝ : D. 21 mars 1855, art. 14-15, III, 630; — C. 18 mai 1855, III, 655; — D. 2 août 1881, art. 10, V, 305; — D. 18 janv. 1887, art. 10, V, 722.

3.

COMMERCE.

Interdiction aux fonctionnaires de l'enseignement primaire public de se livrer aux opérations du ∿ : L. 15 mars 1850, art. 32, III, 331; — L. 30 oct. 1886, art. 25, V, 681; — C. 29 juin 1897, VI, 776.

Projets et propositions de lois : 31 mars 1847, art. 11, II, 563; — 20 juil. 1847, art. 10, II, 592; — 15 déc. 1848, art. 23, III, 101; — 18 juin 1849, art. 32, III, 177; — 6 oct. 1849, art. 32, III, 236; — 17 déc. 1849, art. 51, III, 278; — 31 déc. 1849, art. 32, III, 303; — 3 juil. 1872, art. 54, IV, 407; — 7 juil. 1876, art. 7, IV, 623; — 23 mars 1877, art. 78, IV, 694; — 1er déc. 1877, art. 67, IV, 737; — 6 déc. 1879, art. 30, V, 88; — 7 févr. 1882, art. 24, V, 382.

COMMISSION CANTONALE d'instruction primaire.

Proposition de loi : 28 févr. 1882, art. 14-21, V, 407.

COMMISSION d'éducation.

Création d'une ∿ par district : D. 28 oct. 1793, art. 1-21, I, 76; — D. 30 oct. 1793, art. 4, I, 80.

COMMISSION de l'Instruction publique.

Création d'une ∿ : L. 1er avril 1794, I, 88; — O. 15 août 1815, art. 3-6, I, 238. Attributions de la ∿ : O. 29 févr. 1816, art. 30, 33, 36, 1, 244. Augmentation du nombre des membres de la ∿ : O. 22 juil. 1820, I, 288. La ∿ prend le nom de *Conseil royal de l'Instruction publique* : O. 1er nov. 1820, I, 291.

Projets et propositions de lois : sept. 1791, chap. XVIII, I, 13 ; — 26 juin 1793, art. 17-21, I, 46.

Voir aussi CONSEIL ROYAL DE L'INSTRUCTION PUBLIQUE.

COMMISSION pour l'étude des questions relatives aux bâtiments et au matériel scolaire.

Institution d'une ∿ : 30 mars 1879, V, 35 et 180, *n.* 2.

COMMISSION SUPÉRIEURE du Travail des Enfants dans les manufactures.

Composition, attributions : L. 19 mai 1874, sect. VIII, IV, 524; — L. 2 nov. 1892, art. 22-23, VI, 457.

Voir aussi COMMISSIONS locales du Travail.

COMMISSIONS D'EXAMEN.

Institution, fonctionnement, attributions : D. 28 oct. 1793, art. 1-8, 13-15, I, 76 et s.; — D. 17 nov. 1794, ch. II, I, 102; — D. 24 oct. 1795, art. 2-3, I, 120; — Régl. Pr. S. 15 févr. 1804, art. 11, 18, 27-32, I, 189 et s.; — O. 29 févr. 1816, art. 10, I, 241; — I. 3 juin 1819, I, 271; — I. 29 juil. 1819, I, 272; — A. 30 juin 1829, art. 30, I, 374; — L. 28 juin 1833, art. 25, II, 19; — A. 19 juil. 1833, art. 2-7, II, 34; — Décis. 6 août 1833, II, 51; — Av. C. 23 août 1833, II, 54; — Décis. 30 août 1833, II, 63; — Décis. 1er oct. 1833, II, 66; — Décis. 2 mai 1834, II, 141; — C. 23 août 1834, II, 161; — Régl. 27 févr. 1835, art. 6, II, 184; — A. 21 juil. 1835, II, 189; — O. 23 juin 1836, art. 5-6, 11, 18, II, 253 et s.; — A. 28 juin 1836, art. 4-9, II, 257; — C. 13 août 1836, II, 264; — Av. C. 25 nov. 1836, II, 289; — Av. C.

24 janv. 1837, II, 299; — Av. C. 10 oct. 1837, II, 338; — A. 14 août 1838, II, 395; — L. 15 mars 1850, art. 46, III, 335; — D. 29 juil. 1850, art. 50, III, 366; — A. 15 févr. 1853, tit. Ier, III, 514; — C. 31 oct. 1854, III, 617; — A. 3 juil. 1866, tit. Ier, IV, 104; — D. 3 févr. 1869, art. 12, IV, 207; — C. 18 déc. 1873, IV, 498; — D. 4 janv. 1881, tit. III, V, 227; — A. 5 janv. 1881, art. Ier, V, 228; — D. 30 déc. 1884, tit. III, V, 593; — L. 30 oct. 1886, art. 21, V, 680; — D. 18 janv. 1887, tit. II, ch. III, V, 751; — A. 18 janv. 1887, art. 135-140, V, 799; — D. 28 juil. 1893, art. 118, VI, 520; — C. 29 août 1893, VI, 531; — C. 10 mars 1896, VI, 692.

Règlement pour les ⟶ du brevet d'instituteur : 19 juil. 1833, II, 34; = du brevet d'institutrice : 28 juin 1836, II, 256.

Adjonction des sous-inspecteurs de l'instruction primaire aux ⟶ : Décis. 31 août 1838, II, 399. — Nomination de membres suppléants dans les ⟶ : Décis. 30 mars 1852, III, 498.

Rôle du ministre du culte dans les ⟶ : L. 15 mars 1850, art. 46, III, 335; — C. 15 oct. 1859, III, 540.

Délai exigé d'un candidat ajourné pour se représenter devant une ⟶ : Décis. 4 nov. 1834, II, 170; — A. 8 juin 1838, II, 387.

Nullité d'un brevet délivré par une ⟶ à un de ses membres : C. 11 déc. 1838, II, 408.

Maintien provisoire des anciennes ⟶ pour les aspirantes au brevet d'institutrice primaire : C. 10 mars 1851, III, 445.

Allocation aux membres des ⟶ et payement des dépenses relatives aux ⟶ : D. 17 juil. 1891, VI, 389; — C. 18 févr. 1898, VI, 793.

Institution de ⟶ à Constantinople : A. 24 avril 1883, V, 535; — à Athènes : A. 9 févr. 1887, VI, 3.

Les ⟶ sont également chargées des examens d'entrée et de sortie des élèves-maîtres des Écoles normales primaires : C. 13 août 1833, II, 52; — C. 23 août 1834, II, 161; — Av. C. 16 déc. 1834, II, 173; — Av. C. 27 déc. 1836, II, 294.

Projets et propositions de lois : 22 nov. 1798, tit. II, art. 4, I, 148; — 30 juin 1848, art. 40-41, III, 41; — 15 déc. 1848, art. 76-77, III, 110; — 18 juin 1849, art. 46, III, 179; — 6 oct. 1849, art. 47, III, 238; — 31 déc. 1849, art. 47, III, 306; — juil. 1872, art. 49, IV, 407; — 27 mars 1877, art. 73, IV, 694.

COMMISSIONS LOCALES du Travail des Enfants dans les manufactures.

Composition, attributions : L. 19 mai 1874, sect. VII, IV, 524.

Suppression des ⟶ et leur remplacement par des Commissions qu'instituent les Conseils généraux : L. 2 nov. 1892, art. 24, VI, 458.

Voir aussi COMMISSION SUPÉRIEURE du Travail des Enfants dans les manufactures.

COMMISSIONS MUNICIPALES SCOLAIRES.

Institution, fonctionnement des ⟶ : L. 28 mars 1882, art. 5, 8, 10, 15, 17, V, 421 et s.; — L. 30 oct. 1886, art. 54-60, V, 695; — D. 18 janv. 1887, art. 151-157, V, 758.

Services que peuvent rendre les membres des ⟶ pour l'instruction des enfants et des adultes : C. 10 juil. 1895, VI, 633.

Projets et propositions de lois : 15 déc. 1871, art. 2-5, IV, 336; — 26 janv. 1872, art. 14-18, IV, 350; — 12 juin 1872, art. 4, IV, 370; — 3 juil. 1872, art. 77-81, IV, 412; — 27 janv. 1873, IV, 435; — 23 mars 1877, art. 56-60, 125-127, IV, 691 et s.; — Ier déc. 1877, art. 110-111, IV, 744; — 24 janv. 1879, art. 4 et s., IV, 848; — 6 déc. 1879, art. 89-90, V, 97; — 20 janv. 1880, art. 2, V, 109.

COMMUNAUTÉS RELIGIEUSES.

Conditions d'établissement et d'autorisation : L. 24 mai 1825, I, 329; — I. 17 juil. 1825, I, 333; — D. 31 janv. 1852, III, 490.

Mode d'acceptation et emploi des dons et legs faits aux ᴍ : L. 2 janv. 1817, I, 259; — O. 14 janv. 1831, I, 387.

Inspection des écoles et pensionnats de jeunes filles dirigés par des ᴍ : Rap. 6 janv. 1830, I, 376; — D. 31 déc. 1853, art. 10, 12, III, 569, 570; — C. 26 janv. 1854, III, 571; — C. 20 mars 1854, III, 584; — C. 20 déc. 1854, III, 621.

Établissement d'un état de toutes les ᴍ qui s'occupent d'enseignement : C. 3 mai 1877, IV, 709.

Liste des ᴍ autorisées : I, 543, 544, 549, 550.

Voir aussi CONGRÉGATIONS enseignantes, LEGS.

COMMUNES.

Obligation pour les ᴍ de pourvoir à l'instruction primaire des enfants qui les habitent et d'entretenir au moins une *école primaire élémentaire* : D. 30 mai 1793, art. 1ᵉʳ, I, 43; — D. 21 oct. 1793, art. 4-6, I, 73; — D. 28 oct. 1793, art. 1ᵉʳ et 3, I, 79; — D. 17 nov. 1794, chap. I, I, 101; — L. 1ᵉʳ mai 1802, tit. II, I, 179; — O. 29 févr. 1816, art. 14-16, I, 242; — O. 14 févr. 1830, I, 378; — L. 28 juin 1833, art. 9, II, 13; — O. 16 juil. 1833, tit. 1ᵉʳ, II, 26; — C. 24 juil. 1833, II, 38; — Av. C. 12 nov. 1833, II, 77; — Av. C. 28 janv. 1834, II, 103; — I. 27 avril 1834, I, 128; — Av. C. 26 déc. 1834, II, 177; — Av. C. 4 nov. 1836, II, 279; — Av. C. 25 oct. 1842, II, 470; — L. 15 mars 1850, art. 36-37, 51, III, 332, 336; — D. 7 oct. 1850, ch. II, sect. I, III, 385; — Av. 20 déc. 1850, III, 402; — A. 18 mars 1856, art. 3, III, 694; — C. 11 mars 1864, IV, 25; — Décis. C. d'Ét., 4 mars 1865, IV, 39; — L. 10 avril 1867, art. 1-3, IV, 133; — I. 9 août 1870, IV, 255; — Décis. C. d'Ét. 17 janv. 1873, IV, 430; — L. 16 juin 1881, art. 2-3, 7, V, 262 et s.; — L. 30 oct. 1886, art. 11-15, V, 675; — D. 18 janv. 1887, art. 5, 11-14, V, 721 et s.

Obligation pour certaines ᴍ d'avoir une *école primaire supérieure* : L. 28 juin 1833, art. 10, II, 13; — C. 24 juil. 1833, II, 41; — I. 27 avril 1834, II, 129. = Engagements à prendre par les ᴍ qui sollicitent le concours de l'État en faveur d'écoles primaires supérieures : D. 15 janv. 1881, art. 4-6, V, 241; — D. 18 janv. 1887, art. 41, V, 730; — D. 21 janv. 1893, art. 41, VI, 476.

Réunion de plusieurs ᴍ pour l'entretien d'une école : O. 14 févr. 1830, art. 7, I, 379; — L. 28 juin 1833, art. 9, II, 13; — O. 16 juil. 1833, art. 2, II, 27; — C. 24 juil. 1833, II, 39; — Av. C. 1ᵉʳ avril 1834, II, 120; — I. 27 avril 1834, II, 129; — Av. C. 25 oct. 1842, II, 470; — L. 15 mars 1850, art. 36, III, 333; — Av. 12 [mars 1851], III, 450; — Décis. C. d'Ét., 18 mars 1865, IV, 43; — L. 30 oct. 1886, art. 11, V, 675. = Situation de l'instituteur d'une école servant à deux ᴍ, en cas de disjonction : Av. C. 24 nov. 1843, II, 498.

Ressources des ᴍ pour les dépenses de l'enseignement primaire : C. 24 juil. 1833, II, 43; — I. 9 août 1870, IV, 256; — C. 12 mai 1884, V, 571. = Exonération du versement des sommes dues par les ᴍ pour solde des traitements des instituteurs et institutrices : D. 2 mai 1885, V, 609.

Le mobilier acheté par les instituteurs et institutrices reste la propriété des ᴍ : D. 4 sept. 1863, art. 1ᵉʳ, IV, 13; — C. 26 sept. 1863, IV, 15.

Projets et propositions de lois : 10-19 sept. 1791, art. 1ᵉʳ, 8, I, 9 et s.; — 12-18 déc. 1792, tit. II et IV, I, 27, 29; — 20 janv. 1831, art. 9, I, 389; — 24 oct. 1831, art. 1ᵉʳ, 10, I, 414 et s.; — 17 nov. 1832, tit. III, I, 426; — 31 mars 1847, tit. 1ᵉʳ, II, 560; — 20 juil. 1847, tit. 1ᵉʳ, II, 590; — 30 juin 1848, art. 16-20, III, 37; — 15 déc. 1848, art. 16, 29, 45, 90, III, 100 et s.; — 5 févr. 1849, art. 23, III, 147; — 18 juin 1849, art. 37-40, III, 178; — 17 déc. 1849, art. 63, III, 280; — 31 déc. 1849, art. 36-40, III, 304; — 24 mai 1865, art. 1-2, 9-10, IV, 52; — 6 sept. 1871, art. 9, IV, 299; — 15 déc. 1871, art. 17, IV, 340; — 19 déc. 1871, art. 5, IV, 343; — 26 janv. 1872, tit. II, IV, 349; — 3 juil. 1872, art. 7, 24-26, 29-30, IV, 400 et s.; — 3 avril 1876, IV, 586, — 4 avril 1876, art. 9, IV, 588; — 7 juil. 1876, art. 4, 17, IV, 623, 624; — 29 janv. 1877, IV, 660; — 23 mars 1877, art. 4-7, IV, 685; — 1ᵉʳ mai 1877, art. 10, IV, 708; — 1ᵉʳ déc. 1877, art. 13-22, IV, 728; — 17 déc. 1877, IV, 757; — 4 nov. 1878, art. 22, IV, 828; — 6 déc. 1879, art. 23-24, 51-53, V, 87 et s.; — 20 janv. 1880, art. 2-3, V,

118; — 7 févr. 1882, art. 7, 14-15, **V**, 379 et s.; — 28 févr. 1882, **V**, 403; — 13 mars 1886, art. 4, **V**, 655; — 19 févr. 1891, art. 4, **VI**, 346.

Voir aussi BATIMENTS SCOLAIRES, BAUX A LOYER pour maisons d'écoles, CENTIMES ADDITIONNELS, DONS ET LEGS, ÉCOLES (à leurs différents titres), MAISONS D'ÉCOLES, OPTION, SUBVENTIONS.

COMPTABILITÉ.

Enseignement de la ⁓ dans les Écoles primaires supérieures : D. 18 janv. 1887, art. 35, **V**, 728.

Propositions de lois : 23 mars 1877, art. 2, **IV**, 681; — 1er déc. 1877, art. 1er, **IV**, 726.

Voir CERTIFICAT D'APTITUDE à l'enseignement de la Comptabilité, TENUE DES LIVRES.

COMPTE ANNUEL de l'emploi des fonds alloués aux écoles primaires.

Établissement d'un ⁓ détaillé de l'emploi des fonds alloués aux écoles primaires : Décis. R. 5 oct. 1821, **I**, 313; — Décis. R. 5 oct. 1831, **I**, 412.

CONCOURS entre élèves d'écoles primaires.

Institution d'un ⁓ entre les élèves des écoles de Paris : Régl. Pr. S. 15 févr. 1804, art. 33, **I**, 192; = de concours cantonaux pour les meilleurs élèves de la division supérieure des écoles primaires et pour les adultes : C. 11 juil. 1865, **IV**, 56.
Interdiction de ⁓ : Av. C. 19 mai 1837, **II**, 314; — Décis. C. 28 juin 1839, **II**, 426; A. 18 janv. 1887, art. 16, **V**, 771.

CONCOURS pour la place d'Instituteur.

Faculté de donner les places d'instituteur au ⁓ : O. 29 févr. 1816, art. 22, **I**, 243.
Le ⁓ ne peut être imposé aux Conseils municipaux : Av. C. 5 sept. 1834, **II**, 162.

CONFÉRENCES pédagogiques.

Établissement de ⁓ : C. 31 janv. 1829, **I**, 361; — A. 30 juin 1829, art. 28, **I**, 373; — O. 27 févr. 1835, art. 7, **II**, 184; — Régl. 10 févr. 1837, **II**, 301; — C. 1er sept. 1848, **III**, 45; — C. 29 oct. 1878, **IV**, 819; — A. 5 juin 1880, **V**, 167.
Conférences dans les écoles normales primaires sur la mission et les devoirs des instituteurs : C. 1er sept. 1865, **IV**, 59.

Proposition de loi : 15 déc. 1848, art. 44, **III**, 104.

CONFÉRENCES publiques ou populaires.

Autorisation aux membres de l'enseignement de faire des ⁓ C. 31 janv. 1896, **VI**, 686.
Sujets traités dans les ⁓ : C. 11 nov. 1896, **VI**, 741; — C. 19 mars 1900, **VI**, 914.
Propositions de lois : 21 août 1871, **IV**, 295; — 7 sept. 1871, **IV**, 299; — 3 juil. 1872, **IV**, 383.

Voir aussi CLICHÉS PHOTOGRAPHIQUES.

CONFRÉRIES.

Suppression des ⁓ : D. 18-22 août 1792, **I**, 23.
Extrait du règlement de la Confrérie de la Charité des servantes des pauvres malades, **I**, 330, *n.* 1.

CONGÉ.

Situation des fonctionnaires de l'enseignement mis en ⁓ : A. 22 févr. 1860, III, 751.

CONGÉS.

Concession de ⁓ au personnel enseignant : Av. C. 29 nov. 1833, II, 83 et *n.*; — Décis. 21 janv. 1834, II, 102; — A. 20 déc. 1836, II, 293; — A. 15 mars 1839, II, 410; — A. 27 juin 1844, II, 507; — I. 23 juil. 1847, II, 595; — Règl. 17 août 1851, art. 43, III, 487; — Règl. 7 juin 1880, art. 23, V, 172; — A. 6 janv. 1881, art. 23, V, 238; — A. 18 juil. 1882, art. 20, V, 447; — A. 18 janv. 1887, art. 8, V, 769 et annexe B, art. 23, V, 825.

Conséquences des ⁓ pour le personnel enseignant : 1° au point de vue de la retraite : D. 9 nov. 1853, art. 16, III, 546; — C. 2 mars 1895, VI, 603; — Av. C. d'Ét. 24 févr. 1897, VI, 764; — C. 21 avril 1897, VI, 762; = 2° au point de vue de la durée de l'engagement décennal : D. 23 nov. 1889, art. 10, VI, 207; — C. 17 mai 1893, VI, 499; — C. 15 févr. 1897, VI, 754.

Limite de la durée des ⁓ sollicités pour convenances personnelles : C. 28 mars 1900, VI, 915.

Concession de ⁓ supplémentaires pour collaboration aux cours d'adultes et aux œuvres complémentaires de l'école : A. 30 mars 1898, VI, 809; — A. 28 janv. 1899, VI, 861; — C. 4 févr. 1899, VI, 872; — A. 18 janv. 1900, VI, 907; — C. 18 janv. 1900, VI, 911.

Jours de ⁓ dans les écoles primaires : Stat. 25 avril 1834, art. 31, II, 127; — Règl. 17 août 1851, art. 39-40, III, 487; — Av. 28 juin 1858, III, 725; — Règl. 7 juin 1880, art. 20-21, V, 172; — A. 6 janv. 1881, art. 20-21, V, 237; — A. 18 juil. 1882, art. 18, V, 444; — A. 18 janv. 1887, annexe B, art. 21, V, 825; = dans les écoles normales primaires : A. 21 avril 1840, II, 439; — D. 18 août 1860, III, 760; — D. 29 juil. 1881, art. 34, V, 278. = Maintien des écoles pendant l'été : C. 24 déc. 1850, III, 415.

Projets et propositions de lois : 1ᵉʳ oct. 1793, art. 21, I, 68; — 20 avril 1799, art. 12-14, I, 164; — 8 nov. 1800, tit. III, § 1ᵉʳ, art. 6, I, 170.

CONGRÉGANISTES.

Nomination de ⁓ comme instituteurs et institutrices publics : O. 29 févr. 1816, art. 36, I, 244; — L. 15 mars 1850, art. 31, III, 331; — D. 9 mars 1852, art. 4, III, 493; — C. 3 avril 1852, III, 500; — L. 14 juin 1854, art. 8, III, 588; — C. 13 mai 1861, III, 768; — C. 12 juil. 1862, III, 801; — C. 28 oct. 1871, IV, 301; — Décis. C. d'Et., 17 janv. 1873, IV, 425; — Décis. C. d'Et., 17 janv. 1873, IV, 427; — Décis. C. d'Et., 21 mars 1873, IV, 445; — Décis. C. d'Et., 28 mars 1873, IV, 449; — L. 19 juil. 1875, art. 6, IV, 554; — C. 24 sept. 1878, IV, 817; — Ar. Trib. des Confl., 11 janv. 1879, IV, 836; — Let. 27 févr. 1879, V, 11; — C. 20 déc. 1879, V, 101.

Substitution d'un personnel laïque au personnel congréganiste dans toutes les écoles primaires publiques : L. 30 oct. 1886, art. 18-19, V, 679; — C. 3 déc. 1886, V, 711. = Désignation des départements où il ne doit plus être fait de nomination d'instituteurs et d'institutrices ⁓ : A. 1ᵉʳ déc. 1886, V, 706, 711 *n*. = Traitement des instituteurs et institutrices ⁓ encore en exercice : L. 19 juil. 1889, art. 51, VI, 190.

Jurisprudence relative aux instituteurs et institutrices ⁓ : V, 11 *n.*

Projet de résolution, relatif à une enquête sur la situation comparative des écoles laïques et des écoles ⁓ : 14 mars 1882, V, 415.

Voir aussi CONGRÉGATIONS ENSEIGNANTES, COURS D'ADULTES, ENGAGEMENT DÉCENNAL, OPTION.

CONGRÉGATION de l'Instruction chrétienne (Association des Frères de Lamennais).

Autorisation : I, 245, *n*. 1; — O. 1ᵉʳ mai 1822, I, 245, *n*. 1.

CONGRÉGATIONS ENSEIGNANTES.

Suppression des ⸚ et séculières : L. 18 août 1792, I, 21 ; — 18-22 août, 1792, I, 23.

Exigence d'une autorisation pour l'existence légale des ⸚ rétablies : D. 22 juin 1804, I, 193.

Liste des ⸚ autorisées : I, 543-556.

Les membres d'une ⸚ ne peuvent exercer en dehors des départements indiqués dans l'ordonnance d'autorisation : Av. C. 8 juin 1849, III, 160.

Demande de reconnaissance d'utilité publique présentée par une ⸚ : Av. C. d'Et., 20 juil. 1849, III, 185, 830 ; — Av. C. 7 sept. 1849, III, 188 ; — Av. 24 déc. 1850, III, 403.

Établissement d'un état relatif à toutes les ⸚ : C. 3 mai 1877, IV, 709.

I. CONGRÉGATIONS D'HOMMES. — Admises à fournir des instituteurs : D. 17 mars 1808, art. 109, I, 199 ; — O. 29 févr. 1816, art. 36-38, I, 244 ; — O. 8 avril 1824, art. 12, I, 326 ; — L. 30 mars 1850, art. 31, III, 331 ; — L. 15 juil. 1875, art. 6, IV, 554.

Délivrance par le recteur, sur le vu de l'obédience du supérieur, d'un brevet de capacité aux membres des ⸚ légalement autorisées pour former ou fournir des instituteurs primaires : O. 21 avril 1828, art. 10, I, 342 ; — C. 6 mai 1828, I, 347.

Exigence de la production d'un brevet de capacité par les membres des ⸚ : O. 18 avril 1831, I, 395 ; — C. 20 juin 1831, I, 395, n. 1 ; — A. 14 avril 1832, I, 420, n. 2 ; — C. 1er juin 1832, I, 420.

Droit de présentation des instituteurs par les supérieurs des ⸚ : Av. C. d'Et., 26 janv. 1853, III, 534, n. 1 ; — Av. C. 6 août 1853, III, 533 ; — Av. C. 9 août 1853, III, 537.

Détermination du traitement des instituteurs fournis aux communes par les ⸚ vouées à l'enseignement : L. 19 juil. 1875, art. 6, IV, 554 ; — L. 19 juil. 1889, art. 51, VI, 190. = Type de convention avec les communes : I, 246 n. et 247 n.

Approbation de statuts des ⸚ : 4 août 1810, I, 211 ; — O. 1er mai 1822, I, 245 n. ; — D. 3 mars 1853, III, 518.

Liste des ⸚ autorisées : I, 245 n., 543.

Mesures relatives à la Compagnie de Jésus : D. 29 mars 1880, V, 143 ; — aux congrégations non autorisées : D. 29 mars 1880, V, 145.

II. CONGRÉGATIONS DE FEMMES. — Conditions d'établissement et d'autorisation des ⸚ : L. 2 janv. 1817, I, 259 ; — L. 24 mai 1825, I, 329 ; — I. 17 juil. 1825, I, 333 ; — Av. C. 24 janv. 1837, II, 298 ; — Av. C. 27 juin 1837, II, 323.

Distinction entre les ⸚ à supérieure générale et à supérieure locale : I. 17 juil. 1825, art. 5 et s., I, 334. = Approbation de statuts : D. 31 janv. 1852, III, 490.

Dispense d'examen et de diplôme en faveur des maîtresses et institutrices appartenant à des ⸚, et munies d'une lettre d'obédience : I. 29 juil. 1819, I, 272 ; — O. 3 avril 1820, art. 3, I, 280 ; — I. 19 juin 1820, I, 286 ; — Décis. 6 janv. 1830, I, 376 ; — O. 23 juin 1836, art. 13, II, 254 ; — I. 25 janv. 1849, III, 117 ; — L. 15 mars 1850, art. 49, III, 336 ; — D. 21 mars 1855, art. 20, III, 631.

Exigence momentanée d'un brevet de capacité de toute institutrice appartenant aux ⸚ : C. 5 juin 1848, III, 27 ; — C. 6 nov. 1848, III, 54. — Obligation absolue de produire un titre de capacité : L. 16 juin 1881, V, 259.

Dispenses d'âge accordées aux aspirantes au brevet de capacité appartenant à des ⸚ : Av. C. 11 nov. 1836, II, 282.

Détermination du traitement des institutrices fournies aux communes par les ⸚ vouées à l'enseignement : L. 19 juil. 1875, art. 6, IV, 554 ; — L. 19 juil. 1889, art. 51, VI, 190. = Type de convention avec les communes : I, 330 n.

Révocation d'une institutrice appartenant à une ⸚, qui se refuse à observer les règlements universitaires : Av. C. 11 févr. 1845, II, 510.

Inspection des écoles dirigées par des ⸚ : C. 6 mai 1828, I, 351 ; — Décis. 6 janv. 1830, I, 377 ; — Av. C. 9 juin 1837, II, 319 ; — D. 31 déc. 1853, art. 10, 12, III, 569, 570 ; — C. 26 janv. 1854, III, 571 ; — C. 20 mars 1854, III, 584 ; — I. 20 déc.

1854, III, 621; = de toutes les classes tenues par des ⌇, cloîtrées ou non cloîtrées : L. 30 oct. 1886, art. 9, V, 674.

Conditions d'ouverture de pensionnats par des ⌇ : Av. C. 11 fév. 1845, II, 511; — Av. C. 12 janv. 1847, II, 542; — Av. C. 19 janv. 1847, II, 544.

Reconnaissance légale d'établissements fondés par des ⌇ : Av. 18 févr. 1848, III, 9; — Av. 16 juin 1848, III, 31; — Av. 22 sept. 1848, III, 47; — Av. 13 oct. 1848, III, 53. = Approbation de statuts de ⌇ : D. 5 mars 1850, III, 321.

Liste des ⌇ autorisées : I, 544.

Projets et propositions de lois : août 1792, I, 24; — 19 janv. 1872, IV, 347; — 11 mars 1882, V, 415; — 13 mars 1886, art. 47, V, 662.

Voir aussi Associations enseignantes, Capacité civile, Congréganistes, Donations, Dons et Legs, Laïcisation, Legs, Lettre d'obédience, Novices, Pensionnats primaires, Religieux.

CONGRÈS D'INSTITUTEURS.

Vœux émis par le ⌇ tenu à Paris en 1887 : C. 20 sept. 1887, VI, 53.
Projet de réunion d'un ⌇ : Lct. 3 août 1892, VI, 423.
Réunion du congrès international d'instituteurs en 1900 : C. 1ᵉʳ oct. 1899, VI, 899. = Bulletin d'adhésion, VI, 970.

CONGRÈS PÉDAGOGIQUE.

Réunion d'inspecteurs primaires, de directeurs et directrices d'écoles normales primaires en ⌇ : C. 20 févr. 1880, V, 122 et *n.*

CONSEIL ACADÉMIQUE ou des Académies.

Avis du ⌇ sur les prospectus et programmes des établissements d'instruction : D. 17 mars 1808, art. 104, I, 198.

Droit du ⌇ de statuer sur le retrait du brevet de capacité : O. 21 avril 1828, art. 18-19, I, 343; = de délibérer sur les médailles à décerner aux instituteurs : A. 7 févr. 1829, art. 2, I, 363.

Présence au ⌇ d'un inspecteur primaire, avec voix consultative, dans les affaires concernant l'instruction primaire : Décis. 17 juin 1836, II, 249; — C. 30 juil. 1836, II, 261.

Réorganisation du ⌇ : O. 7 déc. 1845, II, 532.

Institution d'un ⌇ *par département*, attributions : L. 15 mars 1850, tit. 1ᵉʳ, ch. ii, et art. 28, 31-36, 41-42, 46-47, 51-53, 77, III, 324 et s.; — D. 29 juil. 1850, art. 17-29, III, 360; — C. 27 août 1850, III, 371; — C. 30 août 1850, III, 373; — D. 7 oct. 1850, art. 4, III, 385; — C. 1ᵉʳ sept. 1851, III, 487; — D. 9 mars 1852, art. 2-3, III, 492; — C. 12 mars 1852, III, 496.

Prestation de serment par les membres du ⌇ : A. 28 avril 1852, art. 3, III, 502.

Rétablissement d'un ⌇ *par académie*, attributions : L. 14 juin 1854, art. 3-4, 10, III, 587 et s.; — D. 22 août 1854, art. 14, III, 593; — L. 27 févr. 1880, tit. ii, V, 130; — D. 16 mars 1880, art. 13, V, 137. = Règlement intérieur du ⌇ : D. 26 juin 1880, V, 190.

Composition du ⌇ en Algérie : D. 15 août 1875, art. 4-5, IV, 568.

Projets et propositions de lois : 5 févr. 1849, art. 13-14, III, 145; — 18 juin 1849, art. 8-15, III, 174; — 6 oct. 1849, art. 8-14, III, 232; — 17 déc. 1849, art. 13-18, III, 272; — 31 déc. 1849, art. 10-14, III, 299; — 4 août 1871, art. 8-9, IV, 293; — 20 mars 1876, art. 2, IV, 580; — 15 mars 1879, tit. ii, V, 26.

CONSEIL DE L'UNIVERSITÉ.

Formation, attributions : D. 17 mars 1808, art. 75-76, I, 198; — D. 30 mars 1815, I, 237.

Suppression du ᴍ : O. 15 août 1815, art. 3, **I**, 238. = Rétablissement : O. 7 déc. 1845, **II**, 531. = Remplacement par le Conseil supérieur de l'Instruction publique : L. 15 mars 1850, tit. ıᵉʳ, ch. ıᵉʳ, **III**, 322.

Projets et propositions de lois : 25 janv. 1848, **III**, 3 ; — 5 févr. 1849, art. 2-10, **III**, 143 ; — 18 juin 1849, tit. ıᵉʳ, **III**, 173 ; — 6 oct. 1849, tit. ıᵉʳ, **III**, 231 ; — 17 déc. 1849, tit. ıı, **III**, 271 ; — 31 déc. 1849, tit. ıᵉʳ, **III**, 298.

Voir aussi Commission de l'Instruction publique, Conseil royal de l'Instruction publique, Conseil supérieur de l'Instruction publique.

CONSEIL DÉPARTEMENTAL DE L'INSTRUCTION PUBLIQUE.

Institution d'un ᴍ au chef-lieu de chaque département : L. 14 juin 1854, art. 5-6, **III**, 588 ; — L. 30 oct. 1886, art. 44-52, **V**, 691.

Mode de nomination ou d'élection des membres du ᴍ : D. 22 août 1854, art. 26, **III**, 596 ; — C. 15 sept. 1854, **III**, 599 ; — C. 17 nov. 1854, **III**, 618 ; = D. 12 nov. 1886, **V**, 702 ; — D. 5 févr. 1899, **VI**, 873.

Attributions générales du ᴍ : L. 14 juin 1854, art. 7, **III**. 588 ; — D. 22 août 1854, art. 27-28, **III**, 596 ; — C. 15 sept. 1854, **III**, 599 ; — L. 10 avril 1867, art. 2, 6, 8-9, 10, 12-13, 19-21, **IV**, 134 et s. ; — C. 12 mai 1867, **IV**, 142 et 154 ; — A. 29 déc. 1867, **IV**, 182 ; — I. 31 janv. 1868, **IV**, 190 ; — C. 28 oct. 1871, **IV**, 303 ; — C. 12 août 1875, **IV**, 565 ; — C. 24 sept. 1878, **IV**, 817 ; — C. 5 nov. 1881, **V**, 332 ; — L. 30 oct. 1886, art. 9, 11-13, 16, 23-25, 27, 31-33, 41, 44-53, 60-61, 64, **V**, 673 et s. ; — D. 18 janv. 1887, art. 11, 16, 20, 29, 46, 121, 146-150, 162-165, 173-174, 187, **V**, 722 et s. ; — A. 18 janv. 1887, art. 50, 68, **V**, 778, 782.

Juridiction du ᴍ : Décis. 8 juil. 1861, **III**, 776 et 777.

Instruction et procédure des affaires disciplinaires déférées au ᴍ : C. 12 août 1875, **IV**, 564 ; = D. 4 déc. 1886, **V**, 714 ; — C. 31 mai 1889, **VI**, 147.

Appel des décisions du ᴍ devant le Conseil supérieur de l'Instruction publique : L. 10 avril 1867, art. 19, **IV**, 138 ; — Décis. 28 janv. 1869, **IV**, 202 ; — L. 30 oct. 1886, art. 32, **V**, 683 ; — D. 4 déc. 1886, art. 12, **V**, 716 ; — D. 18 janv. 1887, art. 165, **V**, 761.

Composition du ᴍ en Algérie : D. 15 août 1875, art. 6-7, **IV**, 568.

Annulation d'élections au ᴍ : A. 5 déc. 1889, **VI**, 221.

Projets et propositions de lois : 24 mai 1865, art. 4, **IV**, 52 ; — sept. 1866, art. 2, 18, **IV**, 119, 121 ; — 4 août 1871, tit. ııı, **IV**, 293 ; — 26 janv. 1872, art. 28-29, **IV**, 353 ; — 3 juil. 1872, art. 71, **IV**, 410 ; — 20 mars 1876, art. 1ᵉʳ, 6, **IV**, 580 ; — 23 mars 1877, art. 111-114, **IV**, 699 ; — 1ᵉʳ déc. 1877, art. 98-101, **IV**, 742 ; — 12 déc. 1878, **IV**, 832 ; — 6 déc. 1879, art. 79-84, **V**, 95 ; — 7 févr. 1882, art. 13, 62-67, **V**, 380 et s. ; — 16 févr. 1882, art. 1ᵉʳ-5, **V**, 399 ; — 2 juin 1892, **VI**, 416 ; — 27 oct. 1892, **VI**, 446 ; — 2 févr. 1895, **VI**, 602.

Voir aussi Conseil académique.

CONSEIL DE PERFECTIONNEMENT.

Projet de loi : 30 juin 1848, art. 30, 34-35, **III**, 39-40.

CONSEIL D'ÉTAT.

Procédure des recours et pourvois devant le ᴍ D. 2 nov. 1864, **IV**, 31.

Voir aussi Jurisprudence (Conseil d'Etat).

CONSEIL D'INSTRUCTION NATIONALE.

Proposition de loi : 5 févr. 1849, art. 2-10, **III**, 145.

CONSEIL D'INSTRUCTION PUBLIQUE,

Institution d'un ⌁ chargé d'examiner les livres élémentaires, etc.: A. 6 oct. 1798, I, 132.

CONSEIL GÉNÉRAL.

Détermination par le ⌁ du minimum des émoluments pour chacune des trois classes d'écoles communales : O. 14 févr. 1830, art. 3, I, 378.

Délibération du ⌁ sur les dépenses de l'instruction primaire : O. 14 févr. 1830, art. 9-10, I, 380 ; — L. 28 juin 1833, art. 11, 13, II, 13 et s.; — O. 16 juil. 1833, art. 9, II, 28; — I. 24 juin 1834, II, 145 ; — C. 11 sept. 1846, II, 537 ; — L. 15 mars 1850, art. 35, 40, III, 332 et s.; — D. 20 avril 1850, art. 4, III, 342 ; — L. 10 avril 1867, art. 8, 14, IV, 135 et s.; — L. 15 juil. 1875, art. 7, IV, 554 ; — L. 16 juin 1881, art. 4, V, 263 ; — L. 19 juil. 1889, art. 3, VI, 163.

Délibération du ⌁ sur les projets de statuts des Caisses d'épargne et de prévoyance des instituteurs : O. 16 juil. 1833, art. 32, II, 33.

Annulation d'une délibération de ⌁ : D. 27 juil. 1872, IV, 491.

Projets et propositions de lois : 24 oct. 1831, art. 7, I, 415 ; — 31 mars 1847, art. 3, 9, II, 561 et s.; — 15 déc. 1848, art. 90, III, 112; — 18 juin 1849, art. 40, III, 178 ; — 31 déc. 1849, art. 40, III, 304; — 24 mai 1865, art. 1er, IV, 52; — 15 déc. 1871, art. 17, IV, 340; — 26 janv. 1872, art. 7, IV, 349; — 23 mars 1877, art. 11, IV, 686; — 1er déc. 1877, art. 22, IV, 729 ; — 4 nov. 1878, art. 22, IV, 828; — 6 déc. 1879, art. 53, V, 91; — 7 févr. 1882, art. 15, V, 381; — 13 mars 1886, art. 3, V, 655.

CONSEIL MUNICIPAL.

Rôle du ⌁ dans l'établissement et l'entretien des écoles communales : O. 14 févr. 1830, art. 5-6, I, 378; — L. 28 juin 1833, art. 9, 13, II, 13 et s.; — O. 16 juil. 1833, art. 1er, 4, II, 26 et s.; — L. 15 mars 1850, art. 40, 45, 51, III, 333 et s.; — D. 7 oct. 1850, art. 9, III, 385 ; — L. 10 avril 1867, art. 2, IV, 134; — L. 30 oct. 1886, art. 12, 13, 54, V, 676 et s.

Intervention du ⌁ dans la nomination des instituteurs, la détermination de leur traitement, la fixation du taux de la rétribution scolaire, etc. : L. 1er mai 1802, art. 3-4, I, 179 ; — L. 28 juin 1833, art. 14, 21, II, 14, 18 ; — C. 24 juil. 1833, II, 46 ; — Av. C. 18 févr. 1848, III, 11; — L. 15 mars 1850, art. 31, 34, III, 331 et s.; — D. 7 oct. 1850, art. 19, III, 387; — D. 9 mars 1852, art. 4, III, 493; — C. 3 avril 1852, III, 500; — C. 12 juil. 1862, III, 801 ; — C. 20 déc. 1879, V, 101.

Avis du ⌁ sur l'option entre instituteurs laïques et instituteurs congréganistes : C. 12 juillet 1862, III, 801 ; — C. 28 oct. 1871, IV, 301; — Décis. C. d'Et. 17 janv. 1873, IV, 425, 427 ; — Décis. C. d'Et. 7 févr. 1873, IV, 436; — Décis. C. d'Et. 21 mars 1873, IV, 445; — Décis. C. d'Et. 28 mars 1873, IV, 449. — C. 24 sept. 1878, IV, 817; — Let. 27 févr. 1879, V, 11. — Le ⌁ n'a plus à se prononcer sur cette option : C. 20 déc. 1879, V, 101.

Etablissement par le ⌁ de la liste des élèves admis gratuitement à l'école : L. 28 juin 1833, art. 14, II, 14; — L. 15 mars 1850, art. 45, III, 335.

Intervention du ⌁ dans les baux à contracter pour les maisons d'école : O. 16 juil. 1833, art. 3, II, 27.

Avis du ⌁ sur l'ouverture des pensionnats primaires : Let. 30 août 1838, II, 398.

Délibération sur les demandes d'internat faites par les instituteurs et institutrices : D. 18 janv. 1887, art. 15, V, 723.

Nomination par le ⌁ des membres des Commissions scolaires : D. 18 janv. 1887, art. 151, V, 753.

Réunions illégales du ⌁ : Décis. C. d'Ét. 4 avril 1856, III, 694.

Projets et propositions de lois : consulter les renvois indiqués au mot COMMUNES.

Voir aussi COMMUNES.

CONSEIL ROYAL de l'Instruction publique.

Institution du ⋎⋎ : O. 17 févr. 1815, art. 3, 51 et s., I, 229 et s.; ⚊ O. 1ᵉʳ nov. 1820, I, 291.

Modifications à l'organisation du ⋎⋎ : O. 27 févr. 1821, tit. 1ᵉʳ, I, 309; — O. 30 déc. 1822, I, 324 *n.;* = O. 7 déc. 1845, II, 531.

Le ⋎⋎, en l'absence du ministre, est présidé par le directeur de l'instruction publique : O. 1ᵉʳ sept. 1824, I, 329.

Délivrance par le ⋎⋎ aux instituteurs primaires de l'autorisation de recevoir des élèves pensionnaires : O. 21 avril 1828, art. 12, I, 342; — des élèves de religion différente, *ibid.*, art. 13, I, 343.

Recours devant le ⋎⋎ contre les décisions des Conseils académiques pour retrait de brevet de capacité : O. 21 avril 1828, art. 19, I, 343.

CONSEIL SUPÉRIEUR de l'Instruction publique.

Composition, attributions : L. 15 mars 1850, tit. 1ᵉʳ, ch. 1ᵉʳ, III, 322; — D. 9 mars 1852, art. 5, III, 493; — L. 19 mars 1873, IV, 442; = L. 27 févr. 1880, V, 126.

Nomination des membres du ⋎⋎ : D. 9 mars 1852, art. 1ᵉʳ, III, 492. — Election des membres du ⋎⋎ : D. 8 mai 1850, III, 344; — D. 16 mars 1880, V, 134.

Fonctionnement, procédure : D. 29 juil. 1850, art. 1-13, III, 357; = D. 11 mai 1880, V, 154.

Prestation de serment par les membres du ⋎⋎ : A. 28 avril 1852, art. 2, III, 502.

Annulation d'élections au ⋎⋎ : A. 2 juin 1888, VI, 102, 103.

Appel devant le ⋎⋎ des décisions des Conseils départementaux : L. 10 avril 1867, art. 19, IV, 138; — Décis. 28 janv. 1869, IV, 202; — L. 30 oct. 1886, art. 32, V, 683; — D. 4 déc. 1886, art. 12, V, 716; — D. 18 janv. 1887, art. 165, V, 761.

Annulation d'une décision du ⋎⋎ pour excès de pouvoir : Décis. C. d'Et. 23 janv. 1864, IV, 19.

Jurisprudence du ⋎⋎ en matière d'écoles privées : V, 359 *n.;* VI, 617, *n.* 2.

Délibération du ⋎⋎ sur les programmes de l'enseignement primaire : L. 30 oct. 1886, art. 16, V, 678.

Insertion des avis du ⋎⋎ au *Bulletin officiel du Ministère de l'Instruction publique,* Av. 28 janv. 1869, IV, 203.

Projets et propositions de lois : 15 déc. 1848, art. 75, III, 110; — 5 févr. 1849, art. 2-10, 21, III, 143 et s.; — 18 juin 1849, art. 1-6, III, 173; — 6 oct. 1849, art. 1-6, III, 231; — 17 déc. 1849, art. 2-11, 103, III, 271 et s.; — 31 déc. 1849, tit. 1ᵉʳ et art. 85, III, 298 et s.; — 27 juin 1871, IV, 289; — 4 août 1871, IV, 292; — 20 mars 1876, art. 3, IV, 580; — 23 janv. 1879, IV, 844; — 15 mars 1879, tit. 1ᵉʳ, V, 22.

CONSISTOIRES.

Droit de surveillance sur les écoles de leur culte : O. 29 févr. 1816, art. 40, I, 248; — O. 26 mars 1829, art, 20, I, 365; = de présentation des instituteurs appartenant à un culte non catholique : L. 15 mars 1850, art. 31, III, 331; — Av. C. d'Et. 25 avril 1873, IV, 455; — Av. C. d'Et., déc. 1875, IV, 577; — Av. C. d'Et., 31 janv. 1879, IV, 852.

Suppression du droit de présentation des instituteurs : L. 28 mars 1882, art. 2, V, 420; — L. 30 oct. 1886, art. 17, V, 679.

Voir aussi ISRAÉLITE (Culte), PROTESTANT (Culte).

CONSTITUTION.

Extrait de la ⋎⋎ du 22 août 1795, I, 119.

Explication de la ⋎⋎ : Projets de loi : 18 févr. 1799, art. 4, I, 157; — 8 nov. 1799, tit. III, § 1ᵉʳ, art. 4, I, 170.

Voir aussi ENSEIGNEMENT MORAL ET CIVIQUE.

CONSTRUCTION DE MAISONS D'ÉCOLES.

Prescriptions et instructions relatives à la ᴍ : C. 30 juil. 1858, III, 729 ; — C. 28 mai 1864, IV, 27 ; — C. 2 avril 1870, IV, 250 ; — C. 15 juin 1876, IV, 607 ; — A. 17 juin 1880, V, 180 ; — A. 8 nov. 1881, V, 333 ; — I. 28 juil. 1882, V, 468 ; — L. 20 mars 1883, tit. 1ᵉʳ, V, 528.

Ressources, emprunts, subventions pour la ᴍ : D. 21 nov. 1853, art. 1ᵉʳ, III, 558 ; — A. 14 juil. 1858, III, 727 ; — D. 19 déc. 1860, art. 2, III, 765 ; — L. 1ᵉʳ juin 1878, IV, 796 ; — D. 10 août 1878, IV, 806 ; — I. 16 août 1878, IV, 808 ; — L. 3 juil. 1880, art. 10-21, V, 197 ; — L. 2 août 1881, art. 4 et s., V, 299 ; — L. 20 mars 1883, tit. 11, V, 529 ; — L. 20 juin 1885, V, 613 ; — D. 9 juil. 1885, V, 617 ; — D. 15 févr. 1886, V, 650 ; — D. 7 avril 1887, art. 6-21, VI, 19 ; — L. 26 déc. 1890, art. 40, VI, 322 ; — D. 16 mars 1891, art. 2-3, VI, 373 ; — L. 26 juil. 1893, art. 65, VI, 516 ; — D. 13 janv. 1894, VI, 539 ; — L. 13 avril 1898, art. 100, VI, 811 ; — D. 28 mars 1899, VI, 879 ; — L. 30 mai 1899, art. 54, VI, 883 ; — L. 13 avril 1900, art. 48, VI, 916. = Classement des demandes de subvention pour la ᴍ : C. 28 déc. 1891, VI, 401 ; modèles, VI, 949-954 ; — C. 31 juil. 1399, VI, 895. = Tableau d'évaluation et de proposition des subventions pour la ᴍ : V, 850 et s.

Procédure à suivre pour la ᴍ : A. 29 juin 1883, V, 537.

Ouverture d'une exposition de modèles de ᴍ : D. 10 oct. 1881, V, 321.

Emploi des sommes provenant des rabais d'adjudication sur les travaux de ᴍ : C. 18 mars 1892, VI, 409.

Instructions spéciales concernant la ᴍ pour écoles maternelles, leur mobilier et leur matériel, V, 460, 825 ; = concernant la ᴍ pour écoles primaires élémentaires publiques, leur mobilier et leur matériel, V, 463, 830.

Construction d'écoles de hameau dans le Finistère : D. 14 mars 1882, V, 415.

Projets et propositions de lois : 1ᵉʳ mars 1877, IV, 661 ; — 23 mars 1877, IV, 680 ; — 22 nov. 1877, IV, 723 ; — 10 déc. 1877, IV, 750 ; — 17 déc. 1877, IV, 754 ; — 19 janv. 1878, IV, 761 ; — 2 mai 1878, IV, 782.

Voir aussi Batiments scolaires, Caisse des Lycées, Collèges et Écoles, Maisons d'Écoles, Marchés.

CONSTRUCTIONS SCOLAIRES.

Voir Construction de maisons d'écoles.

CONTRAT D'APPRENTISSAGE.

Dispositions relatives au ᴍ des enfants employés dans les mines, manufactures et ateliers : L. 22 févr. 1851, III, 440.

Voir aussi Travail des enfants dans les manufactures.

CONVENTIONS entre les Communes et les Congrégations enseignantes.

En vue de fournir des instituteurs ou institutrices : O. 29 févr. 1816, art. 36-37, I, 244 ; — Décis. C. d'Ét. 9 mars 1870, IV, 243 ; — Ar. C. d'Ap. 11 déc. 1871, IV, 321 ; — Ar. C. d'Ap. 9 janv. 1872, III, 344 ; — Jug. Tr. Civ. 28 mai 1872, III, 363 ; — Ar. C. d'Ap. 19 juin 1872, III, 372 ; — Ar. C. d'Ap. 1ᵉʳ juil. 1872, III, 379 ; — L. 15 juil. 1875, art. 6, IV, 554.

CORRECTIONS PHYSIQUES ou CORPORELLES.

Interdiction des ᴍ : Règl. 7 juin 1880, art. 19, V, 172 ; — Règl. 6 janv. 1881, art. 19, V, 237 ; — Règl. 18 juil. 1882, art. 17, V, 444 ; — Règl. 18 janv. 1887, art. 20, V, 825.

Projet de décret : 1ᵉʳ oct. 1793, art. 8, I, 67 ; — projet de règlement : janv. 1821, art. 29, I, 299.

CORRESPONDANCE.

Voir FRANCHISE POSTALE.

CORSE.

Fréquence des mutations dans le personnel primaire enseignant de la ⏜ : Let. 27 mai 1895, **VI**, 625.

COSMOGRAPHIE.

Propositions de lois : 12 juin 1872, art. 2, **IV**, 370 ; — 23 mars 1877, art. 2, **IV**, 685 ; — 1er déc. 1877, art. 1er, **IV**, 727.

COSTUME.

Description du ⏜ des membres de l'Université : D. 31 juil. 1809, **I**, 206.
Les inspecteurs primaires ont le droit de porter le ⏜ des membres de l'Université : Av. C. 5 août 1836, **II**, 262.

COUR DE CASSATION.

Voir JURISPRUDENCE (Cour de Cassation).

COURS COMPLÉMENTAIRES.

Organisation des ⏜ : D. 15 janv. 1881, **V**, 241 ; — A. 15 janv. 1881, art. 1-4, **V**, 243 ; — L. 30 oct. 1886, art. 1er, **V**, 670 ; — D. 18 janv. 1887, art. 30-41, **V**, 726 et s.; — D. 21 janv. 1893, art. 30-32, 38-41, **VI**, 471 et s.; — A. 25 janv. 1895, **VI**, 599 et 600 ; — D. 28 janv. 1897, **VI**, 748.
Classement de ⏜ au nombre des établissements placés sous le régime de la loi du 11 décembre 1880 et du décret du 17 mars 1888 : D. 25 janv. 1895, **VI**, 598.

COURS D'ADULTES.

Établissement de ⏜ dans les écoles de la ville de Paris : A. 4 mai 1838, **II**, 385 ; — A. Préf. S. 10 août 1877, **IV**, 719.
L'État ne peut prendre à sa charge le traitement régulier et permanent d'instituteurs communaux pour les ⏜ : Av. C. 13 oct. 1848, **III**, 52.
Création d'écoles communales d'adultes : L. 15 mars 1850, art. 54-55, **III**, 337.
Développement des ⏜ : C. 11 juil. 1865, **IV**, 57 ; — C. 2 nov. 1865, **IV**, 61 ; — C. 12 mai 1867, **IV**, 146 ; = A. 4 avril 1882, **V**, 431 ; — D. 22 juil. 1884, **V**, 584 ; — A. 22 juil. 1884, **V**, 585 ; — L. 30 oct. 1886, art. 8, **V**, 672 ; — D. 18 janv. 1887, art. 98-105, **V**, 745 ; — D. 11 janv. 1895, **VI**, 592 ; — C. 10 juil. 1895, **VI**, 637 ; — C. 30 janv. 1896, **VI**, 684 ; — C. 25 mars 1896, **VI**, 714 ; — Let. 25 mars 1896, **VI**, 715 ; — C. 11 nov. 1896, **VI**, 739.
Indemnité à accorder aux instituteurs qui dirigent les ⏜ : L. 10 avril 1867, art. 7, **IV**, 135 ; — C. 12 mai 1867, **IV**, 147 ; — C. 17 oct. 1867, **IV**, 172 ; — I. 9 août 1870, **IV**, 265. = Prix spécial en faveur des instituteurs communaux qui dirigent les ⏜ : A. 18 nov. 1865, **IV**, 64.
Subventions aux communes pour ⏜ : D. 22 juil. 1884, **V**, 584.
Refus de subvention à des ⏜ faits par des congréganistes : Av. C. 13 oct. 1848, **III**, 52 ; — à un ⏜ privé : Av. C. d'Et. 29 nov. 1898, **VI**, 836.
Diminution de la durée réglementaire des classes de jour dans les écoles où se tiennent le soir des ⏜ : Av. C. 16 déc. 1865, **IV**, 68.
Enseignement du dessin dans les ⏜ : A. 21 mai 1878, art. 5, **IV**, 793.

Projets et propositions de lois : consulter les renvois indiqués au mot CLASSES D'ADULTES.

Voir aussi APPRENTIS, CLASSES D'ADULTES, RÉCOMPENSES.

COURS D'APPEL.

Voir JURISPRUDENCE (Cours d'Appel).

COURS INDUSTRIELS.

Nécessité d'une autorisation pour l'établissement de ⌇ : Av. C. 23 oct. 1838, II, 400.

COURS NORMAUX d'Instituteurs et d'Institutrices.

Institution de ⌇ : O. 16 juil. 1833, art. 23, II, 32.
Création d'un ⌇ d'institutrices au Puy : Av. C. 19 déc. 1854, III, 620.

COURS NORMAUX pour la préparation de Directrices d'Écoles maternelles.

Organisation de ⌇ : D. 2 août 1881, art. 44, V, 311 ; — D. 27 juil. 1882, V, 449.

COURS NORMAUX préparatoires à l'enseignement du Travail manuel dans les Écoles normales primaires et les Écoles primaires supérieures.

Création de ⌇ : A. 28 juil. 1882, V, 459.
Voir aussi ÉCOLE NORMALE SPÉCIALE pour l'enseignement du Travail manuel.

COURS PRATIQUE DES SALLES D'ASILE.

Institution du ⌇ en remplacement de l'École normale de directrices de salles d'asile : A. 3 févr. 1852, III, 491 ; — D. 21 mars 1855, art. 8, III, 629.
Examen préliminaire des aspirantes au ⌇ : A. 31 mars 1859, III, 743 ; — A. 30 juil. 1875, IV, 558.
Époque d'ouverture des classes du ⌇ : A. 3 avril 1878, IV, 781.
Le ⌇ devient l'École Pape-Carpantier : D. 19 déc. 1878, IV, 834.
Voir ÉCOLE PAPE-CARPANTIER.

COURS PROFESSIONNELS.

Institution de ⌇ dans les écoles de filles : C. 30 oct. 1867, IV, 176.

COURS PUBLICS.

Encouragements aux ⌇ : L. 15 mars 1850, art. 56, III, 338.
Dispositions applicables aux ⌇ : L. 15 mars 1850, art. 77, III, 338.
Refus de subvention à des ⌇ : Av. C. 18 mai 1849, III, 159.
Conditions d'ouverture de ⌇ confiés à des femmes : Av. C. 21 févr. 1843, II, 486.

Projets de lois : 17 déc. 1849, art. 95, 102, III, 282 et s.; — 31 déc. 1849, art. 83, III, 308.

CRÈCHES COMMUNALES.

Proposition de loi ayant pour objet la création de ⌇ : V, 558.

CULTE CATHOLIQUE.

Voir ARCHEVÊQUES et ÉVÊQUES, CULTES RECONNUS PAR L'ÉTAT, CURÉ, DESSERVANT, INSTRUCTION RELIGIEUSE, MINISTRE DU CULTE.

CULTE ISRAÉLITE.

Voir CONSISTOIRES, CULTES RECONNUS PAR L'ÉTAT, ISRAÉLITE (Culte), RABBIN.

CULTE PROTESTANT.

Voir CONSISTOIRES, CULTES RECONNUS PAR L'ÉTAT, PASTEUR, PROTESTANT (Culte).

CULTES RECONNUS PAR L'ÉTAT.

Permission exigée pour recevoir des élèves de cultes différents dans les écoles : O. 21 avril 1828, art. 13, I, 343.

Création d'écoles plus particulièrement affectées à l'un des ⁓ : L. 28 juin 1833, art. 9, II, 13; — C. 24 juil. 1833, II, 39; — A. 7 oct. 1837, II, 336; — A. 24 nov. 1837, II, 348; — Av. C. 12 déc. 1837, II, 349; — Av. C. 11 mai 1847, II, 567; — L. 15 mars 1850, art. 36, § 5, III, 333.

Objets et pratique du culte dans les écoles : Règl. 17 août 1851, art. 20-21, III, 484.

Instruction religieuse garantie à tout élève appartenant à un ⁓ : C. 12 nov. 1835, II, 210; — L. 15 mars 1850, art. 44, III, 335; — D. 29 juil. 1850, art. 47-49, III, 366; — D. 7 oct. 1850, art. 11, III, 386. = Neutralité confessionnelle de l'école : L. 28 mars 1882, art. 2-3, V, 420.

Déclaration des parents dont les enfants appartiennent à un culte autre que celui auquel est spécialement affectée l'école : D. 7 oct. 1850, art. 12, III, 386.

Représentation des ⁓ dans tout comité d'arrondissement dans la circonscription duquel exercent un ou plusieurs ministres de ce culte : Av. C. 8 mars 1836, II, 225.

Droit d'inspection des écoles par les ministres des ⁓ : L. 15 mars 1850, art. 18, III, 327. = Suppression de ce droit : L. 28 mars 1882, art. 3, V, 420.

Le titre de ministre, non interdit ni révoqué, de l'un des ⁓ peut suppléer le brevet de capacité de l'enseignement primaire : L. 15 mars 1850, art. 25, III, 329. = Réserve à observer pour l'inscription d'un ministre en exercice de l'un des ⁓ sur la liste d'admissibilité : C. 24 déc. 1850, III, 411. = Abrogation de l'art. 25 de la loi de 1850 : L. 16 juin 1881, art. 1er, § 2, V, 260.

Droit d'interrogation par les ministres des ⁓ dans les examens du brevet de capacité primaire : L. 15 mars 1850, art. 46, III, 335; — A. 15 févr. 1853, art. 2, III, 515; — C. 15 oct. 1853, III, 540; — Av. 7 juil. 1858, III, 726.

Fonctions de clerc-chantre, clerc-sonneur, confiées à des instituteurs : Décis. 27 déc. 1833, 1o, II, 97; — C. 26 août 1862, III, 810. = Procès-verbal d'un clerc paroissial et instituteur, I, 535.

Interdiction aux instituteurs et aux institutrices publics de tout ordre de remplir des emplois rémunérés ou gratuits dans les services des ⁓ : L. 30 oct. 1886, art. 25, § 2 et 3, V, 681.

Projets et propositions de lois : 15 déc. 1848, art. 13, III, 100; — 17 déc. 1849, art. 59, III, 279.

CUMUL DES TRAITEMENTS.

Règles pour le ⁓ : L. 28 avril 1816, art. 78, I, 249; — C. 31 mai 1816, I, 251; — L. 15 mai 1818, I, 266.

CURÉ.

Le ⁓ de canton membre et président du comité cantonal : O. 29 févr. 1816, art. 2, 3, I, 240; — A. 3 juil. 1818, art. 3-4, I, 268; — A. 25 sept. 1819, art. 4-5, I, 274; — O. 2 août 1820, art. 8, I, 290.

Le ⁓ de la paroisse surveillant spécial de l'école : O. 29 févr. 1816, art. 8, I, 241;

= fait partie du comité local de surveillance : L. 28 juin 1833, art. 17, II, 16 ; — O. 5 nov. 1833, art. 1er, 5, II, 70 ; — Av. C. 5 déc. 1834, II, 173.

Un ⸺ membre des comités d'arrondissement : O. 21 avril 1828, art. 3 , I, 341 ; — O. 16 oct. 1830, art. 3, I, 384 ; — L. 28 juin 1833, art. 19, II, 17 ; — Av. C. 26 avril 1842, II, 461 ; — Av. C. 19 mai 1843, II, 492.

Suppléance du ⸺ dans les comités d'instruction primaire : Av. C. 19 nov. 1833, II, 82 ; — Av. C. 26 mai 1837, II, 316.

Délivrance par le ⸺ d'un certificat de bonne conduite aux aspirants instituteurs : O. 29 févr. 1816, art. 10, I, 241 ; = par le ⸺ de la paroisse, à défaut du délégué de l'évêque, d'un certificat d'instruction religieuse aux aspirants au brevet de capacité : O. 21 avril 1828, art. 9, I, 342.

Participation du ⸺ à la présentation des instituteurs : O. 29 févr. 1816, art. 20, 21, I, 243 ; — Règl. 9 oct. 1819, art. 29, I, 279.

Le ⸺ est au nombre des autorités préposées à la surveillance et à la direction morale de l'enseignement primaire : L. 15 mars 1850, art. 44, III, 335 ; — C. 31 oct. 1854, III, 604.

Cas où un ⸺ peut être instituteur dans le ressort du comité dont il fait partie : Décis. C. 8 nov. 1833, II, 73. = Cas où un ⸺, instituteur public, cesse de faire partie du comité local : Av. C. 11 janv. 1850, III, 310. = Traitement du ⸺ nommé instituteur communal : Av. C. 5 mai 1843, II, 490.

Un ⸺ peut donner l'instruction primaire à deux ou trois enfants, mais doit être pourvu du brevet de capacité pour tenir une école : Av. C. 20 mai 1834, II, 142.

Le titre de ⸺ peut suppléer le brevet de capacité pour être instituteur : L. 15 mars 1850, art. 25, III, 329. = Réserve à observer pour l'inscription d'un ⸺ sur la liste d'admissibilité aux fonctions d'instituteur communal : C. 24 déc. 1850, III, 411. = Abrogation de l'art. 25 de la loi de 1850 : L. 16 juin 1881, art. 1er, § 2, V, 260.

Le ⸺ membre des commissions d'examen du brevet de capacité : L. 15 mars 1850, art. 46, III, 335 ; — A. 15 févr. 1853, art. 2, III, 514 ; — C. 15 oct. 1853, III, 540 ; — Av. 7 juil. 1858, III, 726.

Avis donné par le ⸺ pour la direction des salles d'asile : O. 22 déc. 1837, art. 5, II, 352. = Le ⸺ admis à fournir des renseignements sur les aspirantes à l'examen pour l'entrée au Cours pratique des salles d'asile : A. 31 mars 1859, art. 2, 6, III, 713.

L'enseignement dans les écoles publiques de tout ordre est désormais confié à un personnel laïque : L. 30 oct. 1886, art. 17, V, 679.

Projets et propositions de lois : 17 nov. 1832, art. 4, I, 425 ; — 18 juin 1849, art. 43, 45, III, 179 ; — 6 oct. 1849, art. 44, 46, III, 238 ; — 17 déc. 1849, art. 33-34, III, 276 ; — 31 déc. 1879, art. 43, 45, III, 305.

Voir aussi Cultes reconnus par l'État, Desservant, Ministres du culte.

D

DAMES SURVEILLANTES ou INSPECTRICES.

Institution de *dames surveillantes* pour les écoles primaires de filles de Paris : Règl. 9 oct. 1819, art. 11-12, 16, 29, 33, I, 279.

Institution, attributions de *dames inspectrices* pour la surveillance des écoles primaires : I. 19 juin 1820, I, 286 ; — C. 13 juin 1828, *in fine*, I, 351 ; — O. 23 juin 1836, art. 16-17, II, 255 ; — C. 13 août 1836, II, 266 et 269 ; = pour la surveillance des établissements d'enseignement des jeunes filles : Règl. 7 mars 1837, art. 22-24, II, 310 ; — Av. C. 8 août 1837, 6º, II, 332 ; = pour la surveillance des salles d'asile : O. 22 déc. 1837, art. 19-27, II, 355 ; — Règl. 24 avril 1838, art. 20, 22-23, 39, II, 378 et s. ; — C. 20 mars 1847, II, 545.

L'inspection des écoles de filles tenues par des congrégations religieuses est faite par des ⸺ : C. 13 juin 1828, *in fine*, I, 351.

Gréard, *Lég. de l'Instr. prim.* VII, a. 4

Présence de ⌣ dans les comités : O. 23 juin 1836, art. 16-17, II, 255 ; — C. 13 août 1836, II, 266 et 269 ; = dans les commissions d'examen : O. 23 juin 1836, art. 18, II, 255 ; — Av. C. 25 nov. 1836, II, 290 ; — Av. C. 24 janv. 1837, II, 299.

Visite par des ⌣ des pensionnats tenus par des institutrices laïques : D. 31 déc. 1853, art. 11, III, 570 ; — C. 26 janv. 1854, III, 573.

Dames déléguées par le ministre pour l'inspection de tout internat de jeunes filles : D. 26 déc. 1882, V, 494 ; — L. 30 oct. 1886, art. 9, V, 674 ; — D. 18 janv. 1887, art. 142-143, V, 757.

DÉBIT DE TABAC.

Autorisation à la femme d'un instituteur communal de tenir un ⌣ : Av. C. 27 août 1837, II, 334.

DÉCLARATION DES DROITS DE L'HOMME.

Projet de décret : 18 févr. 1799, art. 4, I, 157.

DÉCLARATION D'OUVERTURE d'école.

Prescriptions pour la ⌣ : Règl. Pr. S. 15 févr. 1804, art. 8-9, I, 189 ; — L. 28 juin 1833, art. 4-6, II, 12 ; — O. 16 juil. 1833, art. 16, II, 30 ; — L. 30 mars 1850, art. 27-29, III, 330 ; — D. 7 oct. 1850, art. 1er-3, III, 384 ; — L. 30 oct. 1886, art. 37-40, V, 685 ; — D. 18 janv. 1887, art. 158-159, V, 760.

Projets et propositions de lois : 20 janv. 1831, art. 5, 8, I, 389 ; — 17 nov. 1832, art. 7, 9, I, 425 ; — 31 mars 1847, art. 10, II, 562 ; — 15 déc. 1848, art. 48, III, 105 ; — 18 juin 1849, art. 27, III, 176 ; — 31 déc. 1849, art. 26, III, 302 ; — 23 mars 1877, art. 14, IV, 686 ; — 1er déc. 1877, art. 24, IV, 730 ; — 6 déc. 1879, art. 59-60, V, 92 ; — 7 févr. 1882, art. 44-45, V, 385.

DÉCLARATION D'OUVERTURE de pensionnat.

Voir Pensionnats primaires.

DÉCORATION DES ÉCOLES.

Commission pour l'examen des questions relatives à la ⌣ au moyen de cartes et de tableaux : A. 12 mai 1880, V, 155.

Envoi de tableaux pour la ⌣ : C. 24 sept. 1899, VI, 898.

DÉCORATIONS UNIVERSITAIRES.

Voir Officier d'Académie, de l'Université et de l'Instruction publique.

DÉLÉGATIONS CANTONALES.

Voir Délégués cantonaux.

DÉLÉGUÉE GÉNÉRALE pour les Salles d'asile.

Institution d'une ⌣ : O. 22 déc. 1837, art. 27, II, 356 ; = ses fonctions : Règl. 24 avril 1838, art. 27, II, 380.

Nomination et fonctions de deux ⌣ : D. 21 mars 1855, art. 18, III, 631.

Modification du nombre et des attributions des ⌣ : D. 20 févr. 1872, IV, 357 ; — D. 22 mars 1879, art. 2-5, V, 34.

Remplacement des ⌣ par des inspectrices générales : D. 2 août 1881, art. 6, V, 304.

DÉLÉGUÉE SPÉCIALE pour les Salles d'asile.

Institution, nomination, attributions : O. 22 déc. 1837, art. 26, II, 356 ; — Règl. 24 avril 1838, art. 24-26, II, 379 ; — C. 20 juil. 1838, II, 392 ; — D. 21 mars 1855, art. 17, III, 631 ; — C. 16 juin 1855, III, 658.

4.

Classement et traitement des ᴍ : A. 9 juil. 1855, III, 659.

Fixation des frais de tournée des ᴍ : A. 14 août 1855, III, 665.

Création d'un nouvel emploi de ᴍ dans l'Académie de Paris : D. 20 févr. 1872, IV, 358.

Suppression des ᴍ : 22 mars 1879, art. 1er, **V**, 34.

DÉLÉGUÉS CANTONAUX.

Institution, nomination, mission des ᴍ : L. 15 mars 1850, art. 18, 29, 42-44, III, 327 et s.; — D. 29 juil. 1850, art. 44-47, III, 365; — C. 27 août 1850, III, 372; — C. 24 déc. 1850, III, 417; — Av. C. 10 juin 1851, III, 467; — C. 3 févr. 1854, III, 577; — C. 18 mars 1854, III, 583; — C. 31 oct. 1854, III, 603; — D. 21 mars 1855, art. 33, III, 634; — C. 16 mai 1855, III, 652 et 653; — C. 24 janv. 1874, IV, 506; — L. 30 oct. 1886, art. 8, 52, 65, **V**, 674 et s.; — D. 18 janv. 1887, art. 136-140, V, 756; — C. 25 mars 1887, VI, 11; — C. 10 juil. 1895, VI, 631; — C. 10 janv. 1900, VI, 905.

Autorisation de la réunion de deux ou plusieurs ᴍ dans des cérémonies scolaires : Let. 25 mars 1880, V, 138.

Projets et propositions de lois : 18 juin 1849, art. 42, III, 179; — 6 oct. 1849, art. 42-43, III, 237; — 31 déc. 1849, art. 42-43, III, 305; — 27 mai 1871, art. 3, **IV**, 288; — 9 juil. 1879, V, 68.

Voir le titre suivant.

DÉLÉGUÉS des Comités d'arrondissement.

Droit pour les comités d'arrondissement de nommer des ᴍ pour l'inspection des écoles : L. 28 juin 1833, art. 22, II, 18.

Cas où les ᴍ peuvent assister aux séances des comités : Av. C. 13 déc. 1833, 1o, II, 94; — Av. C. 21 janv. 1834, II, 102.

DÉMISSION des fonctions d'instituteur primaire.

La ᴍ d'un instituteur prévenu d'une faute grave ne fait pas cesser la juridiction du Comité : Av. C. 30 sept. 1834, II, 163.

DEMI-TARIF.

Voir VOYAGES A TARIF RÉDUIT.

DÉPARTEMENTS.

Contribution des ᴍ aux dépenses de l'enseignement primaire : L. 28 juin 1833, art. 13, II, 14; — C. 24 juin 1834, II, 145; — L. 15 mars 1850, art. 40, III, 333; — L. 10 avril 1867, art. 8, IV, 135; — I. 9 août 1870, IV, 268; — L. 19 juil. 1875, art. 7, IV, 554; — L. 16 juin 1881, art. 4, V, 263; — L. 8 août 1885, art. 25, V, 632; — L. 19 juil. 1889, art. 1er, 3, VI, 159 et s.

Obligation pour les ᴍ d'entretenir les écoles normales primaires : O. 14 févr. 1830, art. 10, I, 380; — L. 28 juin 1833, art. 11, II, 13; — O. 16 juil. 1833, art. 20-22, II, 31; — L. 15 mars 1850, art. 35, III, 332; — L. 9 août 1879, art. 2, V, 73.

Projets et propositions de lois : 10-19 sept. 1791, art. 8, I, 9; — 20 janv. 1831, art. 14, I, 390; — 24 oct. 1831, art. 14, I, 416; — 17 nov. 1832, art. 31, I, 428; — 31 mars 1847, art. 3, § 2, II, 561; — 15 déc. 1848, art. 39, 90, III, 104 et s.; — 5 févr. 1849, art. 23, III, 147; — 24 mai 1865, art. 1er, IV, 52; — 15 déc. 1871, art. 17-18, IV, 340; — 26 janv. 1872, art. 7, 30-31, IV, 349 et s.; — 7 juil. 1876, art. 17, IV, 624; — 23 mars 1877, art. 11, 46-47, IV, 686 et s.; — 1er mai 1877, art. 10, IV, 708; — 1er déc. 1877, art. 10, 22, IV, 728 et s.; — 6 déc. 1879, art. 39, 53, V, 89, 91; —

7 févr. 1882, art. 13, 15, **V**, 380 et s.; — 13 mars 1886, art. 3, **V**, 655; — 19 févr. 1891, art. 3, **VI**, 346.

Voir aussi ADMINISTRATION ACADÉMIQUE, CONSEIL GÉNÉRAL.

DÉPENSES de l'Instruction publique.

Aperçu des frais que coûtera le plan d'instruction publique : 24 mai 1792, **I**, 18.
Mode administratif des recettes et ⌣ : L. 1er déc. 1798, **I**, 154.
Affectation aux ⌣ d'un capital pris sur les biens nationaux : L. 21 mars 1800, **I**, 166.
Compte détaillé de l'emploi des fonds alloués aux écoles primaires : Rap. 5 oct. 1831, **I**, 412.
Rédaction du tableau des dépenses de l'instruction primaire : C. 24 juil. 1833, **II**, 43.

Projets et propositions de lois : 27 mai 1795, art. 6, **I**, 115; — 15 déc. 1848, art. 90-96, **III**, 112; — 15 déc. 1871, art. 17, **IV**, 340; — 13 mars 1886, **V**, 654; — 19 févr. 1891, **VI**, 345.

Voir aussi BUDGET DE L'ÉTAT, CENTIMES ADDITIONNELS, COMMUNES, DÉPARTEMENTS, SUBVENTIONS.

DÉPLACEMENT des Instituteurs.

Règles pour le ⌣ : Av. 17 mai 1850, **III**, 349.

DESSERVANT.

Le ⌣ de la paroisse surveillant spécial de l'école : O. 29 févr. 1816, art. 8, **I**, 241.
Cas où le ⌣ est membre du Comité local : Av. C. 11 mars 1834, **II**, 112; — Av. C. 5 déc. 1834, **II**, 173; — Décis. C. 10 janv. 1845, **II**, 509.
Conditions auxquelles un ⌣ peut être nommé instituteur communal : Av. C. 26 juil. 1836, **II**, 261; — C. 24 déc. 1850, **III**, 411. = Traitement du ⌣ nommé instituteur communal : Av. C. 5 mai 1843, **II**, 490.

Voir aussi CURÉ.

DESSIN.

Compris dans les matières de l'enseignement primaire : L. 15 mars 1850, art. 23, **III**, 329; — L. 28 mars 1882, art. 1er, **V**, 419; — D. 18 janv. 1887, art. 27, 35, **V**, 725 et s.
Enseignement du ⌣ dans les écoles normales primaires : D. 2 juil. 1866, art. 1er, **IV**, 91; — D. 22 janv. 1881, art. 1er, **V**, 248; — D. 29 juil. 1881, art. 1er, **V**, 270; — D. 9 janv. 1883, art. 1er, **V**, 504; — D. 18 janv. 1887, art. 82, **V**, 740; — A. 10 janv. 1889, **VI**, 135, 136.
Organisation de l'enseignement du ⌣ : A. 21 mai 1878, **IV**, 791; — D. 18 janv. 1882, **V**, 350.
Note complémentaire relative à l'épreuve de ⌣ au brevet supérieur, **V**, 844.
Attribution du prix Eugène Monnier pour l'enseignement du ⌣ : C. 18 janv. 1900, **VI**, 912.

Projets et propositions de lois : 26 janv. 1872, art. 1er, **IV**, 348; — 1er déc. 1877, art. 1er, **IV**, 727; — 6 déc. 1879, art. 3, **V**, 84.

Voir aussi CERTIFICAT D'APTITUDE à l'enseignement du dessin, COURS D'ADULTES, et les trois sous-titres qui suivent.

DESSIN D'IMITATION. — Compris dans les matières de l'enseignement primaire : L. 21 juin 1865, art. 9, **IV**, 55.
Programme du ⌣ dans les écoles normales primaires et les écoles primaires supérieures : A. 21 mai 1878, art. 4, **IV**, 792.

Proposition de loi : 3 juil. 1872, art. 2, **IV**, 399.

DIRECTEUR DE POSTE.

Incompatibilité entre les fonctions d'instituteur communal et celles de ⚭ : Av. 16 déc. 1850, III, 395.

DIRECTEURS ET DIRECTRICES d'Écoles primaires supérieures.

Nomination, traitement : D. 15 janv. 1881, art. 4, 4°, V, 242; — A. 15 janv. 1881, art. 1er, §§ 5 et 9, V, 243; — D. 29 oct. 1881, V, 327; — L. 30 oct. 1886, art. 7, 28, V, 672 et s.; — A. 18 janv. 1887, art. 28, 33, V, 775; — L. 19 juil. 1889, art. 13-14, 20, VI, 169 et s.; — D. 3 août 1890, VI, 293; — L. 25 juil. 1893, art. 13, VI, 504.
Nomination de licenciés aux fonctions de ⚭ : D. 27 déc. 1887, VI, 75; — A. 7 mars 1888, VI, 86.

DIRECTEURS ET DIRECTRICES des Écoles normales primaires.

Mode de nomination et fonctions : Règl. 14 déc. 1832, art. 5-6, 18, 21-23, I, 429 et s.; — I. 11 oct. 1834, II, 165; — O. 18 nov. 1845, art. 5, II, 530; — Règl. 12 mai 1846, II, 536; — D. 24 mars 1851, art. 6-7, 12, 14, III, 454 et s.; — I. 31 oct. 1854, III, 616; — D. 2 juil. 1866, art. 6, 9, 12, IV, 92 et s.; — D. 5 juin 1880, V, 161; — D. 29 juil. 1881, art. 8, 13, 27, 29, V, 271 et s.; — D. 18 janv. 1887, art. 62, V, 733; — A. 18 janv. 1887, art. 71, 76-77, V, 783 et s.; — A. 24 juil. 1888, art. 76, 240, VI, 109 et s.; — A. 18 janv. 1893, art. 2, VI, 470; — D. 31 juil. 1897, art. 62, VI, 779.
Prestation de serment par les ⚭ : A. 28 avril 1852, art. 3, III, 502.
Le ministre seul peut accorder des congés aux ⚭ : Av. C. 29 nov. 1833, II, 84.
Traitement des ⚭ : Règl. 14 déc. 1832, art. 5, I, 430; — D. 26 déc. 1855, art. 1er, 4, III, 669 et s.; — D. 4 sept. 1863, art. 2, IV, 13; — L. 21 mars 1872, IV, 360; — D. 20 nov. 1872, art. 1er, IV, 422; — A. 1er avril 1878, IV, 781; — D. 24 févr. 1880, V, 125; — D. 30 juil. 1881, art. 1er, V, 280; — L. 19 juil. 1889, art. 13, 17, VI, 169 et s.; — D. 4 juin 1890, art. 2, VI, 275; — L. 25 juil. 1893, art. 13, VI, 504.
Réunion des ⚭ à Paris : C. 20 févr. 1880, V, 122; — au chef-lieu académique : C. 11 juin 1888, VI, 104.
Situation des inspecteurs primaires de 1re classe appelés à la direction d'une école normale : A. 22 juil. 1879, V, 70.

Voir aussi CERTIFICAT D'APTITUDE à la direction des Écoles normales primaires.

DIRECTOIRE.

Message du ⚭ au Conseil des Cinq-Cents sur la situation de l'instruction publique : 24 oct. 1798, I, 113.

DIRECTRICES D'ÉCOLES MATERNELLES.

Conditions exigées des ⚭ : D. 2 août 1881, art. 4 et tit. IV, V, 303, 309; — L. 30 oct. 1886, art. 62, V, 697; — D. 18 janv. 1887, art. 6, V, 722.
Assimilation des ⚭ aux institutrices primaires : L. 30 oct. 1886, art. 62, V, 697.
Traitement des ⚭ : D. 10 oct. 1881, V, 319; — L. 19 juil. 1889, art. 6-12, VI, 165; — L. 25 juil. 1893, art. 6, 11-12, VI, 503.
Augmentation du traitement des ⚭ de la Marine : Rap. 31 déc., V, 336.
Allocation pour obtention de la médaille d'argent : D. 10 oct. 1881, art. 5, V, 320.
Récompenses aux ⚭ : A. 20 juil. 1881, V, 265; — A. 27 févr. 1883, V, 520; — A. 18 janv. 1887, art. 128, V, 798; — A. 28 janv. 1896, VI, 684.
Fondation du prix *Pape-Carpantier* en faveur d'une ⚭ : D. 17 mai 1884, V, 574.

Proposition de loi : 7 févr. 1882, art. 76, V, 390.

Voir aussi CERTIFICAT D'APTITUDE à la direction des Écoles maternelles.

DIRECTRICES DE SALLES D'ASILE.

Nomination, conditions d'aptitude : O. 22 déc. 1837, tit. II, **II**, 352 ; — L. 15 mars 1850, art. 58, **III**, 338 ; — D. 21 mars 1855, tit. IV, **III**, 631 ; — L. 16 juin 1881, art. 2, **V**, 260.

Création d'une maison provisoire d'études pour l'instruction des aspirantes aux fonctions de ⁓ : C. 20 août 1847, **II**, 597.

Traitement des ⁓ : D. 21 mars 1855, art. 32, **III**, 634.

Rappel des méthodes que doivent appliquer les ⁓ : C. 19 août 1850, **III**, 368.

Projets et propositions de lois : 15 déc. 1871, art. 7, **IV**, 337 ; — 23 mars 1877, art. 94-95, **IV**, 696 ; — 24 déc. 1880, art. 1er, **V**, 223.

Voir aussi ECOLE NORMALE de Directrices de Salles d'asile, et le titre précédent.

DISCIPLINE.

De la ⁓ dans les écoles primaires élémentaires communales : Stat. 25 avril 1834, tit. II, **II**, 126.

De la ⁓ dans les rapports avec les instituteurs : I. 31 oct. 1853, **III**, 606.

Projet de règlement pour les écoles primaires : janv. 1821, § IV, **I**, 299.

Voir aussi PEINES DISCIPLINAIRES, RÈGLEMENTS SCOLAIRES.

DISPENSE DU SERVICE MILITAIRE.

L'engagement de se vouer pendant dix ans au service de l'instruction publique a pour conséquence une ⁓ : L. 10 mars 1818, art. 15, **I**, 265 ; — L. 21 mars 1832, art. 14, 4º, **I**, 418 ; — L. 15 mars 1850, art. 79, **III**, 339 ; — L. 10 avril 1867, art. 18, **IV**, 137 ; — L. 27 juil. 1872, art. 20, **IV**, 416 ; — L. 15 juil. 1889, art. 23, 1º, **VI**, 154 ; — D. 23 nov. 1889, ch. II, **VI**, 205.

Les instituteurs primaires israélites ne peuvent jouir de la ⁓ qu'autant qu'ils sont instituteurs communaux : Av. C. 15 nov. 1842, **II**, 472.

Modèle de certificat de continuation des fonctions pour la réalisation de l'engagement décennal et la jouissance de la ⁓ : **II**, 617.

Modèles de certificats à produire par les dispensés du service militaire : **VI**, 939-943.

Voir aussi ENGAGEMENT DÉCENNAL.

DISTINCTIONS HONORIFIQUES universitaires.

Voir OFFICIER D'ACADÉMIE, de l'Université et de l'Instruction publique.

DISTRIBUTIONS DE PRIX.

Interdiction des jeux, danses, concerts et représentations théâtrales dans les ⁓ : I. 19 juin 1820, **I**, 287 ; — A. 18 nov. 1837, art. 11, **II**, 347 ; — C. 5 août 1845, **II**, 516 ; — D. 22 mars 1855, art. 18, **III**, 639 ; — A. 2 août 1881, art. 10, **V**, 313.

Mode de désignation des présidents de ⁓ : A. 29 oct. 1872, **IV**, 493.

Voir aussi PRIX, REPRÉSENTATIONS THÉATRALES.

DISTRICT.

Établissement d'une commission d'instruction primaire par ⁓ : D. 28 oct. 1793, **I**, 76.

DONATIONS, DONS ET LEGS.

Mode d'acceptation des ⁓ en faveur des écoles : L. 1er mai 1802, art. 43, **I**, 180 ; — D. 12 août 1807, **I**, 195 ; — Décis. 17 mai 1839, **II**, 418 ; ⁓ aux fabriques des paroisses en faveur de l'instruction primaire : Av. C. 10 févr. 1837, II, 299 ; = à des établissements ecclésiastiques : L. 2 janv. 1817, I, 259 ; — O. 2 avril 1817, I, 262 ; — O. 14 janv. 1831, I, 387 ; = aux congrégations religieuses : Délib. C. 2 avril 1839, II, 411 ; — Av. C. d'Ét. 9 janv. 1834, IV, 35, *n.* ; — Av. C. 22 sept. 1848, III, 47 ; — Av. C. 2 avril 1852, III, 499 ; — Av. C. d'Ét. 26 janv. 1853, 2°, III, 534, *n.* 1.

Intervention de l'Université dans l'acceptation des ⁓ en faveur de congrégations enseignantes : Av. C. 7 déc. 1847, II, 603.

Refus d'autorisation d'accepter des ⁓ : Av. C. 2 juin 1848, III, 25 ; — Av. C. 8 sept. 1848, III, 46 ; — Av. C. d'Ét. 6 déc. 1854, III, 619.

Compétence pour l'interprétation des ⁓ à des établissements scolaires : Décis. C. d'Ét. 24 déc. 1863, IV, 16.

Garde des titres de rente ou de propriété faisant l'objet de ⁓ : Av. C. d'Ét. 18 déc. 1867, IV, 181.

Action intentée à raison de ⁓ aux communes pour la fondation ou l'entretien d'écoles ou salles d'asile : L. 30 oct. 1886, art. 19, V, 679.

Emploi par les communes des revenus des ⁓ dont la destination était de pourvoir aux dépenses de l'instruction publique : C. 20 déc. 1890, VI, 320.

Projets et propositions de lois : 3 juil. 1872, art. 13, 21-22, IV, 401 et s. ; — 23 mars 1877, art. 29, IV, 688 ; — 1ᵉʳ déc. 1877, art. 9, IV, 728 ; — 6 déc. 1879, art. 96, V, 98 ; — 7 févr. 1882, art. 80, V, 390.

Voir aussi FABRIQUES, LEGS.

DOUANIERS.

Admission gratuite des enfants des ⁓ dans les écoles primaires publiques : C. 10 mai 1873, IV, 457.

DROIT CIVIL ET POLITIQUE.

Propositions de lois : 12 juin 1872, art. 2, IV, 369 ; — 1ᵉʳ déc. 1877, art. 1ᵉʳ, IV, 727.

DROIT COMMERCIAL.

Proposition de loi : 1ᵉʳ déc. 1877, art. 1ᵉʳ, IV, 727.

DROITS ET DEVOIRS de l'homme et du citoyen.

Enseignement des ⁓ : D. 21 oct. 1793, art. 3, § 4, I, 73 ; — D. 17 nov. 1794, ch. IV, art. 2, 2° et 3°, I, 103.

Projets et propositions de lois : 10-19 sept. 1791, art. 5, 3°, I, 9 ; — 17 nov. 1832, art. 1ᵉʳ, I, 424 ; — 30 juin 1848, art. 1ᵉʳ, 2°, III, 36 ; — 15 déc. 1848, art. 12, § 1ᵉʳ, III, 99 ; — 23 mars 1877, art. 2, 11°, IV, 684 ; — 1ᵉʳ déc. 1877, art. 1ᵉʳ, 13°, IV, 727 ; — 6 déc. 1879, art. 3, § 2, V, 84.

Voir aussi ENSEIGNEMENT moral et civique.

DROITS ET DEVOIRS sociaux et politiques.

Voir le titre précédent.

DROIT USUEL (Notions de).

Notions de ⁓ dans les Écoles primaires supérieures : D. 18 janv. 1887, art. 35, V, 728.

Propositions de lois : 26 janv. 1872, art. 1ᵉʳ, IV, 348 ; — 6 déc. 1879, art. 3, V, 84.

E

ÉCOLE CENTRALE DES ARTS ET MANUFACTURES.

Le certificat d'admission à l'ᴍ peut suppléer le brevet de capacité : D. 3 févr. 1874; IV, 510.

Conditions exigées des instituteurs, pourvus du certificat d'admission à l'ᴍ, pour avoir droit à un complément de traitement: D. 15 janv. 1877, **IV**, 655; — A. 15 janv. 1877, **IV**, 656.

Suppression de l'équivalence du certificat d'admission à l'ᴍ : D. 16 juin 1881, art. 1ᵉʳ, § 2, **V**, 260.

ÉCOLE DES CHARTES.

Le certificat d'admission à l'ᴍ peut suppléer le brevet de capacité : D. 31 mars 1851, **III**, 458.

Conditions exigées des instituteurs, pourvus du certificat d'admission à l'ᴍ, pour avoir droit à un complément de traitement : D. 15 janv. 1877, **IV**, 655; — A. 15 janv. 1877, **IV**, 656.

Suppression de l'équivalence du certificat d'admission à l'ᴍ : L. 16 juin 1881, art. 1ᵉʳ, § 2, **V**, 260.

ÉCOLE DES MINEURS de Saint-Étienne et d'Alais.

Le certificat d'admission à l'ᴍ peut suppléer le brevet de capacité : D. 31 mars 1851, **III**, 458.

Conditions exigées des instituteurs, pourvus du certificat d'admission à l'ᴍ, pour avoir droit à un complément de traitement : D. 15 janv. 1877, **IV**, 655; — A. 15 janv. 1877, **IV**, 656.

Suppression de l'équivalence du certificat d'admission à l'ᴍ : L. 16 juin 1881, art. 1ᵉʳ, § 2, **V**, 260.

ÉCOLE D'ESSAI d'Éducation primaire.

Établissement d'une ᴍ à Paris : D. 27 avril 1815, **I**, 237.

ÉCOLE ESTIENNE.

Création, à Paris, d'une école manuelle d'apprentissage des industries du livre sous le nom d'ᴍ : A. 15 mars 1890, **VI**, 234.

ÉCOLE FORESTIÈRE.

Le certificat d'admission à l'ᴍ peut suppléer le brevet de capacité : D. 31 mars 1851, **III**, 458.

Conditions exigées des instituteurs, pourvus du certificat d'admission à l'ᴍ, pour avoir droit à un complément de traitement: D. 15 janv. 1877, **IV**, 655; — A. 15 janv. 1877, **IV**, 656.

Suppression de l'équivalence du certificat d'admission à l'ᴍ : L. 16 juin 1881, art. 1ᵉʳ, § 2, **V**, 260.

ÉCOLE MATERNELLE NORMALE.

Institution près l'Académie de Paris d'une ⌣ pour l'instruction des fonctionnaires des écoles maternelles : A. 28 avril 1848, III, 22.

Voir aussi DIRECTRICES DE SALLES D'ASILE, ÉCOLE NORMALE de Directrices de Salles d'asile.

ÉCOLE NAVALE ou de la Marine. *

Le certificat d'admission à l'⌣ peut suppléer le brevet de capacité : D. 31 mars 1851, III, 458.

Conditions exigées des instituteurs, pourvus du certificat d'admission à l'⌣, pour avoir droit à un complément de traitement : D. 15 janv. 1877, IV, 655 ; — A. 15 janv. 1877, IV, 656.

Suppression de l'équivalence du certificat d'admission à l'⌣ : L. 16 juin 1881, art. Ier, § 2, V, 260.

ÉCOLE NORMALE de Directrices de Salles d'asile.

Règlement de l'⌣ remplaçant l'École maternelle normale : A. 13 avril 1849, III, 155.

Conditions d'admission à l'⌣ : Av. 5 avril 1850, III, 341.

Renseignements sur les cours et les prix de pension : C. 19 août 1850, III, 368.

L'⌣ prend le nom de *Cours pratique des Salles d'asile* : A. 3 févr. 1852, III, 491.

Voir aussi COURS PRATIQUE des Salles d'asile, ÉCOLE MATERNELLE NORMALE, ÉCOLE PAPE-CARPANTIER.

ÉCOLE NORMALE PRIMAIRE SUPÉRIEURE d'Instituteurs.

Création d'une ⌣ à Saint-Cloud : D. 30 déc. 1882, V, 498 ; — D. 18 janv. 1887, art. 90-96, V, 744.

Conditions d'admission, enseignement, régime : A. 30 déc. 1882, V, 498 ; — A. 18 janv. 1887, art. 106-125, V, 793 ; — A. 29 déc. 1888, art. 115, VI, 130 ; — A. 30 juil. 1890, VI, 286 ; — A. 9 janv. 1895, art. 118, VI, 590.

Comptabilité et gestion économique de l'⌣ : D. 1er mars 1884, V, 567 ; = fonctionnement et attributions de la Commission administrative : A. 2 mars 1884, V, 568.

Constitution du personnel administratif et enseignant : D. 28 nov. 1889, art. 1-4, VI, 219.

Mode et taux de rémunération du personnel : L. 19 juil. 1889, art. 19, VI, 172 ; — D. 18 juil. 1890, art. 1-2, 5-6, VI, 281.

Allocation aux membres des jurys d'admission : D. 17 juil. 1891, art. 2, VI, 390.

Imputation, pour la pension de retraite, des années passées à l'⌣ : L. 13 avril 1898, art. 48, VI, 810.

ÉCOLE NORMALE PRIMAIRE SUPÉRIEURE d'Institutrices.

Création d'une ⌣ : D. 13 juillet 1880, V, 200 ; — D. 31 juil. 1880 (siège à Iseure), V, 201, *n.* 1 ; — D. 15 oct. 1880 (installation à Fontenay-aux-Roses), V, 201, *n.* 1 ; — D. 18 janv. 1887, art. 90-96, V, 744.

Conditions d'admission, enseignement, régime : A. 30 déc. 1882, V, 501 ; — A. 18 janv. 1887, art. 106-125, V, 793 ; — A. 29 déc. 1888, art. 115, VI, 130 ; — A. 9 janv. 1895, art. 118, VI, 590.

Comptabilité et gestion économique de l'⌣ : D. 1er mars 1884, V, 567 ; = fonctionnement et attributions de la Commission administrative : A. 26 fév. 1881, V, 254 ; — A. 2 mars 1884, V, 568.

Constitution du personnel administratif et enseignant : D. 28 nov. 1889, art. 5-7, VI, 219.

Mode et taux de rémunération du personnel : L. 19 juil. 1889, art. 19, **VI**, 172 ; — D. 18 juil. 1890, art. 3-6, **VI**, 281.

Allocation aux membres des jurys d'admission : D. 17 juil. 1891, art. 2, **VI**, 390.

Imputation, pour la pension de retraite, des années passées à l'm. : L. 13 avril 1898, art. 48, **VI**, 810.

Propositions de lois : 29 janv. 1878, **IV**, 767 ; — 9 mars 1878, **IV**, 777 ; — 13 mars 1879, **V**, 16.

ÉCOLE NORMALE SPÉCIALE pour l'enseignement du Travail manuel.

Création d'une m : D. 1er janv. 1884, **V**, 555.

Comptabilité et gestion économique : D. 1er mars 1884, **V**. 567 ; — A. 2 mars 1884, **V**, 568.

Réunion de l'm à l'École normale primaire supérieure d'instituteurs : D. 4 sept. 1884, **V**, 555, *n.*

ÉCOLE NORMALE SUPÉRIEURE.

Le certificat d'admission à l'm peut suppléer le brevet de capacité : D. 31 mars 1851, **III**, 458.

Conditions exigées des instituteurs, pourvus du certificat d'admission à l'm, pour avoir droit à un complément de traitement : D. 15 janv. 1877, **IV**, 655 ; — A. 15 janv. 1877, **IV**, 656.

Suppression de l'équivalence du certificat d'admission à l'm : L. 16 juin 1881, art. 1er, § 2, **V**, 260.

ÉCOLE PAPE-CARPANTIER.

Substitution de l'm au Cours pratique des Salles d'asile : D. 19 déc. 1878, **IV**, 834.

Organisation de l'm, concours : D. 27 juil. 1882, **V**, 450 ; — D. 26 déc. 1882, **V**, 495 ; — A. 16 août 1885, **V**, 635 ; — A. 10 sept. 1886, art. 1er, 3-4, **V**, 668.

Transfert de l'm à Sceaux : A. 28 juil. 1882, **V**, 459 ; — à Versailles, A. 10 sept. 1886, art. 2, **V**, 668 ; — à Paris : 8 janv. 1891, **V**, 668, *n.* 1.

Gestion et comptabilité : D. 1er mars 1884, **V**, 567 ; — A. 2 mars 1884, **V**, 568.

Voir aussi Cours normaux pour la préparation de Directrices d'Écoles maternelles.

ÉCOLE POLYTECHNIQUE.

Le certificat d'admission à l'm peut suppléer le brevet de capacité : D. 31 mars 1851, **III**, 458.

Conditions exigées des instituteurs, pourvus du certificat d'admission à l'm, pour avoir droit à un complément de traitement : D. 15 janv. 1877, **IV**, 655 ; — A. 15 janv. 1877, **IV**, 656.

Suppression de l'équivalence du certificat d'admission à l'm : L. 16 juin 1881, art. 1er, § 2, **V**, 260.

ÉCOLE SPÉCIALE MILITAIRE de Saint-Cyr.

Le certificat d'admission à l'm peut suppléer le brevet de capacité : D. 31 mars 1851, **III**, 458.

Conditions exigées des instituteurs, pourvus du certificat d'admission à l'm, pour avoir droit à un complément de traitement : D. 15 janv. 1877, **IV**, 655 ; — A. 15 janv. 1877, **IV**, 656.

Suppression de l'équivalence du certificat d'admission à l'm : L. 16 juin 1881, art. 1er, § 2, **V**, 260.

ÉCOLES (Classement des).

Classement et division des ⏗ : D. 17 mars 1808, art. 5, 6°, I, 196 ; — O. 14 févr. 1830, art. 2-4, I, 378 ; — L. 28 juin 1833, art. 1er, 4, 8, 10, II, 11 et s. ; — A. 14 août 1835, II, 202 ; — O. 23 juin 1836, art. 1er-2, 4, 9, II, 252 et s. ; — L. 15 mars 1850, art. 17, 23, III, 327, 329 ; — C. 9 févr. 1881, V, 249 ; — D. 10 oct. 1881, V, 319 ; — L. 30 oct. 1886, art. 1er, V, 669 ; — D. 18 janv. 1887, art. 1er-2, ch. II, art. 30, V, 721 et s. ; — D. 7 avril 1887, art. 1er-6, VI, 18 ; — D. 27 mai 1888, VI, 100.

Projets et propositions de lois : 31 mars 1847, art. 1er, 14, II, 560 et s. ; — 15 déc. 1848, art. 10, 54, III, 99, 106 ; — 1er déc. 1877, art. 3-4, IV, 727 ; — 4 nov. 1878, art. 1er, IV, 826 ; — 6 déc. 1879, art. 1er, V, 84 ; — 7 févr. 1882, art. 1er, V, 378 ; — 28 févr. 1882, art. 1er, V, 406.

ÉCOLES AMBULANTES.

Voir AMBULANTS (Instituteurs).

ÉCOLES ANNEXÉES A DES ÉTABLISSEMENTS PUBLICS ressortissant à d'autres administrations que celle de l'Instruction publique.

Conditions d'exercice des instituteurs dans les ⏗ : D. 16 juin 1899, VI, 887.

ÉCOLES CHRÉTIENNES.

Voir ASSOCIATIONS RELIGIEUSES, CONGRÉGATIONS ENSEIGNANTES, ÉCOLES PRIMAIRES PRIVÉES, FRÈRES DES ÉCOLES CHRÉTIENNES.

ÉCOLES CLANDESTINES.

Poursuites et procédure contre les ⏗ : C. 22 avril 1822, I, 319 ; — C. 26 déc. 1827, I, 336.

L'instituteur condamné pour fait d'ouverture d'une ⏗ peut tenir école en se conformant à la loi : Av. C. 8 avril 1834, 3°, II, 120.

ÉCOLES COMMUNALES D'ADULTES.

Création d'⏗ : L. 15 mars 1850, art. 54-55, III, 337.

Voir aussi CLASSES D'ADULTES, COURS D'ADULTES.

ÉCOLES DANS LES ATELIERS ET LES MANUFACTURES.

Ouverture de crédits pour encouragements aux ⏗ : L. 15 mars 1850, art. 56, III, 337.

Voir aussi ÉCOLES MANUELLES D'APPRENTISSAGE.

ÉCOLES DE COMMERCE.

Les ⏗ doivent être autorisées par le Ministre de l'Instruction publique, leurs programmes communiqués au Conseil royal : Av. C. 23 oct. 1838, II, 400.

Voir aussi ÉCOLES PRATIQUES de Commerce et d'Industrie.

ÉCOLES DE FILLES.

Division des écoles primaires en deux sections, dont une pour les filles : D. 24 oct. 1795, I, 127.

Dispositions applicables aux ⏗ : I. 3 juin 1819, I, 270 ; — I. 29 juil. 1819, I, 272 ; — Règl. 9 oct. 1819, art. 17, I, 278 ; — O. 3 avril 1820, I, 280 ; — I. 19 juin 1820, I,

ÉCOLES DE HAMEAU.

ÉCOLES DU DIMANCHE.

Ouverture de crédits pour encourager la fondation d'~ : L. 15 mars 1850, art. 56, III, 337.

ÉCOLES DU GOUVERNEMENT.

Projet de décret pour l'admission aux ~ : 22 nov. 1798, tit. v, art. 7, I, 150.

ÉCOLES ECCLÉSIASTIQUES.

Les ~ sont soumises à la juridiction et aux règlements de l'Université : A. 24 août 1813, I, 224.

Réglementation des ~ : O. 5 oct. 1814, I, 226.

ÉCOLES ENFANTINES.

Propositions de lois : 1er déc. 1877, art. 34-37, IV, 731 ; — 6 déc. 1879, art. 2, 7, 24, V, 84 et s.

Voir aussi CLASSES ENFANTINES.

ÉCOLES GRATUITES.

Administration des ~ fondées et entretenues par des personnes ou associations et des bureaux de charité : O. 29 févr. 1816, art. 19, I, 243.

Voir GRATUITÉ.

ÉCOLES ISRAÉLITES.

Voir ISRAÉLITE (Culte).

ÉCOLES LIBRES.

Voir ÉCOLES PRIMAIRES LIBRES OU PRIVÉES.

ÉCOLES MANUELLES D'APPRENTISSAGE.

Organisation des ~ : L. 11 déc. 1880, V, 207 ; — D. 30 juil. 1881, V, 281 ; — L. 30 oct. 1886, art. 1, 28, 31, V, 670 et s. ; — D. 18 janv. 1887, art. 55, V, 732 ; — D. 17 mars 1888, VI, 88 ; — D. 28 juil. 1888, VI, 117.

Propositions de lois : 6 mars 1877, IV, 671 ; — 6 mai 1878, IV, 783.

ÉCOLES MATERNELLES.

Rapport sur la transformation des Salles d'asile en ~ : 25 avril 1848, III, 19. = Substitution momentanée des ~ aux Salles d'asile : A. 28 avril 1848, III, 22.

Organisation des ~ (anciennes Salles d'asile) : D. 2 août 1881, V, 302 ; — A. 28 juil. 1882, V, 458 ; — L. 30 oct. 1886, art. 1, 4-7, 9, 15, 62, V, 669 et s. ; — D. 18 janv. 1887, art. 1er, 3-10, V, 721 ; — A. 18 janv. 1887, art. 1er-8, V, 769.

Conséquences de l'assimilation des ~ aux écoles ordinaires : C. 28 janv. 1882, V, 363.

Recrutement du personnel enseignant des ~ : D. 14 janv. 1884, V, 557 ; — L. 30 oct. 1886, art. 62, V, 697 ; — C. 1er juin 1897, VI, 774.

Dépenses ordinaires des ~ : C. 8 déc. 1886, V, 717.

Instruction pour la construction des ~ : 28 juil. 1882, V, 460.

Règlements scolaires modèles des ~ : V, 311, 821.

Situation des ~ dans les villes de 2000 âmes et au-dessous... : C. 20 mars 1887, VI, 7 ; modèle, VI, 937 ; — C. 17 sept. 1887, VI, 51.

Projets et propositions de lois : 7 févr. 1882, art. 9, V, 380; — 28 févr. 1882, art. 6, V, 406.

Voir aussi DIRECTRICES d'Écoles maternelles, ÉCOLE MATERNELLE NORMALE, INSPECTION départementale des Écoles maternelles, INSPECTRICES générales des Écoles maternelles, SALLES D'ASILE.

ÉCOLES MIXTES QUANT AU CULTE.

Autorisation nécessaire aux instituteurs pour recevoir des élèves de religions différentes : O. 21 avril 1828, art. 13, I, 343 ; — C. 6 mai 1828, I, 348.

Mesures à prendre pour assurer l'instruction religieuse aux élèves des différents cultes : L. 28 juin 1833, art. 2, 9, II, 12 et s.; — Stat. 25 avril 1834, art. 4, § 2, II, 124; — C. 12 nov. 1835, II, 210; — Av. 11 mai 1847, II, 567; — L. 15 mars 1850, art. 44, § 4, III, 335; — D. 7 oct. 1850, art. 11-12, III, 386; — C. 13 sept. 1856, III, 702.

Attributions des Conseils académiques en ce qui concerne les ⁓ : L. 15 mars 1850, art. 15, III, 327; — C. 24 déc. 1850, III, 407.

Conditions d'autorisation d'une ⁓ : Av. C. 1er mai 1849, III, 159; — L. 15 mars 1850, art. 15, § 3, III, 327. = Refus d'autorisation d'une ⁓ : A. 12 mars 1851, III, 448.

Inspection des ⁓ par les ministres du culte : L. 15 mars 1850, art. 18, § 6, III, 327.

Établissement d'écoles distinctes pour chaque culte : L. 15 mars 1850, art. 36, § 5, III, 333; — A. 12 mars 1851, III, 448.

Projets et propositions de lois : 24 oct. 1831, art. 10, I, 415; — 26 janv. 1872, art. 6, 9, 11, IV, 349 et s.; — 3 juil. 1872, art. 28, IV, 403.

ÉCOLES MIXTES QUANT AU SEXE.

Prescriptions relatives à la séparation des garçons et des filles pour l'enseignement : O. 29 févr. 1816, art. 32, I, 244; — I. 3 juin 1819, I, 272; — Règl. 9 oct. 1819, art. 36, I, 279; — Av. C. 13 août 1833, II, 51; — Stat. 25 avril 1834, art. 34, II, 128; — O. 23 juin 1836, art. 12, II, 254 et n.; — C. 13 août 1836, II, 265; — Décis. 26 août 1836, II, 270; — A. 1er mars 1842, art. 3, II, 456; — Décis. 17 mars 1843, II, 487; — L. 15 mars 1850, art. 52, III, 336; — L. 10 avril 1867, art. 20, IV, 138.

Dispositions concernant les ⁓ : Av. C. 13 déc. 1833, II, 93; — Av. C. 8 août 1834, II, 157; — A. 22 déc. 1835, II, 214; — Av. C. 8 janv. 1836, II, 219; — A. 26 août 1836, II, 271; — Av. C. 4 nov. 1836, II, 280; — Décis. 17 mai 1839, II, 420; — L. 15 mars 1850, art. 15, § 3, 52, III, 327 et s.; — C. 24 déc. 1850, III, 407, 408; — C. 10 mai 1851, III, 459; — Règl. 17 août 1851, art. 36, III, 486; — D. 31 déc. 1853, art. 9, III, 569; — L. 10 avril 1867, art. 1er, § 2, IV, 134; — Let. 29 juil. 1867, IV, 165; — L. 30 oct. 1886, art. 6, 11, § 4, V, 672; — D. 18 janv. 1887, art. 24, V, 724; — C. 29 mars 1893, VI, 494.

Précautions à prendre dans les ⁓ : Décis. 13 août 1833, II, 51; — Stat. 25 avril 1834, art. 34, II, 128; — C. 27 avril 1834, II, 135; — Av. C. 8 janv. 1836, II, 219.

Attributions des Conseils académiques en ce qui concerne les ⁓ : L. 15 mars 1850, art. 15, III, 327; — C. 24 déc. 1850, III, 407.

Substitution des institutrices aux instituteurs dans les ⁓ : C. 16 févr. 1853, III, 517; — D. 31 déc. 1853, art. 9, III, 569; — C. 3 févr. 1854, III, 576; — C. 10 juil. 1872, IV, 414; — C. 29 mars 1893, VI, 494.

Projets et propositions de lois : 24 oct. 1831, art. 10, I, 415; — 17 nov. 1832, art. 26, I, 427; — 30 juin 1848, art. 17, 22, III, 37 et s.; — 15 déc. 1848, art. 52, III, 106; — 24 mai 1865, art. 8, IV, 53; — Sept. 1866, art. 1er, IV, 119; — 26 janv. 1872, art. 6, IV, 349; — 3 juil. 1872, art. 27, IV, 403; — 23 mars 1877, art. 8, IV, 685; — 1er déc. 1877, art. 15-16, 19, IV, 729; — 6 déc. 1879, art. 23, 27, V, 87; — 7 févr. 1882, art. 8, V, 379.

Voir aussi MAITRESSES DE COUTURE.

ÉCOLES MODÈLES.

Crédit pour ouverture d'~ : O. 29 févr. 1816, art. 35, I, 244.

Établissement d'une ~ d'enseignement mutuel dans douze académies : A. 22 juil. 1817, I, 264.

Création d'~ destinées à former des instituteurs et des institutrices : O. 14 févr. 1830, art. 10, I, 380; — O. 16 juil. 1833, art. 23, II, 32; — C. 13 août 1836, II, 269.

Proposition de loi : 17 nov. 1832, art. 31-32, I, 428.

Voir CLASSES NORMALES PRIMAIRES, ÉCOLES NORMALES PRIMAIRES.

ÉCOLES NATIONALES d'Enseignement primaire supérieur et professionnel.

Création d'une ~ à Vierzon : D. 9 juil. 1881, V, 264. — L'école de Voiron, créée par décret du 26 juillet 1882, n'a été ouverte qu'en octobre 1886 ; l'école d'Armentières a été organisée en 1887-1888.

Institution d'un conseil d'administration et d'un comité de patronage auprès de chacune des ~ : D. 24 août 1891, VI, 392 ; — D. 26 juil. 1892, VI, 423.

Fixation du prix de pension dans les ~ : A. 1er mai 1894, VI, 560.

Traitement des fonctionnaires des ~ : L. 19 juil. 1889, art. 16, VI, 171; — D. 19 mars 1895, VI, 606.

Heures de service exigées du personnel des ~, et mode de rétribution : D. 30 sept. 1893, VI, 532.

Assimilation des ~ aux lycées nationaux, en ce qui concerne la procédure à suivre pour le recouvrement de leurs créances : D. 1er juin 1891, VI, 383.

Proposition de loi : 19 févr. 1891, art. 16, VI, 349.

Voir aussi BOURSES dans les Écoles nationales professionnelles.

ÉCOLES NORMALES PRIMAIRES.

ÉTABLISSEMENT, CRÉATION, ORGANISATION : D. 30 oct. 1794, I, 98; — D. 17 mars 1808, art. 108, I, 199; — O. 29 févr. 1816, art. 39, I, 247; — O. 26 nov. 1823, I, 323; — O. 14 févr. 1830, art. 10-12, I, 380; — O. 11 mars 1831, I, 391; — A. Pr. S. 5 avril 1831, I, 392, *n.*; — O. 15 avril 1831, I, 391, *n.*; — A. 13 mai 1831, I, 396; — O. 7 sept. 1831, I, 409; — L. 28 juin 1833, art. 11, II, 13; — O. 16 juil. 1833, tit. III, II, 31; — C. 13 août 1836, II, 269; — O. 30 août 1842, II, 465; — O. 12 févr. 1843, II, 485; — L. 15 mars 1850, art. 35, III, 332; — D. 4 mars 1864, IV, 38; — Av. 26 janv. 1869, IV, 199; — C. 6 juil. 1869, IV, 227; — Let. 13 oct. 1870, IV, 279; — C. 31 janv. 1878, IV, 771; — L. 9 août 1879, V, 72; — D. 22 janv. 1881, V, 247; — D. 29 juil. 1881, V, 267; — D. 25 juil. 1883, V, 544; — D. 26 déc. 1885, V, 642; — D. 18 janv. 1887, art. 56-89, V, 732; — A. 18 janv. 1887, art. 68-105, V, 782; — A. 29 mars 1890, VI, 258.

Réunion de plusieurs départements pour l'entretien d'une ~ : C. 24 juil. 1833, II, 44; — L. 9 août 1879, art. 1er, V, 73; — D. 16 avril 1883, art. 3, V, 532; — D. 6 janv. 1891, VI, 328.

Organisation des ~ de la Seine : D. 4 juin 1890, VI, 274; — D. 25 mai 1895, VI, 613.

Refus d'approuver la création d'une ~ : Av. 17 déc. 1850, III, 398.

Indemnités accordées aux instituteurs pour les mettre à même de suivre pendant quelques mois les cours des ~ : I. 27 avril 1834, II, 136.

Projet de règlement pour les ~ : 14 déc. 1849, III, 268.

ADMINISTRATION, PERSONNEL, SURVEILLANCE : Règl. 14 déc. 1832, art. 5-7, 17-26, I, 429 et s.; — A. 8 janv. 1833, art. 1er, I, 433; — Av. C. 29 nov. 1833, II, 84; — Av. C. 28 févr. 1834, II, 109; — A. 15 nov. 1836, II, 284; — A. 2 juin 1837, II, 317; — Av. C. 29 mars 1842, II, 457; — Av. C. 20 oct. 1843, II, 497; — O. 18 nov. 1845, art. 1er, 5, II, 529 et s.; — Av. C. 28 nov. 1845, II, 530; — D. 24 mars 1851, tit. II, III, 454; — Av. C. 3 juin 1851, III, 464; — A. 30 juin 1851, III, 470; — C. 31 oct. 1854, III, 616; — D. 26 déc. 1855, III, 669; — D. 7 août 1861, III, 781; — D. 2 juil. 1866, tit. II, IV, 92; — C. 2 juil. 1866, IV, 96; — D. 29 juil. 1881, V, 267; — D. 14 janv. 1884, V, 557; — C. 30 nov. 1884, V, 589; — D. 18 janv. 1887, art. 75, 77-81, 83-89, V, 737 et s.; — A. 18 janv. 1887, art. 101-105, V, 793; — L. 19 juil. 1889, art. 47, VI, 185; — D. 29 mars 1890, VI, 240; — C. 29 nov. 1890, VI, 319; — C. 9 août 1894, VI, 573; — L. 30 mai 1899, art. 35, VI, 882.

Heures de classe et de service dues par le personnel, rétribution des heures sup-plémentaires : A. 24 juil. 1888, art. 97, VI, 109; — D. 19 juil. 1890, VI, 282; — L. 30 mai 1899, art. 35, VI, 882.

Conseil d'administration des ⌒ : D. 18 janv. 1887, art. 86-89, V, 742; — L. 19 juil. 1889, art. 47, VI, 185; — D. 29 mars 1890, art. 1-3, VI, 241.

ADMISSION DES ÉLÈVES-MAITRES (Conditions d') : A. 13 mai 1831, art. 6-14, I, 397; — A. 9 sept. 1831, art. 7, I, 411; — Règl. 14 déc. 1832, art. 8-16, I, 430; — L. 28 juin 1833, art. 25, II, 19; — C. 13 août 1833, II, 52; — Av. C. 22 oct. 1833, II, 68; — Av. C. 2 oct. 1835, II, 203; — Av. C. 27 déc. 1836, II, 294; — Décis. 4 oct. 1839, II, 431; — Av. C. 28 janv. 1842, II, 452; — Av. C. 14 oct. 1842, II, 468; — Av. C. 25 avril 1843, 1o, II, 489; — Décis. 12 sept. 1843, II, 495; — Av. 6 juil. 1849, 4o, III, 183; — D. 24 mars 1851, tit. III, III, 455; — C. 2 févr. 1855, III, 623; — D. 2 juil. 1866, tit. III, IV, 93; — C. 2 juil. 1866, IV, 100; — A. 31 déc. 1867, IV, 185; — Av. 26 janv. 1869, IV, 199; — D. 22 janv. 1881, art. 4, V, 249; — D. 29 juil. 1881, tit. IV, V, 273; — A. 6 janv. 1882, V, 317; — D. 18 janv. 1887, art. 69-74, V, 735; — A. 18 janv. 1887, art. 86-95, V, 787; — D. 31 juil. 1897, VI, 780.

Certificats d'élève-maître : II, 607-609.

Limite d'âge pour l'admission dans les ⌒ : D. 27 juil. 1882, V, 447.

Les ⌒ ne peuvent admettre d'élèves-maîtres mariés : Av. C. 28 janv. 1842, II, 452.

Internat des candidats dans les ⌒ pendant les examens d'admission : C. 8 juin 1885, V, 612.

Admission d'élèves libres dans les ⌒ : C. 3 mai 1892, VI, 414; — de répétitrices étrangères : C. 29 sept. 1894, VI, 576. = Suppression des auditeurs et auditrices libres : C. 13 août 1897, VI, 785.

Visite médicale des élèves-maîtres avant l'admission : C. 7 juil. 1847, II, 589.

Exigence d'un certificat de revaccination : A. 29 déc. 1888, art. 88, VI, 150.

Rapport au nom de la Commission chargée de déterminer les conditions d'aptitude physique des aspirants et aspirantes aux ⌒ : VI, 963.

BOURSES DANS LES ⌒ : Règl. 14 déc. 1832, art. 8-15, I, 430; — C. 24 juil. 1833, II, 45; — A. 29 déc. 1835, II, 215 et 495, n.; — A. 11 oct. 1836, II, 276; — Av. C. 21 févr. 1837, II, 305; — Av. C. 19 févr. 1839, II, 409; — O. 15 déc. 1842, II, 477; — Décis. 12 sept. 1843, II, 495; = D. 24 mars 1851, art. 18-19, III, 456; — D. 26 déc. 1855, art. 5-12, 71, III, 670, 686; — D. 2 juil. 1866, art. 10, 13, IV, 93; — Av. 26 janv. 1869, IV, 199.

Remboursement des bourses obtenues dans les ⌒ : Av. C. 11 juil. 1837, II, 328; — Av. C. 6 oct. 1837, II, 336; — Av. C. 18 janv. 1842, 2o et 4o, II, 450; — Av. 13 déc. 1850, 2o, III, 393; — D. 24 mars 1851, art. 19, III, 457; — D. 26 déc. 1855, art. 9, 56, III, 671, 682.

Suppression des bourses dans les ⌒ : L. 16 juin 1881, art. 1er, § 2, V, 262.

BREVET DE CAPACITÉ. — Les élèves-maîtres des ⌒ ne doivent être admis aux examens du brevet de capacité qu'à la fin du cours complet d'études : A. 11 oct. 1836, II, 277; — Décis. 24 mars 1843, II, 488; — Av. 17 févr. 1870, IV, 239; — C. 17 mars 1870, IV, 248.

Commission d'examen devant laquelle l'élève-maître doit se présenter : A. 14 août 1838, 2o et 3o, II, 396.

Autorisation aux élèves-maîtres de se présenter au brevet simple avant la fin de leurs études : A. 5 juin 1880, art. 4, V, 169.

Obligation pour les élèves-maîtres de se présenter au brevet élémentaire à la fin de la première année : D. 29 juil. 1881, art. 23, V, 275 ; — D. 26 déc. 1885, art. 24, V, 643.

La possession du brevet élémentaire devient obligatoire pour l'admission aux ⋙ : D. 18 janv. 1887, art. 70, V, 736. = Prorogation de la date d'exigence du brevet élémentaire pour l'admission dans les ⋙ : D. 26 mars 1887, art. 189, VI, 16.

Obligation pour les élèves-maîtres de se présenter au brevet supérieur à la fin du cours d'études : D. 22 janv. 1881, art. 3, V, 249 ; — D. 29 juil. 1881, art. 23, V, 275 ; — D. 26 déc. 1885, art. 24, V, 643 ; — D. 18 janv. 1887, art. 76, V, 737.

Budget et comptabilité : Règl. 13 mai 1831, tit. IV, I, 402 ; — A. 8 janv. 1833, art. 2, I, 434 ; — Rap. 2 mars 1833, I, 439 ; — O. 16 juil. 1833, art. 20-22, II, 31 ; — C. 24 juil. 1833, II, 44-45 ; — C. 24 juin 1834, II, 146 et 150 ; — O. 15 déc. 1842, art. 2-4, II, 477 ; — O. 7 juil. 1844, II, 508 ; — D. 26 déc. 1855, art. 28-72, III, 674 et s.; — Décis. C. d'Ét. 20 mai 1863, III, 818 ; — D. 1er août 1881, V, 284 ; — D. 29 juil. 1882, V, 470 ; — D. 16 avril 1883, V, 532 ; — D. 18 janv. 1887, art. 62-68, 86-89, V, 733 et s.; — D. 29 mars 1890, VI, 240.

Dispositions diverses. — Affectation de bâtiments du domaine de l'État à l'école normale de l'Académie de Paris : 11 janv. 1834, II, 101.

Le titre d'école normale ne peut être donné à un établissement privé : Décis. 10 janvier 1837, II, 296.

Nomination d'élèves-maîtres aux fonctions d'instituteur : Av. C. 25 nov. 1836, II, 289.

Catalogue des livres qui doivent composer la bibliothèque des ⋙ : II, 186.

Conférences, cours spéciaux en faveur d'instituteurs communaux : Décis. 24 août 1838, II, 397 ; — C. 1er sept. 1865, IV, 59.

Composition d'un livre de lecture pour les ⋙ : A. 7 oct. 1851, III, 488.

Excursions et voyages des élèves-maîtres : C. 7 mai 1880, V, 153.

Transfèrement des élèves des ⋙ : C. 7 février 1893, VI, 481.

Prestation de serment par les fonctionnaires des ⋙ : A. 28 avril 1852, III, 501.

Écoles annexées aux ⋙. — Écoles primaires et maternelles annexées aux ⋙ : Décis. 3 juil. 1839, II, 427 ; — D. 24 mars 1851, art. 4, III, 453 ; — A. 31 juil. 1851, art. 2, III, 480 ; — D. 2 juil. 1866, art. 5, IV, 91 ; — D. 29 juil. 1881, art. 6, V, 268 ; — D. 18 janv. 1887, art. 61, V, 733 ; — A. 18 janv. 1887, art. 70, V, 783.

Titres à exiger des directeurs et directrices des écoles annexées aux ⋙ : C. 21 oct. 1887, VI, 59.

Fonctionnement et régime des écoles d'application annexées aux ⋙ : D. 31 juil. 1890, VI, 287 ; — D. 7 janv. 1891, VI, 329 ; — D. 3 oct. 1894, VI, 577 ; — D. 4 oct. 1894, tit. IV, VI, 580 ; — D. 25 mai 1895, VI, 614.

Engagement de servir dix ans dans l'instruction publique. — Voir Engagement décennal.

Enseignement dans les ⋙ : Règl. 13 mai 1831, art. 15-23, I, 398 ; — Règl. 14 déc. 1832, art. 1-4, I, 429 ; — C. 12 nov. 1835, II, 212 ; — A. 16 févr. 1838, II, 372 ; — C. 18 août 1838, II, 396 ; — Décis. 28 juin 1839, II, 427 ; — Décis. 2 août 1839, II, 429 ; — A. 2 sept. 1845, II, 523 ; — Av. C. 6 juil. 1849, III, 182 ; — Av. 15 janv. 1850, III, 311 ; — D. 24 mars 1851, tit. Ier et art. 9, III, 453 et s.; — A. 31 juil. 1851, III, 470 ; — C. 31 oct. 1854, III, 615 ; — A. 30 janv. 1865, IV, 37 ; — D. 2 juil. 1866, tit. Ier, IV, 91 ; — Tableau de la répartition des matières d'enseignement, IV, 102 ; — D. 12 févr. 1867, IV, 127 ; — A. 30 déc. 1867, IV, 183 ; — C. 4 mai 1872, IV, 361 ; — C. 26 oct. 1874, IV, 537 ; — D. 22 janv. 1881, V, 247 ; — D. 29 juil. 1881, tit. II et IV, V, 269 et s.; — D. 9 janv. 1883, V, 503 ; — D. 18 janv. 1887, art. 82, V, 739 ; — A. 18 janv. 1887, art. 96-100, V, 790 ; — A. 10 janv. 1889, VI, 134, 135, 136 ; — C. 24 janv. 1899, VI, 856.

Cours spéciaux : Décis. 24 août 1838, II, 397.

Matériel d'enseignement dans les ⋙ : D. 29 janv. 1890, art 11-13, VI, 229. = Envoi d'une collection de poids et mesures : C. 1er déc. 1838, II, 406. = Acquisition d'instruments nécessaires aux observations météorologiques : C. 13 août 1864, IV, 30. = Établissement d'ateliers de reliure dans les ⋙ : C. 8 oct. 1867, IV, 168.

5

7 févr. 1882, art. 13, **V**, 380; — 13 mars 1886, art. 12, 15-16, 42, **V**, 657 et s.; — 19 févr. 1891, art. 18-21, **VI**, 349.

Voir aussi ACTES CIVILS, AUMONIERS des Écoles normales, CERTIFICAT D'APTITUDE à la direction des Écoles normales primaires, CERTIFICAT D'APTITUDE au professorat des Écoles normales primaires, CLASSES NORMALES PRIMAIRES, COURS NORMAUX d'instituteurs et d'institutrices, ÉCOLE D'ESSAI d'éducation primaire, ÉCOLES MODÈLES, ENGAGEMENT DÉCENNAL, RETENUES.

ÉCOLES PARTICULIÈRES.

Surveillance des ∾ : A. 5 févr. 1798, **I**, 131.

Enquête sur les ∾ de chaque département susceptibles d'être considérées comme écoles secondaires : A. 23 juin 1802, **I**, 180. = Conditions pour l'érection des ∾ en écoles secondaires : L. 1er mai 1802, art. 6, **I**, 179; — A. 12 oct. 1803, **I**, 186. = Concession de locaux aux ∾ érigées en écoles secondaires : A. 21 déc. 1802, **I**, 183. = Conditions spéciales aux ∾ du département de la Seine : Règl. Pr. S. 15 févr. 1804, **I**, 187.

Droit, pour toute personne ou association qui a fondé une école ou l'entretient par charité, de présenter l'instituteur : O. 29 févr. 1816, art. 18, **I**, 243; — O. 2 août 1820, art. 16, **I**, 290.

Projet de décret : 22 nov. 1798, tit. III, **I**, 147.

Voir aussi ÉCOLES PRIMAIRES LIBRES OU PRIVÉES.

ÉCOLES PRATIQUES d'Agriculture.

Création d'∾ : L. 30 juil. 1875, art. 1-10, **IV**, 556.

ÉCOLES PRATIQUES de Commerce et d'Industrie.

Régime de l'∾ de jeunes filles au Havre : A. 15 juin 1899, **VI**, 884.

Voir aussi ÉCOLES PRIMAIRES SUPÉRIEURES préparatoires au Commerce et à l'Industrie.

ÉCOLES PRIMAIRES ÉLÉMENTAIRES communales ou publiques.

CRÉATION, ÉTABLISSEMENT, ORGANISATION DES ∾ : D. 12 déc. 1792, § 1er, **I**, 26; — D. 30 mai 1793, **I**, 43; — D. 21 oct. 1793, **I**, 73; — D. 26, 28 et 30 oct. 1793, **I**, 74; — D. 28 oct. 1793, **I**, 76 et 79; — D. 30 oct. 1793, **I**, 79; — D. 17 nov. 1794, **I**, 101; — A. 18 nov. 1794, **I**, 105; — D. 24 oct. 1795, tit. 1er, **I**, 120; — D. 24 oct. 1795, **I**, 127; — L. 1er mai 1802, tit. II, **I**, 179; — I. 4 nov. 1802, **I**, 182; — D. 12 janv. 1803, art. 33-34, **I**, 184; — D. 17 mars 1808, art. 5, 6o, **I**, 197; — I. 8 mars 1811, **I**, 218; — D. 15 nov. 1811, art. 190-192, **I**, 221; — O. 29 févr. 1816, art. 14-16, **I**, 242; — A. 22 mai 1818, **I**, 266; — O. 8 avril 1824, art. 8-12, **I**, 325; — O. 14 févr. 1830, art. 2, 5-6, **I**, 378; = L. 28 juin 1833, art. 9, **II**, 13; — C. 24 juil. 1833, **II**, 39; — Av. C. 18 mars 1834, **II**, 113; — Stat. 25 avril 1834, **II**, 123; — C. 27 avril 1834, **II**, 129; — Av. C. 8 août 1834, **II**, 157; — A. 22 déc. 1835, art. 2, **II**, 215; — O. 23 juin 1836, tit. III, **II**, 254; — C. 13 août 1836, **II**, 265; — Av. C. 4 nov. 1836, 2o, **II**, 280; — A. 2 févr. 1838, **II**, 362; = L. 15 mars 1850, art. 17, 31-41, 51, **III**, 327 et s.; — Av. 26 juil. 1850, **III**, 357; — Av. 12 mars 1851, **III**, 450; — C. 31 oct. 1854, **III**, 611; — C. 11 mars 1864, **IV**, 25; — L. 10 avril 1867, art. 1er-2, **IV**, 133; — I. 13 nov. 1878, **IV**, 830; — C. 31 mars 1879, **V**, 36; — L. 16 juin 1881, art. 7, **V**, 264; — C. 28 janv. 1882, **V**, 355; — C. 21 mai 1884, **V**, 575; — C. 30 juil. 1886, **V**, 666; = L. 30 oct. 1886, art. 1er, 6-7, 11-17, **V**, 669 et s.; — D. 18 janv. 1887, art. 11-14, **V**, 722; — A. 18 janv. 1887, art. 9-19, **V**, 770; — D. 7 avril 1887, **VI**, 17; — C. 28 déc. 1891, **VI**, 401; modèles, **VI**, 950-954; — C. 14 juin 1892, **VI**, 419; — C. 13 avril 1897, **VI**, 761; — L. 13 avril 1898, art. 99, **VI**, 811; — L. 30 mai 1899, art. 36, 53, **VI**, 883; — L. 13 avril 1900, art. 47, **VI**, 916.

Poursuites contre les personnes qui tiennent une ⸱⸱⸱ sans autorisation : C. 26 déc. 1827, **I,** 336.

Autorisation d'ouverture d'écoles temporaires : Av. C. 16 déc. 1850, **III,** 397.

Les ⸱⸱⸱ ne peuvent être déclarées entièrement gratuites : Av. C. 28 févr. 1834, **II,** 109.

Suppression des classes payantes dans les ⸱⸱⸱ de la ville de Paris : Av. C. 26 juin 1835, **II,** 185.

Les ⸱⸱⸱ doivent être ouvertes toute l'année : Av. C. 26 mai 1837, **II,** 316. = Modification des heures de classe : A. 29 déc. 1867, **IV,** 182.

Surveillance des élèves des ⸱⸱⸱ en dehors des heures de classe : C. 22 avril 1882, **V,** 435.

Droit pour les inspecteurs du service des enfants assistés d'entrer dans les ⸱⸱⸱ : Let. 21 mai 1883, **V,** 536. = Interdiction à toute personne autre que celles désignées par la loi pour l'inspection et la surveillance d'entrer dans les ⸱⸱⸱ : D. 18 janv. 1887, art. 145, **V,** 758.

Siége des ⸱⸱⸱ : Av. C. d'Ét. 2 juil. 1889, **VI,** 200 ; — C. 30 juil. 1889, **VI,** 199.

Érection d'une ⸱⸱⸱ en école primaire du degré supérieur : Av. C. 26 déc. 1834, **II,** 177.

Fréquentation des ⸱⸱⸱ par les enfants de la Suisse et de la France sur les territoires contigus des deux pays : L. 12 juin 1888, **VI,** 105 ; — D. 12 juin 1888, **VI,** 106.

Mode de recrutement du personnel enseignant des ⸱⸱⸱ : C. 1er août 1888, **VI,** 122 ; — C. 1er juin 1897, **VI,** 774.

DISPOSITIONS DIVERSES : Compte annuel de l'emploi des fonds attribués aux ⸱⸱⸱ : Décis. R. 5 oct. 1831, **I,** 412.

Établissement d'un service médical dans les ⸱⸱⸱ de Paris : A. 20 déc. 1842, **II,** 479.

Don de médailles à distribuer dans les ⸱⸱⸱ : Let. 11 mai 1897, **VI,** 769.

Participation des élèves des ⸱⸱⸱ aux funérailles de personnes ayant rang dans la hiérarchie des fonctions publiques : C. V.-R. P. 18 déc. 1891, **VI,** 401.

Publication d'un recueil périodique à l'usage des ⸱⸱⸱ : Décis. 19 oct. 1832, **I,** 423.

ENSEIGNEMENT : Choix de méthodes dans les ⸱⸱⸱ : C. 31 janv. 1829, **I,** 360 ; — Av. C. 25 févr. 1834, **II,** 107. == Recommandation de ne point employer la méthode d'enseignement individuel : C. 15 juin 1863, **III,** 823. = Introduction de la méthode d'enseignement des salles d'asile dans la classe inférieure des ⸱⸱⸱ : C. 9 avril 1870, **IV,** 252.

Tout élève doit se conformer à la méthode adoptée par l'instituteur : Av. C. 5 janv. 1838, 4o, **II,** 359.

L'autorité universitaire est seule compétente pour tout ce qui concerne l'enseignement dans les ⸱⸱⸱ : Décis. 28 juin 1839, **II,** 425.

Direction et organisation pédagogique des ⸱⸱⸱ : C. 20 août 1857, **III,** 714 ; — I. 18 nov. 1871, **IV,** 304 ; — A. 27 juil. 1882, **V,** 453 ; — A. 18 janv. 1887, art. 9-19, **V,** 770 ; — C. 21 déc. 1898, **VI,** 837.

Enquête sur les modifications du programme d'enseignement des ⸱⸱⸱ : C. 15 juin 1894, **VI,** 566.

Durée réglementaire des heures de classe dans les ⸱⸱⸱ : Av. 16 déc. 1865, **IV,** 68 ; — C. 25 sept. 1866, **IV,** 118 ; — Av. 17 juil. 1869, **IV,** 229.

Matériel obligatoire d'enseignement, livres, registres scolaires, dans les ⸱⸱⸱ : D. 29 janv. 1890, art. 1er-10, **VI,** 225.

Voir aussi, dans la nomenclature générale de la table, au titre MATIÈRES D'ENSEIGNEMENT et au nom de chacune des diverses matières d'enseignement.

Projets et propositions de lois : 1791, art. 4, 24, **I,** 8 ; — sept. 1791, tit. Ier, **I,** 9 ; — 20 avril 1792, tit. I et II, **I,** 14 ; — 12-18 déc. 1792, **I,** 27 ; — 18 déc. 1792, **I,** 30 et 31 ; — 24 déc. 1792, art. 2, **I,** 35 ; — 26 juin 1793, art. 1-8, **I,** 44 ; — 3 juil. 1793, tit. Ier, art. 2, tit. II, art. 1-6, 44, 57, **I,** 48 et s. ; — 1er août 1793, x, XII, **I,** 60 ; — 1793, art. 1-2, **I,** 61 ; — 1er oct. 1793, art. 5-6, **I,** 67 ; — 20 oct. 1793, art. 3, 5, 7, 9, **I,** 70 ; — avril 1794, sect. III, **I,** 92 ; — 13 nov. 1794, **I,** 100 ; — 27 mai 1795, tit. II, **I,** 116 ; — 24 oct. 1798, **I,** 133 ; — 9 nov. 1798, art. 1er, 5, **I,** 140 et s. ; — 12 nov. 1798, tit. I, II, V, **I,** 142 ; — 22 nov. 1798, **I,** 147 ;

— 14 janv. 1799, I, 155; — 18 févr. 1799, I, 156; — 20 févr. 1799, 1°, I, 162; — 20 avril 1799, I, 162; — 8 nov. 1800, tit. II, § 1er, et tit. III, § 1er, I, 169, 170; — janv. 1821, I, 297; — 20 janv. 1831, I, 388; — 24 oct. 1831, I, 414; — 17 nov. 1832, tit. III, I, 426; — 31 mars 1847, art. 1er, 8, II, 560 et s.; — 20 juil. 1847, art. 1er, 8, II, 590 et s.; — 30 juin 1848, art. 4, 16-20, III, 36 et s.; — 15 déc. 1848, art. 1er, 10-29, III, 98 et s.; — 18 juin 1849, art. 22, 37-41, III, 176 et s.; — 6 oct. 1849, art. 15, 36-41, III, 233 et s.; — 17 déc. 1849, art. 57-65, III, 279; — 31 oct. 1849, art. 15, 36-41, III, 300 et s.; — 24 mai 1865, art. 9, IV, 53; — sept. 1866, art. 1er-2, IV, 119; — 26 janv. 1872, art. 5, 12, IV, 349 et s.; — 3 juil. 1872, art. 23-33, IV, 402; — 3 avril 1876, IV, 586; — 23 mars 1877, art. 3-12, IV, 685; — 1er déc. 1877, art. 3-4, 13-22, IV, 727 et s.; — 6 déc. 1879, tit. III, V, 86; — 7 févr. 1882, art. 2, 7-41, V, 378 et s.; — 16 mai 1889, VI, 142; — 3 juin 1889, VI, 150; — 28 févr. 1891, VI, 365; — 28 mai 1891, VI, 381.

Voir aussi ADMISSION des enfants dans les écoles, AUTORITÉS préposées à l'enseignement primaire, COMITÉS, COMMUNES, CONCOURS entre élèves d'écoles primaires, DÉCORATION DES ECOLES, DÉPARTEMENTS, ÉCOLES DE FILLES, ÉCOLES DE HAMEAU, INSTITUTEURS ET INSTITUTRICES, LIVRES SCOLAIRES, MATIÈRES d'enseignement, RÈGLEMENTS SCOLAIRES.

ÉCOLES PRIMAIRES ISRAÉLITES.

Voir ISRAÉLITE (Culte).

ÉCOLES PRIMAIRES LIBRES ou PRIVÉES.

Conditions d'ouverture et d'existence des ⌣ : O. 29 févr. 1816, art. 24, I, 243; — L. 28 juin 1833, art. 3-7, II, 12; — O. 16 juil. 1833, art. 16-19, II, 30; — Av. C. 8 nov. 1833, II, 72; — O. 23 juin 1836, tit. II, II, 253; — L. 15 mars 1850, art. 17, 21, 25-30, 52, III, 327 et s.; — D. 7 oct. 1850, art. 1-6, III, 384; — C. 24 déc. 1850, III, 404 et 427; — D. 30 déc. 1850, art. 1-4, 8-14, III, 429; — Av. 2 juil. 1860, III, 756; — C. 13 mai 1861, III, 769; — Let. Pr. S. 28 mai 1866, IV, 87 et 88; — L. 10 avril 1867, art. 17, IV, 137; — C. 12 mai 1867, IV, 155; — L. 16 juin 1881, V, 259; — L. 28 mars 1882, art. 11, V, 426; — L. 30 oct. 1886, art. 2, 4-9, 35-43, 63, 66, § 2, V, 670 et s.; — D. 18 janv. 1887, art. 158-185, 188, V, 760 et s.; — D. 30 déc. 1889, VI, 222; — D. 14 févr. 1891, VI, 344; = en Algérie : D. 18 oct. 1892, tit. III, VI, 441.

Dispense des droits de timbre pour les déclarations d'ouverture des ⌣ : C. 26 oct. 1858, III, 737.

Situation des ⌣ pendant le mois qui suit un changement de direction : Av. C. d'Ét. 5 juil. 1895, VI, 630.

Opposition à l'ouverture d'⌣ : L. 15 mars 1850, art. 28, III, 330; — D. 29 juil. 1850, art. 25, 27-28, III, 361; — D. 7 oct. 1850, art. 4, III, 384; — Décis. C. d'Ét. 18 nov. 1852, III, 512; — Décis. C. d'Ét. 28 févr. 1866, IV, 70; — L. 10 avril 1867, art. 19, IV, 138; — C. 12 mai 1867, IV, 154; — Décis. 28 janv. 1869, IV, 201; — Av. 23 févr. 1870, IV, 240; — C. 12 août 1875, IV, 564; — L. 30 oct. 1886, art. 37-39, V, 685; — D. 18 janv. 1887, art. 159-165, V, 761; = en Algérie : D. 15 août 1875, art. 8, IV, 569. = Procédure en matière d'opposition à l'ouverture d'⌣ : C. 31 mai 1889, VI, 147; — C. 27 mai 1895, VI, 617. = Jurisprudence du Conseil supérieur en matière d'opposition à l'ouverture d'⌣ : V, 686, *n.* 1; — VI, 617, *n.* 2.

Inspection des ⌣ : L. 28 juin 1833, art. 21, II, 18; — L. 15 mars 1850, art. 21-22, III, 328; — C. 10 mai 1851, III, 460; — L. 10 avril 1867, art. 17, IV, 137; — C. 12 mai 1867, IV, 153; — I. 31 janv. 1868, IV, 189; — L. 30 oct. 1886, art. 9, V, 673.

Admission des enfants dans les ⌣ : Av. C. 8 janv. 1836, II, 219; — A. 26 août 1836, II, 271; — A. 1er mars 1842, II, 455; — C. 24 déc. 1850, III, 408; — C. 10 mai 1851, III, 459; — L. 10 avril 1867, art. 21, IV, 138; — C. 12 mai 1867, IV, 155; — D. 30 déc. 1889, VI, 222; — D. 14 févr. 1891, VI, 344.

Liberté entière du choix des méthodes dans les ⌣ : Av. C. 25 févr. 1834, II, 107.

= Limites de l'enseignement des ⚏ : C. 7 juil. 1862, III, 798 ; — C. 29 sept. 1876, IV, 648.

Prescriptions d'hygiène pour les ⚏ : Av. 2 juil. 1860, III, 756 ; — C. 29 sept. 1892, VI, 431 ; — A. 18 janv. 1893, art. 271-272, VI, 470 ; — C. 24 août 1894, VI, 575.

Subventions ou allocations de l'État ou des communes aux ⚏ : Av. C. 8 août 1834, 2°, II, 157 ; — C. 25 févr. 1886, V, 652 ; — Av. C. d'Et. 13-20 févr. 1891, VI, 343.

Participation des instituteurs privés aux encouragements et aux récompenses distribués annuellement par le ministère : O. 16 juil. 1833, art. 19, II, 31.

Admission d'un instituteur privé aux fonctions de maire ou d'adjoint : Av. C. 5 juil. 1836, II, 260.

Un instituteur ne peut être autorisé à tenir une école primaire privée de filles : Décis. 17 mars 1843, II, 487.

Jurisprudence du Conseil supérieur de l'Instruction publique, relativement à l'enseignement primaire privé, VI, 617, *n.* 2.

Projets et propositions de lois : 26 juin 1793, art. 41-43, I, 48 ; — 3 juil. 1793, tit. II, art. 65, I, 52 ; — 22 nov. 1798, tit. III et tit. x, I, 148, 152 ; — 20 janv. 1831, art. 5, 18, I, 389 et s. ; — 24 oct. 1831, art. 4, I, 414 ; — 17 nov. 1832, tit. II, I, 425 ; — 31 mars 1847, art. 10, 12, 19-24, II, 562 et s. ; — 20 juil. 1847, art. 9, 11, 13, 18, 20, II, 592 et s. ; — 30 juin 1848, art. 5, 21-25, III, 36 et s. ; — 15 déc. 1848, art. 48-57, III, 105 ; — 5 févr. 1849, art. 12, III, 145 ; — 18 juin 1849, art. 22, 27-29, III, 176 ; — 6 oct. 1849, art. 15, 23-28, III, 233 et s. ; — 17 déc. 1849, art. 38-48, 99, III, 276, 283 ; — 31 déc. 1849, art. 23-28, III, 302 ; — 24 mai 1865, art. 5-6, IV, 52 ; — sept. 1866, art. 16, IV, 121 ; — 19 déc. 1871, art. 6, IV, 344 ; — 19 janv. 1872, IV, 347 ; — 26 janv. 1872, art. 5, IV, 349 ; — 3 juil. 1872, art. 3-4, 23, 34-37, IV, 399 et s. ; — 8 janv. 1873, IV, 423 ; — 23 mars 1877, art. 13-27, IV, 686 ; — 1er déc. 1877, art. 3, 24-32, IV, 727 et s. ; — 20 mai 1879, V, 61 ; — 6 déc. 1879, tit. IV, V, 92 ; — 7 févr. 1882, art. 2, 42-51, V, 378 et s. ; — 28 févr. 1882, art. 43-47, V, 411 ; — 11 mars 1882, V, 415 ; — 28 févr. 1891, VI, 365 ; — 28 mai 1891, VI, 381.

Voir aussi Écoles particulières, Fermeture d'écoles, Lettre d'obédience, Matières d'enseignement, Titres de capacité.

ÉCOLES PRIMAIRES PROTESTANTES.

Voir Protestant (Culte).

ÉCOLES PRIMAIRES SUPÉRIEURES préparatoires au Commerce et à l'Industrie.

Création, organisation d'⚏ : L. 11 déc. 1880, V, 207 ; — D. 17 mars 1808, VI, 88 ; — D. 28 juil. 1888, VI, 117.

Rattachement au Ministère du Commerce et de l'Industrie des écoles primaires professionnelles dont l'enseignement est particulièrement industriel ou commercial : L. 26 janv. 1892, art. 69, VI, 407.

Commission instituée pour le classement des Écoles primaires supérieures professionnelles au nombre des établissements placés sous le régime de la loi du 11 décembre 1880 : D. 25 janv. 1895, VI, 598.

ÉCOLES PRIMAIRES SUPÉRIEURES PUBLIQUES.

Création, établissement, organisation, etc., des ⚏ : L. 28 juin 1833, art. 1er, 4, 10, 14, II, 11 et s. ; — O. 16 juil. 1833, art. 1er, II, 27 ; — C. 24 juil. 1833, II, 41 ; — Décis. 15 oct. 1833, II, 67 ; — Av. C. 8 nov. 1833, II, 72 ; — C. 15 nov. 1833, II, 80 ; — Av. C. 31 janv. 1834, II, 105 ; — C. 27 avril 1834, II, 129 ; — Av. C. 30 sept. 1836, II, 276 ; — A. 10 janv. 1837, II, 296 ; — Av. C. 3 févr. 1843, II, 484 ; — C. 7 août 1845, II, 517 ; — C. 16 mai 1878, IV, 785 ; = D. 15 janv. 1881, V, 241 ; — A. 15 janv. 1881, V, 243 ; — D. 2 janv. 1882, V, 337 ; — A. 2 janv. 1882, V, 337 ; — D. 27 juil. 1885, V, 622 ; — A. 27 juil. 1885, V, 625 ; — L. 30 oct. 1886, art. 1er, 7,

13, 24, 28, 31, **V**, 670 et s.; — D. 18 janv. 1887, art. 30-54, **V**, 726; — A. 18 janv. 1887, art. 24-64, **V**, 774; — A. 29 déc. 1891, **VI**, 403; — D. 21 janv. 1893, **VI**, 471; — A. 21 janv. 1893, **VI**, 476; — C. 15 févr. 1893, **VI**, 483; — D. 14 août 1893, **VI**, 524; — A. 18 août 1893, **VI**, 527; — D. 1ᵉʳ mai 1894, **VI**, 559; — D. 25 janv. 1895, **VI**, 598; — A. 25 janv. 1895, **VI**, 600; — C. 10 févr. 1896, **VI**, 689; — D. 28 janv. 1897, **VI**, 748.

Une ῀ ne peut être réunie à une école élémentaire qu'à la condition que l'instituteur soit pourvu du brevet du degré supérieur : Av. C. 31 déc. 1833, **II**, 97.

Exigence de la production du brevet du degré supérieur par les institutrices appartenant à une congrégation religieuse pour tenir une ῀ : O. 23 juin 1836, art. 14, **II**, 255.

Érection d'une école primaire élémentaire en ῀ : Av. C. 26 déc. 1834, **II**, 177.

Annexion d'῀ à des collèges : Av. C. 8 nov. 1833, **II**, 72; — Av. C. 28 févr. 1834, **II**, 109; — O. 21 nov. 1841, **II**, 447; — O. 21 avril 1842, **II**, 460; — O. 7 août 1842, **II**, 463; — O. 30 oct. 1842, **II**, 470; — O. 18 nov. 1842, **II**, 473; — A. 24 janv. 1843, **II**, 483; — Av. C. 3 févr. 1843, **II**, 484; — Av. 8 févr. 1850, **III**, 317.

ENSEIGNEMENT DANS LES ῀ : Les règlements d'études des ῀ doivent être soumis à l'approbation de l'autorité supérieure : Av. C. 3 févr. 1843, **II**, 484.

Refus d'autoriser l'annexion à une ῀ d'une classe de latin : Av. 7 oct. 1848, **III**, 50; = d'une chaire d'agriculture : Av. 1ᵉʳ févr. 1850, **III**, 317.

Voir aussi, dans la nomenclature générale de la table, le titre MATIÈRES D'ENSEIGNEMENT.

PERSONNEL ENSEIGNANT DES ῀ : Nomination, classement, traitements : D. 29 oct. 1881, **V**, 327; — L. 30 oct. 1886, art. 28, **V**, 682; — L. 19 juil. 1889, art. 13-15, **VI**, 169; — D. 3 août 1890, **VI**, 293; — C. 15 avril 1891, **VI**, 375; — L. 25 juil. 1893, art. 13, 15, **VI**, 504 et s.; — D. 14 août 1893, **VI**, 524; — D. 1ᵉʳ mai 1894, **VI**, 559; — C. 2 mars 1896, **VI**, 690; — C. 29 juil. 1899, **VI**, 894.

Assimilation des professeurs d'῀ aux professeurs d'Écoles normales primaires : A. 10 janv. 1887, **V**, 720. = Nomination de licenciés : D. 27 déc. 1887, **VI**, 75; — A. 7 mars 1888, **VI**, 86.

RETENUES ET PENSIONS DE RETRAITE : L. 26 déc. 1890, art. 30, §§ 2-3, **VI**, 322; — L. 28 avril 1893, art. 69, **VI**, 496; — L. 25 juil. 1893, art. 38, 2º et 3º, **VI**, 510; — L. 13 avril 1898, art. 51, **VI**, 810; — L. 30 mai 1899, art. 30, **VI**, 882.

Les traitements des fonctionnaires des ῀ ne sont pas de nature à être assujettis à la retenue pour la caisse des retraites des Collèges : Av. C. 28 févr. 1845, **II**, 512.

DISPOSITIONS DIVERSES : Participation des élèves des ῀ aux funérailles de personnes ayant rang dans la hiérarchie des fonctions publiques : C. V.-R. P. 18 déc. 1891, **VI**, 401.

Patente imposée aux directeurs d'῀ à internat : Décis. C. d'Ét. 23 févr. 1900, **VI**, 913.

Projets et propositions de lois : 31 mars 1847, art. 1-2, **II**, 560; — 15 déc. 1848, art. 30-36, **III**, 98 et s.; — 26 janv. 1872, art. 26-27, **IV**, 353; — 7 juil. 1876, art. 10, **IV**, 623; — 4 nov. 1878, **IV**, 821; — 6 déc. 1879, art. 4, 7, 21, 24, **V**, 84 et s.; — 7 févr. 1882, art. 10, **V**, 380; — 28 févr. 1882, art. 27-30, **V**, 409; — 13 mars 1886, art. 12-14, 17, **V**, 657; — 19 févr. 1891, art. 13-15, 26-45, **VI**, 348 et s.

Voir aussi BOURSES, CERTIFICAT D'APTITUDE au professorat des Écoles primaires supérieures, CERTIFICAT D'études primaires supérieures, DIRECTEURS et DIRECTRICES d'Écoles primaires supérieures.

ÉCOLES PROFESSIONNELLES.

Voir ÉCOLE ESTIENNE, ÉCOLES NATIONALES d'enseignement primaire supérieur et professionnel.

ÉCOLES PROFESSIONNELLES annexées à des établissements publics ressortissant à d'autres administrations que celle de l'Instruction publique.

Conditions d'exercice des instituteurs dans les ᴍ : D. 16 juin 1899, **VI,** 887.

ÉCOLES PROFESSIONNELLES communales.

Proposition de loi : 28 févr. 1882, art. 24-26, **V,** 409.

ÉCOLES PROTESTANTES.

Voir PROTESTANT (Culte).

ÉCOLES RÉGIMENTAIRES.

Projets et propositions de lois : 24 oct. 1831, art. 18, **I,** 416; — 17 nov. 1832, art. 29, **I,** 428.

ÉCOLES SECONDAIRES.

Création d'ᴍ : L. 1er mai 1802, tit. III, **I,** 179.
Concession de locaux destinés à l'établissement d'ᴍ : A. 21 déc. 1802, **I,** 183.
Conditions spéciales au département de la Seine : A. Pr. S. 15 févr. 1804, **I,** 187.

ÉCOLES SECONDAIRES ECCLÉSIASTIQUES.

Conditions d'annexion d'écoles primaires aux ᴍ : Av. C. 21 juil. 1837, **II,** 330.

ÉCOLES STAGIAIRES.

Désignation d'écoles primaires autorisées à recevoir des élèves-maîtres stagiaires : D. 12 mars 1851, **III,** 446.

ÉCOLES TEMPORAIRES.

Autorisation d'ouvrir des ᴍ : Av. 16 déc. 1850, **III,** 397.

ÉCONOMES des Écoles normales primaires.

Apurement des comptes des ᴍ : O. 7 juil. 1844, **II,** 508; — D. 29 juil. 1882, sect. v, **V,** 480.
Nomination, attributions, etc. : D. 29 juil. 1881, art. 11-13, **V,** 272; — D. 30 juil. 1881, art. 2, **V,** 281; — D. 29 juil. 1882, art. 25, 43-45, **V,** 474 et s.; — D. 18 janv. 1887, art. 63-64, **V,** 733; — A. 18 janv. 1887, art. 72-77, 79, **V,** 783 et s.; — C. 4 nov. 1887, **VI,** 61; — A. 24 juil. 1888, art. 76, **VI,** 109; — L. 19 juil. 1889, art. 13, 18, 21, **VI,** 169 et s.; — D. 29 mars 1890, art. 36 et s., **VI,** 250; — A. 29 mars 1890, **VI,** 258; — D. 19 juil. 1890, art. 1er, **VI,** 282; — L. 25 juil. 1893, art. 13, 18, **VI,** 504. Cautionnement à verser par les ᴍ : D. 30 sept. 1881, **V,** 316; — D. 29 juil. 1882, art. 55-56, **V,** 483; — D. 29 mars 1890, art. 64-65, **VI,** 257. — Intérêts du cautionnement : L. 13 avril 1898, art. 55-56, **VI,** 810.
Logement des ᴍ : Av. C. d'Ét. 4 juin 1891, **VI,** 384.

ÉCONOMIE DOMESTIQUE.

Enseignement de l'ᴍ dans les Écoles normales primaires : D. 29 juil. 1881, art. 7, 11o, **V,** 270; — D. 9 janv. 1883, art. 7, 11o, **V,** 504; — D. 18 janv. 1887, art. 82, 12o, **V,** 740.

Propositions de lois : 7 juil. 1876, art. 9, **IV,** 623; — 1er déc. 1877, art. 1er, **IV,** 727.

ÉCONOMIE POLITIQUE.

Notions d'᎚ dans les Écoles primaires supérieures : D. 18 janv. 1887, art. 35, V, 728.

Propositions de lois : 26 janv. 1872, art. 1ᵉʳ, IV, 348; — 6 déc. 1879, art. 3, V, 84.

ÉCRITURE.

Comprise dans les matières de l'enseignement primaire élémentaire : D. 21 oct. 1793, art. 3, I, 73; — D. 17 nov. 1794, ch. ɪᴠ, art. 2, I, 103; — O. 29 févr. 1816, art. 11, I, 242; — L. 28 juin 1833, art. 1ᵉʳ, II, 11; — O. 23 juin 1836, art. 1ᵉʳ, II, 252; — O. 22 déc. 1837, art. 1ᵉʳ, II, 352; — L. 15 mars 1850, art. 23, III, 329; — Règl. 17 août 1851, art. 28, III, 485; — D. 21 mars 1855, art. 2, III, 628; — L. 28 mars 1882, art. 1ᵉʳ, V, 419; — D. 18 janv. 1887, art. 27, VI, 725.

Programme développé de l'enseignement de l'᎚ dans les Écoles normales primaires : A. 31 juil. 1851, III, 471.

Obligation de soumettre les modèles d'᎚ et exemples de calligraphie à l'approbation des recteurs : Décis. 5 août 1845, II, 516.

Liberté du choix d'une méthode d'᎚ : C. R. Bes. 1ᵉʳ sept. 1876, IV, 647.

Projets et propositions de lois : sept. 1791, art. 4, I, 9; — 12-18 déc. 1792, I, 27; — 26 juin 1793, art. 23-24, I, 46; — 3 juil. 1793, tit. ɪɪ, art. 4, I, 49; — 1793, art. 5, I, 63; — avril 1794, sect. ɪɪɪ, art. 2, I, 92; — 27 mai 1795, tit. ɪɪ, art. 8-9, I, 117; — 12 nov. 1798, art. 6, I, 142; — 18 févr. 1799, art. 5, I, 157; — 20 avril 1799, art. 8, I, 163; — 8 nov. 1800, tit. ɪɪɪ, § 1ᵉʳ, art. 2, I, 170; — 20 janv. 1831, art. 1ᵉʳ, I, 388; — 17 nov. 1832, art. 1ᵉʳ, I, 424; — 30 juin 1848, art. 1ᵉʳ, III, 35; — 15 déc. 1848, art. 3, 11-12, 24-25, III, 98 et s.; — 18 juin 1849, art. 21, III, 175; — 17 déc. 1849, art. 25, III, 274; — 31 déc. 1849, art. 21, III, 302; — 26 janv. 1872, art. 1ᵉʳ, IV, 348; — 12 juin 1872, art. 2, IV, 369; — 3 juil. 1872, art. 1ᵉʳ, IV, 399; — 23 mars 1877, art. 2, IV, 684; — 1ᵉʳ déc. 1877, art. 1ᵉʳ, IV, 726; — 6 déc. 1879, art. 2-3, V, 84.

ÉCRITURES ADMINISTRATIVES.

Désignation des ᎚ périodiques dont la tenue est exigée des instituteurs : D. 19 déc. 1793, sect. ɪɪɪ, art. 10, I, 85; — A. 17 avril 1866, IV, 86; — C. 1ᵉʳ août 1879, V, 71; — A. 14 oct. 1881, V, 323; — C. 14 oct. 1881, V, 324; — A. 18 janv. 1887, art. 23, V, 773.

Voir aussi REGISTRE MATRICULE, REGISTRES scolaires.

ÉDIFICES.

Sursis à la vente de tous ᎚ servant ou ayant servi à l'enseignement primaire : L. 11 sept. 1797, I, 129.

Concession gratuite aux départements, arrondissements ou communes, de la pleine propriété des ᎚ nationaux affectés au service de l'Instruction publique : D. 9 avril 1811, I, 219.

ÉDUCATION MILITAIRE.

Proposition de loi relative à l'obligation de l'᎚ : 16 déc. 1882, V, 484.

Voir aussi BATAILLONS SCOLAIRES, EXERCICES MILITAIRES.

ÉDUCATION NATIONALE.

Projets et propositions de lois : 21 déc. 1792, I, 33; — 24 déc. 1792, I, 35; — 1792-1793, I, 37; — 26 juin 1793, I, 44; — 3 juil. 1793, I, 48; — 13 juil. 1793, I,

53; — 1er août 1793, I, 60; — 1793, I, 62; — 1er oct. 1793, I, 67; — 20 oct. 1793, I, 70. = Sur l'éducation, fragments d'institutions républicaines, I, 95.

Voir aussi ÉDUCATION PUBLIQUE.

ÉDUCATION PHYSIQUE.

Enquête en matière d'ᴍ dans les établissements d'enseignement primaire : C. 28 déc. 1898, **VI**, 838.

Voir aussi GYMNASTIQUE, JEUX.

ÉDUCATION PRIMAIRE.

Voir ÉCOLE D'ESSAI d'éducation primaire.

ÉDUCATION PUBLIQUE.

Assemblées administratives chargées de la surveillance de l'ᴍ et de l'enseignement politique et moral : D. 22 déc. 1789-janv. 1790, I, 2.

Projet de décret sur les bases de l'ᴍ : I, 61.

ÉGLISE.

Fonctions de bedeau, chantre, sonneur, etc., remplies à l'ᴍ par des instituteurs : C. 26 août 1862, III, 810; — C. 26 déc. 1881, **V**, 335.

Interdiction aux instituteurs des emplois rémunérés ou gratuits dans les services des cultes : L. 30 oct. 1886, art. 25, **V**, 681.

ELBE (Ile d').

Organisation de l'enseignement primaire dans l'ᴍ : D. 12 janv. 1803, art. 33-34, I, 184.

ÉLECTIONS LÉGISLATIVES.

Voir CANDIDATS aux élections législatives, et le titre suivant.

ÉLECTIONS POLITIQUES.

Participation active que les instituteurs doivent prendre aux ᴍ : C. 6 mars 1848, III, 12.

Conduite à tenir par les instituteurs pendant la période des ᴍ : C. 1er août 1881, **V**, 297; — C. 8 sept. 1885, **V**, 639.

ÉLÈVES CHAMBRIERS.

Mesures à prendre à l'égard des ᴍ : Av. 19 sept. 1855, III, 667.

ÉLÈVES ECCLÉSIASTIQUES.

Perte par les ᴍ du droit à l'exemption du service militaire : Av. C. 11 févr. 1845, II, 512.

ÉLÈVES-MAITRES des Écoles normales primaires.

Voir ÉCOLES NORMALES PRIMAIRES, ÉCOLES STAGIAIRES.

ÉMÉRITAT.

Droit à l'◡ et à la pension qui y est attachée : Stat. 10 avril 1810, I, 208 ; — D. 18 oct. 1810, I, 217 ; — O. 19 avril 1820, art. 2, I, 282.

Projet de loi : 31 mars 1847, art. 29, § 2, II, 566.

Voir aussi HONORARIAT, PENSIONS DE RETRAITE.

EMPLOIS SCOLAIRES.

Voir ÉCOLES PRIMAIRES ÉLÉMENTAIRES communales (Création).

ENCOURAGEMENT.

Distribution de prix d'◡ aux élèves des écoles primaires : D. 17 nov. 1794, ch. IV, art. 12, I, 104.

Encouragement aux maîtres : O. 29 févr. 1816, art. 35, I, 244 ; = à des auteurs et à diverses institutions : L. 15 mars 1850, art. 56, III, 337 ; = aux établissements d'enseignement primaire supérieur : D. 15 janv. 1881, art. 2, V, 241.

Demande d'encouragement en faveur des écoles de filles : C. 13 août 1836, II, 267.

Voir aussi DISTRIBUTIONS DE PRIX, RÉCOMPENSES, SECOURS, SUBVENTIONS.

ENFANTS.

Rapports entre les pères et mères et les enfants : L. 26 août 1793, I, 65.

Voir aussi OBLIGATION de l'enseignement primaire, TRAVAIL des enfants dans les manufactures.

ENFANTS abandonnés.

Projet de résolution sur l'éducation des ◡ : 31 mars 1882, V, 430.

ENFANTS assistés.

Voir ENFANTS TROUVÉS.

ENFANTS employés dans les manufactures.

Voir TRAVAIL DES ENFANTS dans les manufactures, mines et ateliers.

ENFANTS recevant l'instruction dans la famille.

Voir INSTRUCTION dans la famille.

ENFANTS trouvés et assistés.

Admission gratuite des ◡ dans les écoles primaires communales : C. 6 nov. 1835, II, 210 ; — Av. C. 17 mars 1843, II, 488 ; — C. 10 déc. 1855, III, 666 ; — C. 12 févr. 1856, III, 686 ; — C. 26 févr. 1880, V, 125.

Mesure pour assurer la fréquentation des écoles par les ◡ : C. 10 nov. 1888, VI, 125.

Proposition de loi : 31 mars 1882, V, 430.

Voir aussi ORPHELINAT NATIONAL.

ENGAGEMENT DÉCENNAL.

I. CONTRACTÉ AU SERVICE DE L'INSTRUCTION PUBLIQUE. — Conditions et conséquences de l'engagement de se vouer pendant dix ans au service de l'instruction publique : Décis. 9 mars 1830, I, 381; — Av. C. 10 janv. 1834, II, 100; — Av. C. 17 mars 1837, 4°, II, 311; — C. 13 nov. 1837, II, 291, *n*. 1; — Av. C. 20 juil. 1838, II, 390; — Décis. 31 mai 1839, II, 423; — Av. C. 14 juin 1839, II, 423; — L. 15 mars 1850, art. 79, III, 339; — C. 3 févr. 1854, III, 576; — L. 10 avril 1867, art. 18, IV, 137; — L. 27 juil. 1872, art. 20, IV, 416; — L. 15 juil. 1889, art. 23, 1°, VI, 152 et s.

Acceptation de l'~ par les recteurs : C. 31 oct. 1854, III, 616.

Souscription de l'~ par les élèves des Écoles normales primaires : C. 10 oct. 1832, I, 418, *n*. 1; — Règl. 14 déc. 1832, art. 12-13, I, 431; — Av. C. 3 janv. 1834, II, 98; — Av. C. 10 janv. 1834, II, 100; — A. 2 oct. 1835, art. 2; II, 204; — A. 13 déc. 1836, art. 1er, 2, II, 291; — Av. C. 14 juin 1839, II, 423; — Av. 13 déc. 1850, III, 393; — D. 24 mars 1851, art. 16, 3°, 18-19, III, 456; — C. 3 oct. 1853, III, 539; — D. 26 déc. 1855, art. 10, III, 671; — D. 2 juil. 1866, art. 14, 3°, 16-17, IV, 94 et s.; — D. 29 juil. 1881, art. 5, 18, 4°, 26, V, 268 et s.; — D. 18 janv. 1887, art. 60, 70, 3°, 78, V, 733 et s. = Obligation pour une boursière de l'État de remplir son ~ dans le département où sa bourse lui a été accordée : Av. C. 13 déc. 1842, II, 475.

Souscription conditionnelle de l'~ : Av. C. 12 sept. 1843, II, 495.

Point de départ de l'~ : Av. C. 6 oct. 1843, II, 496; — Av. 13 déc. 1850, 1°, II, 393.

Surveillance de la réalisation de l'~ par les Comités d'arrondissement : C. 13 déc. 1833, II, 87.

Supputation des congés pour la réalisation de l'~ : C. 17 mai 1893, VI, 499; — C. 15 févr. 1897, VI, 754.

Réalisation de l'~ dans les fermes-écoles et les écoles pratiques d'agriculture : L. 30 juil. 1875, art. 10, IV, 558; = dans les écoles primaires ou professionnelles annexées à des établissements publics ressortissant à d'autres administrations que l'instruction publique : D. 16 juin 1899, art. 1er, VI, 887.

Les années passées dans l'enseignement privé ne sont pas, en principe, valables pour la réalisation de l'~ : Av. C. 24 août 1838, II, 398.

Formule de l'~ : C. 10 oct. 1820, I, 291; = modèles, I, 529, 531; — II, 613, 615.

Proposition de loi relative à l'abaissement à cinq années de la durée de l'engagement contracté au service de l'instruction publique : 14 juin 1894, VI, 564.

II. EFFETS DE L'~ AU POINT DE VUE DE LA DISPENSE, TOTALE OU PARTIELLE, DU SERVICE MILITAIRE : L. 10 mars 1818, art. 15, I, 265; — I. 15 janv. 1819, I, 265, *n*. 1; — C. 22 avril 1822, *in fine*, I, 319; — L. 21 mars 1832, art. 14, I, 417; — Décis. 8 nov. 1833, II, 74; — Av. C. 12 nov. 1833, II, 78; modèle, II, 617; — Av. C. 10 janv. 1834, II, 100; — Av. C. 17 mars 1837, 4°, II, 311; — Décis. 31 mai 1839, II, 423; — Av. C. 15 nov. 1842, II, 472; — Av. C. 11 févr. 1845, II, 512; — Décis. 18 mars 1845, II, 513; — L. 15 mars 1850, art. 79, III, 339; — C. 18 déc. 1850, III, 399; — L. 10 avril 1867, art. 18, IV, 137; — C. 12 mai 1867, IV, 158; — I. 31 janv. 1868, IV, 189; — Av. 30 janv. 1869, IV, 204; — A. 16 févr. 1869, IV, 207; — L. 27 juil. 1872, art. 20, IV, 416; — L. 30 oct. 1886, art. 66, V, 698; — L. 15 juil. 1889, art. 23, 1°, VI, 153 et s.; — D. 23 nov. 1889, ch. II, VI, 205; modèles, 215-217.

L'~ donne droit à la dispense du service de la garde nationale mobile : L. 1er févr. 1868, IV, 192; = à la dispense conditionnelle de deux ans de service militaire : L. 15 juil. 1889, art. 23-25, VI, 153; — D. 23 nov. 1889, art. 7-11, VI, 205.

Signalement au ministre de la guerre des cas de non-réalisation de l'~ : Av. C. 5 déc. 1834, II, 172.

Cas de l'~ des Alsaciens-Lorrains : C. 17 janv. 1874, IV, 505.

Le bénéfice de l'~ ne s'étend pas à ceux des sujets d'une association qui pourraient être envoyés à l'étranger : Av. C. 9 août 1842, IV, 464.

Projets et propositions de lois : 24 oct. 1831, art. 11, I, 415; — 30 juin 1848, art. 12, III, 37; — 15 déc. 1848, art. 22, III, 101; — 18 juin 1849, art. 31, III, 177; — 6 oct. 1849, art. 31, III, 236; — 31 déc. 1849, art. 31, III, 303; — sept. 1866, art. 17, IV, 121; — 26 mars 1867, IV, 132.

ENGAGEMENT VOLONTAIRE dans les armées de terre et de mer.

Obligation de savoir lire et écrire pour contracter un ⌣ : L. 9 déc. 1875, IV, 574.

ENQUÊTES.

Sur l'état de l'instruction primaire en 1833 : C. 28 juil. 1833, II, 49; — C. 19 août 1833, II, 53; — C. 26 août 1833, II, 55; = sur les écoles primaires supérieures : C. 15 nov. 1833, II, 81.

ENSEIGNEMENT agricole.

Voir Agriculture, Certificat d'aptitude à l'enseignement agricole.

ENSEIGNEMENT individuel.

Rejet de la méthode d'⌣ pour les écoles primaires : C. 31 janv. 1829, I, 360; — C. 15 juin 1863, III, 823.

ENSEIGNEMENT moral et civique.

Compris parmi les matières de l'enseignement primaire : L. 28 mars 1882, art. 1er, V, 418; — D. 18 janv. 1887, art. 27, V, 725; = donné dans les Écoles normales primaires : D. 29 juil. 1881, art. 7, V, 269; — D. 9 janv. 1883, art. 7, V, 504; — A. 10 août 1885, art. 3, V, 635; — D. 18 janv. 1887, art. 82, V, 739; — A. 10 janv. 1889, VI, 134.

Projets et propositions de lois : 30 juin 1848, art. 1er, 2o, III, 36; — 15 déc. 1848, art. 11, III, 99; — 23 mars 1877, art. 2, 1o et 11e, IV, 684; — 1er déc. 1877, art. 1er, 1o et 13o, IV, 726; — 6 déc. 1879, art. 3, V, 84.

Voir aussi Constitution, Droits et Devoirs de l'homme et du citoyen.

ENSEIGNEMENT moral et religieux.

Voir Instruction morale et religieuse.

ENSEIGNEMENT mutuel.

Autorisation de la méthode d'⌣ dans les écoles primaires : I. 27 juin 1816, I, 256 et 257, *n.* 1.

Établissement d'une école modèle d'⌣ dans 12 académies : A. 22 juil. 1817, I, 264. = Examen des instituteurs qui se destinent à l'⌣ : C. 8 août 1818, I, 269.

Application des procédés de la méthode d'⌣ dans 24 départements : A. 22 juil. 1817, I, 264. = Recommandation de créer dans chaque chef-lieu de canton une école dirigée d'après la méthode de l'⌣ : A. 25 sept. 1819, art. 11, I, 275.

Reconnaissance d'utilité publique de la Société établie à Angers pour l'encouragement de l'⌣ : O. 3 déc. 1831, I, 417.

Attestation délivrée par le Cours normal d'⌣ fondé par la ville de Paris pour les maîtres d'⌣, II, 655.

ENSEIGNEMENT primaire.

Voir Instruction primaire, Matières de l'enseignement primaire, et aussi Écoles de divers degrés.

ENSEIGNEMENT privé.

Voir Écoles primaires libres ou privées.

ENSEIGNEMENT professionnel.

Développement du travail par l'éducation professionnelle : Constit. 4 nov. 1848, art. 13, III, 54.

Caractère de l'∾ : Av. 10 août 1853, III, 538 ; — C. 30 oct. 1867, IV, 176.

Voir aussi ÉCOLE Estienne, ÉCOLES nationales d'enseignement primaire supérieur et professionnel, ÉCOLES PROFESSIONNELLES.

ENSEIGNEMENT religieux.

Voir INSTRUCTION religieuse.

ENSEIGNEMENT secondaire des Jeunes filles.

Création de l'∾ : C. 30 oct. 1867, IV, 177 ; — L. 21 déc. 1880, V, 215.
Formalités pour l'ouverture d'un établissement d'∾ : C. V.-R. P. 27 févr. 1882, V, 402.

ENSEIGNEMENT secondaire spécial.

Organisation de l'∾ : L. 21 juin 1865, IV, 54.

ENSEIGNEMENT technique.

Projet de loi : 6 juil. 1887, VI, 35.

ÉPIDÉMIES.

Précautions à prendre dans les établissements scolaires en temps d'∾ : C. 12 nov. 1822, I, 323 ; — I. 14 mars 1849, III, 148 ; — C. 25 juil. 1889, VI, 192 ; = dans les hospices et hôpitaux : Rap., IV, 113.
Bulletin d'avertissement des ∾ commençantes : VI, 944 ; — bulletin trimestriel des ∾ : VI, 945-946.

Voir aussi MALADIES CONTAGIEUSES.

ÉQUIVALENCES du brevet de capacité.

Titres, grades, fonctions, admis comme équivalents au brevet de capacité de l'enseignement primaire : L. 15 mars 1850, art. 25, III, 329 ; — D. 31 mars 1851, III, 458 ; — D. 3 févr. 1874, IV, 510.
Déclaration d'équivalence en faveur de brevets étrangers : D. 5 déc. 1850, art. 3, III, 391.
Conditions exigées des instituteurs pourvus d'∾ pour avoir droit à un complément de traitement : D. 15 janv. 1877, IV, 655 ; — A. 15 janv. 1877, IV, 656.
Suppression des ∾ : D. 16 juin 1881, art. 1er, § 2, V, 260.

Projets et propositions de lois : 18 juin 1849, art. 24, III, 176 ; — 6 oct. 1849, art. 23, III, 235 ; — 17 déc. 1849, art. 38, III, 276 ; — 31 déc. 1849, art. 23, III, 302 ; — 3 juil. 1872, art. 48, IV, 406 ; — 20 mars 1876, art. 1er, IV, 581 ; — 1er déc. 1877, art. 49, IV, 734 ; — 4 nov. 1878, art. 4, IV, 827 ; — 20 mai 1879, art. 1er, V, 55, 61.

Voir aussi CERTIFICAT DE STAGE.

ÈRE.

Ere nouvelle : D. 24 nov. 1793, I, 81.

Projet de décret : 27 juil. 1795, art. 1er, I, 118.

ÉTABLISSEMENTS de bienfaisance et d'assistance publique.

Écoles primaires annexées aux ⋏ fondés et entretenus par l'État, les départements ou les communes : D. 4 nov. 1894, **VI**, 583.

ÉTABLISSEMENTS d'instruction publique.

Gestion des biens appartenant aux ⋏ : D. 14 févr. 1793, **I**, 38 ; — D. 8 mars 1793, **I**, 39.

Baux à longues années des biens ruraux appartenant aux ⋏ : A. 28 mars 1801, **I**, 177.

Mesures relatives à l'entrée des femmes dans les ⋏ : A. 17 août 1803, **I**, 185.

Voir aussi Donations, Dons et Legs.

ÉTABLISSEMENTS ecclésiastiques.

Conditions pour l'acceptation de dons et legs faits à des ⋏ : L. 2 janv. 1817, **I**, 259 ; — O. 2 avril 1817, **I**, 262 ; — O. 14 janv. 1831, **I**, 387.

Voir aussi Legs.

ÉTABLISSEMENTS libres d'instruction.

Voir Écoles primaires libres ou privées, Enseignement secondaire des jeunes filles.

ÉTAT.

Dépenses ordinaires de l'enseignement primaire public à la charge de l'⋏ : L. 19 juil. 1889, art. 2, **VI**, 162.

Projets et propositions de lois : 13 mars 1886, art. 2, **V**, 655 ; — 19 févr. 1891, art. 2, **VI**, 345.

Voir aussi Budget de l'État, Secours, Subventions.

ÉTAT DE SITUATION des Écoles primaires.

Établissement par les Comités d'un ⋏ : L. 28 juin 1833, art. 22, **II**, 18 ; — C. 13 déc. 1833, **II**, 89.

ÉTRANGERS.

Un étranger qui n'est pas naturalisé ne peut être instituteur communal : Décis. 8 nov. 1833, **II**, 74 ; = peut obtenir un brevet de capacité et être instituteur privé : Av. C. 12 nov. 1833, **II**, 77 ; = ne peut faire partie du Comité local : Av. C. 20 oct. 1843, **II**, 497.

Les ⋏ qui veulent tenir une école primaire en France sont soumis aux lois françaises relatives à l'enseignement : Av. C. 23 févr. 1836, **II**, 222.

Conditions auxquelles les ⋏ peuvent être autorisés à ouvrir et diriger des établissements d'instruction primaire privés ou à y enseigner : L. 15 mars 1850, art. 78, **III**, 339 ; — D. 5 déc. 1850, **III**, 391 ; — C. 17 févr. 1851, **III**, 437 ; — C. 14 mai 1851, **III**, 466, *n.* ; — C. 7 juin 1851, **III**, 466 ; — C. 26 nov. 1879, **V**, 81 ; — L. 30 oct. 1886, art. 4, **V**, 671 ; — D. 18 janv. 1887, art. 181-185, **V**, 764.

Projets et propositions de lois : avril 1792, tit. viii, art. 12, **I**, 17 ; — 17 déc. 1849, art. 96, **III**, 282 ; — 31 déc. 1849, art. 84, **III**, 308 ; — 23 mars 1877, art. 72, **IV**, 694.

ÉVÊQUES.

Voir Archevêques.

EXAMENS.

Voir BREVETS de capacité, CERTIFICATS d'études primaires, CERTIFICATS d'aptitude (aux divers titres), ÉCOLES normales primaires, INSTRUCTION dans la famille.

EXCLUSION de l'école.

Cas où un élève peut être exclu de l'école : Stat. 25 avril 1834, art. 30, II, 127 ; — Règl. 17 août 1851, art. 38, III, 486 ; — Règl. 7 juin 1880, art. 18, V, 172 ; — Règl. 6 janv. 1881, art. 18, V, 237 ; — Règl. 18 juil. 1882, art. 16, V, 444 ; — Règl. 18 janv. 1887, art. 19, V, 825.

EXCLUSION de l'Enseignement.

Personnes qui ne peuvent être appelées aux fonctions d'instituteur communal : D. 28 oct. 1793, art. 12, 22, I, 77, 78 ; — D. 28 janv. 1794, art. 3, I, 86 ; — L. 30 oct. 1886, art. 17, V, 679.

Voir aussi INTERDICTION d'enseigner.

EXCLUSION des droits civiques.

Projet de loi : 24 oct. 1831, art. 9, I, 415.

EXEAT.

Exigé de tout instituteur primaire qui veut quitter la commune où il exerce pour s'établir dans une autre : A. 12 déc. 1820, I, 296 ; — O. 21 avril 1828, art. 15, I, 343 ; — Av. C. 5 déc. 1834, II, 173 ; — Av. C. 23 févr. 1836, II, 223 ; — A. 15 nov. 1836, II, 285 ; — Av. C. 17 mars 1837, 1°, II, 311 ; — C. 30 juin 1838, II, 388 ; — C. 18 sept. 1838, II, 400 ; — I. 13 mai 1861, III, 769 ; — C. 20 sept. 1880, V, 204.

Application aux Frères des Écoles chrétiennes de la jurisprudence adoptée en matière d'~ Av. C. 14 juin 1839, II, 424.

Délivrance des lettres d'~ : Décis. 6 mai 1836, II, 246 ; — A. 15 nov. 1836, II, 285 et *n.* ; — Av. C. 20 juil. 1838, II, 390 ; — C. 18 sept. 1838, II, 400.

Formule et modèle d'~ : I, 537 ; — II, 683.

Projets et propositions de lois : 31 mars 1847, art. 30, II, 566 ; — 15 déc. 1848, art. 89, III, 112.

EXEMPTION du service militaire.

Voir ÉLÈVES ECCLÉSIASTIQUES, ENGAGEMENT DÉCENNAL.

EXERCICES MILITAIRES.

Les ~ compris dans l'enseignement donné aux garçons : D. 17 nov. 1794, ch. IV, art. 4, I, 103 ; — D. 29 juil. 1881, art. 7, 14°, V, 270 ; — L. 28 mars 1882, art. 1er, V, 419 ; — D. 18 janv. 1887, art. 27, 82, 15°, V, 726 et s.

Voir aussi BATAILLONS SCOLAIRES, CERTIFICAT D'APTITUDE à l'enseignement des exercices militaires.

Projets et propositions de lois : 21 déc. 1792, §§ 8-9, 11-12, I, 33 ; — 26 juin 1793, art. 26, I, 47 ; — 3 juil. 1793, tit. II, art. 4, I, 49 ; — 13 juil. 1793, art. 17, I, 56 ; — 1er oct. 1793, art. 18, I, 68 ; — 20 oct. 1793, art. 4, I, 70 ; — 26 janv. 1872, art. 1er, IV, 348 ; — 7 juil. 1876, art. 9, IV, 623 ; — 23 mars 1877, art. 2, IV, 684 ; — 1er déc. 1877, art. 1er, IV, 727 ; — 6 déc. 1879, art. 3, V, 84.

EXPOSITIONS scolaires départementales.

- Organisation d'w : C. 26 oct. 1867, **IV**, 174.

EXPOSITIONS UNIVERSELLES.

Préparation de l'exposition de l'enseignement primaire public aux w de 1889, Classe VI : C. 31 juil. 1887, **VI**, 40; — de 1900, Classe I, C. 29 déc. 1898, **VI**, 840.
Conditions à remplir par les établissements et les fonctionnaires de l'enseignement primaire pour leur participation à l'exposition de 1900 : C. 31 juil. 1899, **VI**, 895, 896.
Modèle de notice à fournir par chaque exposant en 1900 : **VI**, 970.

EXTERNATS.

Inspection des w de jeunes filles : D. 31 déc. 1853, art. 10, **III**, 569; — C. 26 janv. 1854, **III**, 571; — C. 27 oct. 1865, **IV**, 60; — D. 26 déc. 1882, art. 1er. **V**, 494; — L. 30 oct. 1886, art. 9, **V**, 674.

Voir aussi PATENTE.

F

FABRIQUES.

Capacité bénéficiaire des w : Ar. C. de Cas. 5 mai 1856, **III**, 698.
Dons et legs faits aux w à la charge de fonder et entretenir des écoles primaires : Av. C. 10 févr. 1837, **II**, 299; — Av. C. d'Ét. 15 févr. 1837, **III**, 827; — Av. C. d'Ét. 12 avril 1837, **III**, 827; — Av. C. d'Ét. 4 mars 1841, **III**, 828; — Av. C. d'Ét. 30 déc. 1846, **III**, 829; — Av. C. 18 janv. 1848, **III**, 1; — Av. C. d'Ét. 6 déc. 1854, **III**, 619; — Décis. C. d'Ét. 24 juil. 1862, **III**, 803; — Av. C. d'Ét. 24 janv. 1863, **III**, 813; — Av. C. d'Ét. 10 juin 1863, **III**, 820; — Av. C. d'Ét. 22 nov. 1866, **IV**, 122; — Ar. C. d'Ap. 5 juil. 1869, **IV**, 222; — Av. C. d'Ét. 24 juil. 1873, **IV**, 476 ; — L. 30 oct. 1886, art. 19, **V**, 679.
Une école primaire entretenue par une w a le caractère d'école libre : Décis. 30 janv. 1869, **IV**, 203.

Voir aussi DONATIONS, LEGS.

FAMILLE (Instruction dans la).

Voir INSTRUCTION dans la famille.

FEMMES.

Interdiction de l'entrée des w dans les établissements d'instruction publique : A. 17 août 1803, **I**, 185.
Travail des w dans les manufactures : L. 30 mars 1900, **VI**, 451, *n*.

FERMETURE d'Écoles.

Pour défaut d'autorisation : D. 15 nov. 1811, art. 54-56, **I**, 221; = pour contravention à la loi : L. 28 juin 1833, art. 6, **II**, 12; — L. 15 mars 1850, art. 22, 29, **III**, 328 et s.; — D. 7 oct. 1850, art. 6, **III**, 385; — C. 4 févr. 1851, **III**, 436; — L. 30 oct. 1886, art. 40, 42, **V**, 688 et s.; — D. 18 janv. 1887, art. 179, **V**, 764; — A. 18 janv. 1893, art. 272, **VI**, 471.

Projets et propositions de lois : 31 mars 1847, art. 23-24, **II**, 565; — 15 déc. 1848, art. 50, 54, **III**, 105 et s.; — 18 juin 1849, art. 26, **III**, 176; — 6 oct. 1849,

6.

art. 25, III, 235; — 17 déc. 1849, art. 47, III, 278; — 3 juil. 1872, art. 88, IV, 413; — 23 mars 1877, art. 27, IV, 688; — 1ᵉʳ déc. 1877, art. 120, 125, IV, 746 et s.; — 6 déc. 1879, art. 62-63, V, 93; — 7 févr. 1882, art. 47-48, V, 386.

FÊTES civiques ou nationales.

Célébration de ⏜ : D. 24 oct. 1795, tit. vi, I, 127.

Congés extraordinaires dans écoles les jours de fêtes nationales : Règl. 17 août 1851, art. 40, III, 487; — Règl. 7 juin 1880, art. 21, V, 172; — Règl. 6 janv. 1881, art. 21, V, 237; — Règl. 18 juil. 1882, art. 18, V, 444 et 445, n. 1; — Règl. 18 janv 1887, art. 21, V, 825.

Projets relatifs à l'institution de ⏜ : 21 déc. 1792, I, 33; — 24 déc. 1792, art. 10, I, 36; — 26 juin 1793, art. 28, I, 47; — 23 sept. 1794, art. 3-4, I, 98; — 27 mai 1795, art. 1ᵉʳ, I, 115.

FILLES MINEURES employées dans l'industrie.

Condition de l'emploi des ⏜ dans l'industrie : L. 19 mai 1874, IV, 519; — L. 2 nov. 1892, VI, 449; — L. 30 mars 1900, VI, 451, n.

Voir aussi Travail des enfants dans les manufactures.

FONCTIONNAIRES.

Déchéance et remplacement des ⏜ de l'instruction publique, qui n'ont pas prêté serment : D. 15-17 avril 1791, I, 7.

Production par les aspirants ⏜ d'un certificat de fréquentation d'une école centrale : A. 17 nov. 1797, I, 130.

Conduite que doivent tenir les ⏜ membres de l'Université : C. 21 avril 1871, IV, 284.

Rapports des ⏜ de l'enseignement avec les représentants du pouvoir politique : C. 22 janv. 1886, V, 649.

Nécessité pour les ⏜ de l'instruction publique de suivre la voie hiérarchique dans la transmission de leurs requêtes au ministre : C. 20 déc. 1892, VI, 462.

Rappel aux ⏜ de la solidarité nécessaire de toutes les administrations politiques : C. 1ᵉʳ mars 1893, VI, 492.

Interdiction aux ⏜ de l'Université de se livrer à des opérations commerciales : C. 29 juin 1897, VI, 776. — *Voir aussi* Commerce.

Proposition de loi relative à la démission de tout ⏜ se portant candidat aux élections législatives, avant la déclaration de candidature : 27 févr. 1893, VI, 490.

Voi aussi Associations de fonctionnaires, Langue arabe, Papier timbré, Responsabilité civile, Service militaire.

FONCTIONS administratives.

Interdiction des ⏜ aux instituteurs publics de tout ordre : L. 30 oct. 1886, art. 25, V, 681.

FONDATEUR D'ÉCOLE.

Droits d'un ⏜ : O. 29 févr. 1816, art. 18-19, 22, I, 243; — A. 25 sept. 1819, art. 13, I, 275; — O. 2 août 1820, art. 16, I, 290; — Av. C. 15 avril 1834, II, 122.

Conditions qu'un ⏜ peut imposer pour l'école qu'il fonde : Décis. 6 sept. 1833, II, 65.

Obligations du ⏜ : Av. 26 juil. 1850, III, 357; — Décis. C. d'Ét. 28 mars 1863, III, 814.

Projets et propositions de lois : 20 janv. 1831, art. 6, **I**, 389 ; — 24 oct. 1831, art. 10, **I**, 415 ; — 17 nov. 1832, art. 7, **I**, 425.

Voir aussi Écoles primaires libres ou privées.

FONDS COMMUNAUX.

Voir Communes.

FONDS DE L'ÉTAT.

Voir Budget de l'État, Caisse des Lycées, Caisse pour la construction des Écoles, État, Secours, Subventions.

FONDS DÉPARTEMENTAUX.

Voir Départements.

FORAINS (Élèves).

Recouvrement de la rétribution scolaire due par les ⟶ : C. 16 mai 1877, **IV**, 713.

FOURNITURES de classes ou scolaires.

Les ⟶ restent en partie à la charge des parents dont les enfants sont admis gratuitement dans les écoles : Av. C. 3 oct. 1834, **II**, 164 ; = à la charge des familles si la gratuité n'est pas assurée par le budget municipal : D. 29 janv. 1890, art. 8-10, **VI**, 229.

Taux d'abonnement des ⟶ en ce qui concerne les enfants assistés, élèves des écoles primaires publiques : C. 26 févr. 1880, **V**, 125.

Un instituteur, qui ne fait des ⟶ qu'à ses élèves et dans l'intérieur de son école, n'est pas sujet à patente : Décis. C. d'Ét. 3 mars 1864, **IV**, 24.

Vente des ⟶ par les instituteurs : Régl. 7 juin 1880, art. 12, **V**, 171 ; — A. 6 janv. 1881, art. 12, **V**, 237 ; — Régl. 18 juil. 1882, art. 10, **V**, 443 ; — Régl. 18 janv. 1887, art. 12, **V**, 824 ; — C. 2 mars 1887, **VI**, 5 ; — C. 15 juin 1887, **VI**, 30.

FRAIS DE PASSAGE en Algérie et Tunisie.

Conditions de la gratuité des ⟶ : A. 8 mars 1862, **III**, 785 ; — A. 25 avril 1874, **IV**, 515 ; — A. 18 mai 1885, **V**, 610 ; — A. 3 juin 1898, **VI**, 820.

FRAIS DE PENSION des élèves.

Payement des ⟶ : Jug. Trib. Com. 28 nov. 1871, **IV**, 320 ; — Ar. C. d'Ap. 4 août 1875, **IV**, 561. — Privilège de la créance d'une maîtresse de pension : Jug. Trib. Com. 3 juin 1880, **V**, 158.

FRAIS DE TOURNÉES et voyages.

Indemnité et allocations aux inspecteurs pour ⟶ : A. 7 févr. 1809, **I**, 205 ; — A. 4 août 1835, art. 4, **II**, 192 ; — C. 26 oct. 1835, **II**, 204, 206, 209 ; — A. 3 janv. 1851, **III**, 432 ; — A. 14 août 1855, **III**, 662 ; — A. 1er janv. 1862, **III**, 782 ; — A. 29 oct. 1873, **IV**, 494 ; — A. 9 oct. 1879, **V**, 74 ; — A. 15 oct. 1879, **V**, 75 ; — D. 18 janv. 1887, art. 131, **V**, 755.

Fonctionnaires ayant droit aux ⟶ : D. 29 juil. 1850, art. 41, **III**, 364 ; — A. 29 oct. 1873, **IV**, 494.

Fixation des ⟶ des déléguées spéciales des Salles d'asile : A. 14 août 1855, **III**, 665.

FRANCHISE postale.

Rappel des réglements relatifs aux envois en ᴍ : C. 1ᵉʳ juin 1880, **V**, 157 ; — C. 27 juil. 1880, **V**, 157, *n.* 3.

Correspondance en ᴍ entre les inspecteurs d'académie et les instituteurs d'une part, et, d'autre part, le professeur départemental d'agriculture : D. 16 mars 1896, **VI**, 713 et *n.* 2.

Voir aussi Taxes postales.

FRANCHISE télégraphique.

Concession de la ᴍ aux recteurs : C. 6 mai 1898, **VI**, 817.

FRÉQUENTATION SCOLAIRE.

Obligation de la ᴍ : Av. C. 5 janv. 1838, 3°, **II**, 358.

Envoi par l'instituteur d'un bulletin trimestriel constatant la ᴍ : Av. 17 juil. 1869, **IV**, 229 ; — C. 2 avril 1870, **IV**, 249 et 250.

Voir aussi Obligation.

FRÈRES de la Doctrine chrétienne.

Autorisation des ᴍ du diocèse de Nancy : **I**, 245, *n.* 1 ; — du diocèse de Strasbourg : **I**, 245, *n.* 1.

Extension à tout le territoire français de l'autorisation d'enseigner accordée aux ᴍ de Nancy : Décis. 3 juil. 1857, **III**, 708 ; — Av. 19 juin 1873, **IV**, 465.

FRÈRES de la Doctrine chrétienne, dits Sion-Vaudémont.

Refus d'exemption du service militaire aux ᴍ qui sont envoyés dans les États voisins de la France : Av. C. 9 août 1842, **II**, 464.

FRÈRES de Lamennais.

Voir Congrégation de l'Instruction chrétienne.

FRÈRES de la Sainte-Famille de Belley.

Demande de reconnaissance légale de l'Association des ᴍ : Av. 19 juin 1873, **IV**, 466.

FRÈRES de l'Instruction chrétienne.

Autorisation : **I**, 245, *n.* 1.

FRÈRES de Saint-Gabriel.

Titre que prennent les anciens Frères du Saint-Esprit ; autorisation d'enseigner sur toute l'étendue du territoire français : D. 3 mars 1853, **III**, 518.

Voir Frères des Écoles chrétiennes.

FRÈRES des Écoles chrétiennes.

Statuts des ᴍ : 4 août 1810, **I**, 211.

Les ᴍ brevetés et encouragés par le grand-maître de l'Université : D. 17 mars 1808, art. 109, **I**, 199 ; ═ autorisés à fournir des instituteurs aux communes : O.

29 févr. 1816, art. 36, I, 244; — O. 8 avril 1824, art. 12, I, 326; = reçoivent du recteur un brevet de capacité, sur le vu de l'obédience délivrée par le supérieur : O. 21 avril 1828, art. 10, I, 342.

Les ⚹ sont tenus de se pourvoir d'un brevet de capacité : A. 3 juil. 1818, art. 6, I, 268; — O. 18 avril 1831, I, 395; — C. 20 juin 1831, I, 395, *n.*; — A. 24 avril 1832, I, 420, *n.*; — C. 1er juin 1832, I, 420; — Av. C. 1er juil. 1834, II, 154; — Av. C. 17 mars 1837, 3°, II, 311.

Admission des ⚹ à contracter l'engagement décennal pour la dispense du service militaire : L. 10 mars 1818, art. 15, 5°, § 2, I, 265. — *Voir aussi* ENGAGEMENT DÉCENNAL, II.

Droit de présentation aux places d'instituteurs communaux reconnu au supérieur des ⚹ : L. 15 mars 1850, art. 31, 34, III, 331 et s.; — Av. C. d'Ét. 26 janv. 1853, III, 534, *n.* 1; — Av. 6 août 1853, III, 533; — Av. 9 août 1853, III, 537.

Autorisation de recevoir des pensionnaires ou demi-pensionnaires : A. 24 avril 1832, I, 420, *n.*; — C. 1er juin 1832, I, 420.

Approbation de la méthode d'enseignement des ⚹ : A. 25 sept. 1819, art. 11, I, 275.

Prospectus pour un établissement des ⚹ : I, 246, *n.*

Autorisation accordée aux ⚹ d'enseigner le dessin linéaire dans leurs écoles primaires élémentaires : Décis. 19 nov. 1833, II, 82.

Communication par les ⚹ d'un état général de leurs élèves aux maires qui dressent la liste des enfants soumis à la rétribution scolaire ou instruits gratuitement : Av. C. 24 janv. 1834, II, 103. = Les écoles tenues par les ⚹ ne sont pas de droit exemptes de la rétribution scolaire : C. 27 mai 1861, III, 771.

Établissement, à Rouen, d'une école normale primaire dirigée par les ⚹ : O. 26 nov. 1823, I, 323.

Retenue, pour le compte des Caisses d'épargne, sur le traitement fixe des ⚹ instituteurs communaux : A. 17 oct. 1834, II, 169; — Av. C. 24 févr. 1835, II, 180; — Décis. 6 mai 1836, art. 6, II, 245.

Les ⚹ ne sont pas soumis aux conditions des pensions de retraite : Av. 11 mars 1854, III, 579.

Dons et legs aux ⚹ : Délib. C. 2 avril 1839, II, 411.

Autorisation aux Frères de Saint-Yon, dits des Écoles chrétiennes, de diriger des écoles dans les possessions françaises du nord de l'Afrique : D. 24 juil. 1852, III, 509.

Voir aussi EXEAT, LEGS.

FRÈRES du Saint-Esprit.

Autorisation : I, 245, *n.* 1.

Les ⚹ prennent le nom de Frères de l'Instruction chrétienne de Saint-Gabriel et sont autorisés sur toute l'étendue du territoire français : D. 3 mars 1853, III, 518.

FRÈRES du Saint-Viateur.

Autorisation : I, 245, *n.* 1.

Droit de présentation d'instituteurs communaux : Av. 6 août 1853, III, 533 et *n.* 1.

G

GARDERIES.

Substitution des Salles d'asile aux ⚹ : C. 31 oct. 1854, III, 610.

Interdiction d'enseigner dans les ⚹ : C. V.-R. P. 21 mars 1888, VI, 95.

Voir aussi JURISPRUDENCE (Cour de Cassation).

GENDARMES.

Admission gratuite des enfants des ∾ dans les écoles primaires publiques : C. 10 mai 1873, **IV**, 457.

GÉOGRAPHIE.

Éléments de ∾ compris parmi les matières de l'enseignement primaire : D. 21 oct. 1793, art. 3, **I**, 73 ; — D. 17 nov. 1794, ch. ɪᴠ, art. 2, **I**, 103 ; — L. 28 juin 1833, art. 1ᵉʳ, **II**, 11 ; — Stat. 25 avril 1834, art. 1ᵉʳ, **II**, 123 ; — O. 23 juin 1836, art. 1ᵉʳ, **II**, 252 ; — Règl. 28 juin 1836, art. 1ᵉʳ, **II**, 256 ; — Règl. 7 mars 1837, art. 2-3, **II**, 306 ; — L. 15 mars 1850, art. 23, **III**, 329 ; — Av. 24 mai 1851, **III**, 463 ; — L. 10 avril 1867, art. 16, **IV**, 137 ; — L. 28 mars 1882, art. 1ᵉʳ, **V**, 419 ; — D. 18 janv. 1887, art. 27, 35, **V**, 725 et s.

Éléments de ∾ demandés aux examens des brevets de capacité : I. 14 juin 1816, **I**, 254, *n*. 1 ; — Règl. 19 juil. 1833, art. 9, **II**, 36 ; — Av. C. 17 oct. 1834, **II**, 170 ; — Av. C. 15 sept. 1837, **II**, 335 ; — A. 15 févr. 1853, art. 13, **III**, 516 ; — A. 3 juil. 1866, art. 16, **IV**, 107 ; — C. 24 nov. 1868, **IV**, 137, *n*. 2 ; — A. 5 janv. 1881, art. 13, 17, **V**, 231 et s. ; — A. 30 déc. 1884, art. 15, 19, **V**, 597 et s. ; — A. 18 janv. 1887, art. 148, 152, **V**, 802 et s.

Enseignement de la ∾ dans les Écoles normales primaires : Règl. 14 déc. 1832, art. 1ᵉʳ, **I**, 429 ; — Règl. 24 mars 1851, art. 1ᵉʳ, **III**, 453 ; — A. 31 juil. 1851, **III**, 473 ; — D. 2 juil. 1866, art. 1ᵉʳ, **IV**, 91 ; — D. 29 juil. 1881, art. 7, **V**, 269 ; — D. 18 janv. 1887, art. 82, **V**, 739.

Mode de concession de cartes et globes terrestres pour l'enseignement de la ∾ aux communes dépourvues de ces objets d'enseignement : C. 24 sept. 1872, **IV**, 418.

Projets et propositions de lois : sept. 1791, art. 4, **I**, 9 ; — 3 juil. 1793, tit. ɪɪ, art. 4, **I**, 49 ; — 12 nov. 1798, art. 7, **I**, 142 ; — 30 juin 1848, art. 1ᵉʳ, **III**, 36 ; — 15 déc. 1848, art. 12, 25, **III**, 99, 102 ; — 18 juin 1849, art. 21, **III**, 176 ; — 17 déc. 1849, art. 25, **III**, 274 ; — 24 mai 1865, art. 7, **IV**, 53 ; — sept. 1866, art. 15, **IV**, 121 ; — 26 mars 1867, art. 16, **IV**, 132 ; — 26 janv. 1872, art. 1ᵉʳ, **IV**, 348 ; — 12 juin 1872, art. 2, **IV**, 369 ; — 3 juil. 1872, art. 1ᵉʳ, **IV**, 399 ; — 23 mars 1877, art. 2, **IV**, 684 ; — 1ᵉʳ déc. 1877, art. 1ᵉʳ, **IV**, 727 ; — 6 déc. 1879, art. 3, **V**, 84.

GÉOMÉTRIE,

Éléments de ∾ et applications usuelles, compris dans les matières de l'enseignement primaire : L. 28 juin 1833, art. 1ᵉʳ, **II**, 11 ; — L. 21 juin 1865, art. 9, **IV**, 55 ; — D. 2 juil. 1866, art. 1ᵉʳ **IV**, 91 ; — A. 15 janv. 1881, art. 4, **V**, 245 ; — D. 29 juil. 1881, art. 7, **V**, 269 ; — D. 18 janv. 1887, art. 35, 82, **V**, 727, 739 ; — D. 21 janv. 1893, art. 35, **VI**, 473 ; — A. 18 août 1893, **VI**, 527 ; — D. 18 janv. 1887, art. 35, **V**, 728.

Projets et propositions de lois : 12 nov. 1798, art. 7, **I**, 142 ; — 18 févr. 1899, art. 5, **I**, 157 ; — 30 juin 1848, art. 1ᵉʳ, **III**, 35 ; — 15 déc. 1848, art. 12, **III**, 99 ; — 26 janv. 1872, art. 1ᵉʳ, **IV**, 348 ; — 12 juin 1872, art. 2, **IV**, 370 ; — 3 juil. 1872, art. 2, **IV**, 399.

GRAMMAIRE FRANÇAISE.

Enseignement de la ∾ dans les établissements primaires : Règl. 14 déc. 1832, art. 1ᵉʳ, **I**, 429 ; — A. 20 mars 1840, art. 1ᵉʳ, **II**, 436.

Interdiction de l'abus des exigences grammaticales dans la dictée : C. 27 avril 1891. **VI**, 377.

Propositions de lois : 12 nov. 1798, art. 7, **I**, 142 ; — 15 déc. 1848, art. 12, 25, **III**, 99, 102.

Voir aussi Lᴀɴɢᴜᴇ ꜰʀᴀɴçᴀɪsᴇ, Oʀᴛʜᴏɢʀᴀᴘʜᴇ, Sʏɴᴛᴀxᴇ ꜰʀᴀɴçᴀɪsᴇ.

GRAND-MAITRE de l'Université.

Titre, fonctions, attributions : D. 17 mars 1808, art. 54, 59, 76, 106, I, 197 et s.; — D. 17 sept. 1808, art. 1er, I, 199; — O. 1er juin 1822, I, 320.

Le ⤳ remplit les fonctions de recteur de l'Académie de Paris : O. 8 avril 1824, art. 1er, I, 324.

Fonctions de ⤳ exercées par le ministre des Affaires ecclésiastiques et de l'Instruction publique : O. 26 août 1824, I, 328; = par le Ministre de l'Intérieur : D. 16 janv. 1828, I, 339; = par le ministre secrétaire d'État au département de l'Instruction publique : O. 10 févr. 1828, I, 340.

GRATUITÉ de l'enseignement primaire.

Instruction gratuite à l'égard des parties d'enseignement indispensables pour tous les hommes : L. 3-14 sept. 1791, I, 9.

La société favorise et encourage le développement du travail par l'enseignement primaire gratuit : Constit. 4 nov. 1848, art. 13, III, 54.

I. LISTES DE GRATUITÉ. — Admission gratuite des enfants indigents dans les écoles primaires publiques : L. 1er mai 1802, art. 4, I, 179; — O. 29 févr. 1816, art. 14-16, I, 242; — Règl. Pr. S. 9 oct. 1819, art. 25, I, 278; — O. 14 févr. 1830, art. 6-7, I, 379; — L. 28 juin 1833, art. 14, II, 14; — O. 16 juil. 1833, art. 1er, II, 27; — C. 24 juil. 1833, II, 47; — Décis. 12 nov. 1833, II, 76; — Av. C. 28 févr. 1834, II, 109; — I. 27 avril 1834, II, 139; — C. 26 oct. 1835, II, 205; — O. 23 juin 1836, art. 10, II, 254; — Av. C. 2 juin 1837, 3°, II, 319; — Av. C. 23 déc. 1842, II, 479; — L. 15 mars 1850, art. 24, 36, § 3, 45, III, 329 et s.; — D. 7 oct. 1850, art. 10, III, 386; — C. 24 déc. 1850, III, 421, 423; — A. 30 déc. 1853, art. 2, III, 562; — D. 31 déc. 1853, art. 13, III, 570; — D. 21 mars 1855, art. 11-13, III, 630; — C. 24 févr. 1864, IV, 22; — D. 28 mars 1866, IV, 80; — C. 12 mai 1867, IV, 148.

Admission gratuite, dans les écoles primaires publiques, des enfants trouvés et orphelins : C. 6 nov. 1835, II, 210; — Av. C. 17 mars 1843, II, 488; — C. 10 déc. 1835, III, 666; = des enfants de douaniers et de gendarmes : C. 10 mai 1873, IV, 457; = des enfants de troupe : C. 18 juin 1880, V, 190; = des enfants d'instituteurs et d'institutrices : C. 31 mars 1851, III, 459; — C. 9 juin 1873, IV, 462.

Délivrance de billets d'admission dans les écoles aux enfants portés sur la liste des élèves gratuits : D. 31 déc. 1853, art. 13, III, 570; — D. 26 mars 1866, IV, 80.

Fixation d'un maximum pour les admissions gratuites : C. 20 juil. 1841, II, 445. = Large application des dispositions relatives à la ⤳ : C. 2 avril 1870, IV, 249; — I. 9 août 1870, IV, 267.

Application de la ⤳ dans les écoles des Frères des Écoles chrétiennes : Av. C. 24 janv. 1834, II, 103.

Constatation, avant leur sortie de l'école, d'une instruction suffisante chez les élèves admis gratuitement : Av. C. 30 sept. 1836, II, 276; — A. 10 janv. 1837, II, 296. = Assiduité des élèves gratuits à l'école : Av. C. 5 janv. 1838, 3°, II, 359.

Remplacement facultatif d'un élève gratuit par son frère : Av. C. 5 janv. 1838, 2°, II, 359.

Places gratuites dans les Écoles primaires supérieures : L. 28 juin 1833, art. 14, II, 15; — C. 24 juil. 1833, II, 47. — *Voir* BOURSES.

II. GRATUITÉ ABSOLUE. — Faculté pour les communes, sous certaines conditions, de rendre l'enseignement gratuit pour tous les élèves : Av. C. 23 déc. 1842, II, 479; = d'entretenir une ou plusieurs écoles entièrement gratuites : L. 15 mars 1850, art. 36, III, 333; — L. 10 avril 1867, art. 8-9, IV, 135; — C. 12 mai 1867, IV, 149; — C. 17 oct. 1867, IV, 168; — I. 9 août 1870, IV, 266.

Autorisation d'une imposition extraordinaire de 4 centimes en faveur des communes qui voudraient entretenir des écoles gratuites : L. 26 déc. 1876, art. 4, IV, 652. = Dépenses de la gratuité absolue dans les écoles primaires : C. 27 déc. 1876, IV, 652. = Enquête sur les subventions nécessaires aux communes qui voudraient établir la gratuité absolue : C. 31 mars 1879, V, 36.

Création d'écoles gratuites dans les colonies françaises : D. 27 avril 1848, art. 1er, III, 20.

Gratuité de l'enseignement primaire dans les écoles arabes-françaises publiques en Algérie : D. 27 mai 1878, art. 3, IV, 796.

Application générale de la gratuité absolue de l'enseignement primaire : L. 16 juin 1881, V, 261.

Subventions aux communes pour contribuer aux charges résultant de la ⌂ : D. 26 oct. 1881, V, 325 ; — L. 26 févr. 1887, art. 38 et 40, VI, 4.

Établissement d'écoles primaires gratuites de filles : C. 25 sept. 1881, V, 315.

Projets et propositions de lois : sept. 1791, ch. I, art. 2, I, 9 ; — 20 déc. 1792, art. 7, I, 32 ; — 3 juil. 1793, tit. II, art. 9, I, 49 ; — 13 juil. 1793, art. 1er, I, 53 ; — 27 mai 1795, art. 1er, I, 115 ; — 24 oct. 1831, art. 6, I, 415 ; — 17 nov. 1832, art. 17, I, 427 ; — 31 mars 1847, art. 4-5, II, 561 ; — 20 juil. 1847, art. 4-5, II, 591 ; — 30 juin 1848, art. 6, III, 36 ; — 15 déc. 1848, art. 35, 46, III, 103 et s. ; — 5 févr. 1849, art. 22, III, 146 ; — 18 juin 1849, art. 23, III, 176 ; — 6 oct. 1849, art. 22, 45, III, 234 et s. ; — 17 déc. 1849, art. 26, 60, III, 274 et s. ; — 31 déc. 1849, art. 22, 45, III, 302 et s. ; — 24 mai 1865, art. 1er, IV, 52 ; — sept. 1866, art. 7, IV, 120 ; — 26 mars 1867, IV, 131 ; — 5 août 1871, IV, 295 ; — 6 sept. 1871, IV, 298 ; — 19 déc. 1871, art. 6, IV, 344 ; — 12 janv. 1872, IV, 347 ; — 12 juin 1872, art. 1er, IV, 369 ; — 3 juil. 1872, art. 5-6, 32, IV, 400 et s. ; — 24 janv. 1873, art. 5, IV, 434 ; — 3 avril 1876, IV, 586 ; — 7 juil. 1876, art. 1er, IV, 622 et 636 ; — 29 juil. 1876, IV, 629 ; — 29 janv. 1877, IV, 660 ; — 23 mars 1877, art. 1er, IV, 681 ; — 1er mai 1877, art. 2, IV, 707 ; — 1er déc. 1877, art. 6, IV, 727 ; — 6 déc. 1879, art. 46, V, 90 ; — 20 janv. 1880, V, 110 ; — 28 févr. 1882, art. 8, V, 407.

Voir aussi ÉCOLES GRATUITES, INDIGENTS (élèves).

GREFFE et taille des arbres.

Enseignement de la ⌂ dans les Écoles normales primaires : Régl. 14 déc. 1832, art. 3, I, 429.

Voir aussi AGRICULTURE, HORTICULTURE.

GREFFIER de Justice de paix.

Conditions auxquelles un ⌂ peut être instituteur communal : Av. C. 19 juil. 1836, II, 260 ; — Av. 16 déc. 1850, III, 395.

Incompatibilité entre les fonctions d'instituteur primaire communal et celles de greffier ou commis-greffier de la Justice de paix : Av. C. 24 déc. 1839, II, 434 ; — Décis. 9 déc. 1842, II, 475.

GUADELOUPE (La).

Application à la colonie de ⌂ des lois relatives à l'enseignement primaire en France : L. 30 oct. 1886, art. 68, V, 698 ; — D. 26 sept. 1890, VI, 302.

Traitements du personnel de l'enseignement primaire à ⌂ : D. 26 sept. 1890, VI, 306.

GYMNASTIQUE.

Enseignement de la ⌂ dans les établissements d'instruction primaire : D. 17 nov. 1794, ch. IV, art. 4-6, I, 103 ; — Régl. 14 déc. 1832, art. 1er, I, 429 ; — L. 15 mars 1850, art. 23, III, 329 ; — D. 24 mars 1851, art. 1er, III, 453 ; — D. 2 juil. 1866, art. 1er, IV, 91 ; — D. 3 févr. 1869, art. 4-7, IV, 205 ; — L. 27 janv. 1880, V, 119 — L. 28 mars 1882, art. 1er, V, 419 ; — D. 18 janv. 1887, art. 27, 82, 15°, V, 726 et s.

Installation de gymnases dans les établissements d'enseignement primaire public : C. 15 déc. 1891, VI, 400.

Achat d'appareils mobiles et d'agrès pour l'enseignement de la ᴍ : A. 21 avril 1869, **IV**, 215; — C. 5 nov. 1872, **IV**, 419.

Projets et propositions de lois : 21 déc. 1792, **I**, 34; — 26 juin 1793, art. 25, **I**, 47; — 3 juil. 1793, tit. ɪɪ, art. 4, **I**, 49; — 13 juil. 1793, art. 4, **I**, 54; art. 17, **I**, 56; — 1ᵉʳ août 1793, ɪɪɪ, **I**, 60; — 20 oct. 1793, art. 4, **I**, 70; — 30 juin 1848, art. 1ᵉʳ, **III**, 36; — 15 déc. 1848, art. 11-12, 24-25, **III**, 99 et s.; — 18 juin 1849, art. 21, **III**, 176; — 17 déc. 1849, art. 25, **III**, 274; — 26 janv. 1872, art. 1ᵉʳ, **IV**, 348; — 12 juin 1872, art. 2, **IV**, 370; — 3 juil. 1872, art. 2, **IV**, 399; — 23 mars 1877, art. 2, **IV**, 684; — 1ᵉʳ déc. 1877, art. 1ᵉʳ, **IV**, 727; — 18 mars 1879, **V**, 30; — 6 déc. 1879, art. 2-3, **V**, 84.

Voir aussi Cᴇʀᴛɪғɪᴄᴀᴛ ᴅ'ᴀᴘᴛɪᴛᴜᴅᴇ à l'enseignement de la gymnastique, Pʀᴏғᴇssᴇᴜʀs de Gymnastique.

H

HAMEAU.

L'instituteur communal doit se transporter à certains jours du mois dans les ᴍ trop éloignés du centre de la commune : Av. C. 12 nov. 1833, **II**, 77.

Le curé ou desservant du hameau où est située l'école communale doit être membre de droit du Comité local : Av. C. 5 déc. 1834, **II**, 173.

Conditions auxquelles une école placée dans un hameau peut devenir école communale : Av. C. 4 juil. 1837, **II**, 327.

Voir aussi Eᴄᴏʟᴇs de hameau.

HEURE LÉGALE.

Adoption de l'heure, temps moyen de Paris, comme ᴍ en France et en Algérie : L. 4 mars 1891, **VI**, 371.

HISTOIRE.

Enseignement de l'ᴍ dans les écoles primaires : D. 21 oct. 1793, art. 3, **I**, 73; — D. 17 nov. 1794, ch. ɪᴠ, art. 2, **I**, 103; — L. 28 juin 1833, art. 1ᵉʳ, **II**, 11; — Stat. 25 avril 1834, art. 1ᵉʳ, **II**, 123; — O. 23 juin 1836, art. 1ᵉʳ, **II**, 252; — Règl. 28 juin 1836, art. 1ᵉʳ, **II**, 256; — Régl. 7 mars 1837, art. 3, **II**, 307; — L. 15 mars 1850, art. 23, **III**, 329; — L. 10 avril 1867, art. 16, **IV**, 137; — L. 28 mars 1882, art. 1ᵉʳ, **V**, 419; — D. 18 janv. 1887, art. 27, 35, **V**, 725 et s.

Notions d'ᴍ demandées aux examens des brevets de capacité : Régl. 19 juil. 1833, art. 8-9, **II**, 36; — Av. C. 17 oct. 1834, **II**, 170; — Régl. 28 juin 1836, art. 1ᵉʳ, **II**, 255; — A. 15 sept. 1837, **II**, 335; — Av. 24 mai 1851, **III**, 463; — A. 15 févr. 1853, art. 13, **III**, 516; — A. 3 juil. 1866, art. 16, **IV**, 107; — A. 5 janv. 1881, art. 13, 17, **V**, 231 et s.; — A. 30 déc. 1884, art. 15, 19, **V**, 597 et s.; — A. 18 janv. 1887, art. 148, 152, **V**, 802 et s.

Enseignement de l'ᴍ dans les Écoles normales primaires : Régl. 14 déc. 1832, art. 1ᵉʳ, **I**, 429; — Av. 6 juil. 1849, **III**, 182; — D. 24 mars 1851, art. 1ᵉʳ, **III**, 453; — A. 31 juil. 1851, **III**, 473; — D. 2 juil. 1866, art. 1ᵉʳ, **IV**, 91; — D. 29 juil. 1881, art. 7, **V**, 269; — D. 3 janv. 1883, art. 7, 5°, **V**, 504; — D. 18 janv. 1887, art. 82, **V**, 739.

Projets et propositions de lois : 30 juin 1848, art. 1ᵉʳ, **III**, 36; — 15 déc. 1848, art. 12, 25, **III**, 99 et s.; — 18 juin 1849, art. 21, **III**, 176; — 17 déc. 1849, art. 25, **III**, 274; — 24 mai 1865, art. 7, **IV**, 53; — sept. 1866, art. 15, **IV**, 121; — 26 mars 1867, **IV**, 132; — 26 janv. 1872, art. 1ᵉʳ, **IV**, 348; — 12 juin 1872, art. 2, **IV**, 369; — 3 juil. 1872, art. 1ᵉʳ, **IV**, 399; — 23 mars 1877, art. 2, **IV**, 684; — 1ᵉʳ déc. 1877, art. 1ᵉʳ, **IV**, 727; — 6 déc. 1879, art. 3, **V**, 84.

HISTOIRE de l'instruction primaire.

Recherche de tous les documents concernant l'~ : C. 30 mai 1879, V, 62.

HISTOIRE NATURELLE.

Notions d'~ applicables aux usages de la vie, comprises dans les matières d'enseignement primaire : L. 28 juin 1833, art. 1er, II, 11; — Règl. 7 mars 1837, art. 2, II, 306; — L. 15 mars 1850, art. 23, III, 329; — L. 28 mars 1882, art. 1er, V, 419; — D. 18 janv. 1837, art. 35, V, 728.

Notions d'~ aux examens des brevets de capacité : Règl. 19 juil. 1833, art. 9, II, 36; — Règl. 28 juin 1836, art. 2, II, 257; — Règl. 7 mars 1837, art. 17, II, 309; — A. 15 févr. 1853, art. 13, III, 516; — A. 3 juil. 1866, art. 17, IV, 108; — A. 5 janv. 1881, art. 16, 17, V, 232; — A. 30 déc. 1884, art. 18, 19, V, 598; — A. 18 janv. 1887, art. 151, 152, V, 803.

Enseignement de l'~ dans les Écoles normales primaires : D. 24 mars 1851, art. 1er, III, 453; — A. 31 juil. 1851, III, 476; — D. 2 juil. 1866, art. 1er, IV, 91; — D. 29 juil. 1881, art. 7, V, 270; — D. 3 janv. 1883, art. 7, 10o, V, 504; — D. 18 janv. 1887, art. 82, V, 739.

Projets et propositions de lois : 12 nov. 1798, art. 7, I, 142; — 30 juin 1848, art. 1er, III, 36; — 15 déc. 1848, art. 12, 25, III, 99 et s.; — 17 déc. 1849, art. 25, III, 274; — 24 janv. 1872, art. 1er, IV, 348; — 12 juin 1872, art. 2, IV, 370; — 3 juil. 1872, art. 2, IV, 399; — 23 mars 1877, art. 2, IV, 685; — 1er déc. 1877, art. 1er, IV, 727; — 6 déc. 1879, art. 3, V, 84.

HISTOIRE SAINTE.

Enseignement de l'~ dans les écoles primaires : I. 14 juin 1816, I, 252, *n.* 1; 253, *n.* 1; 254, *n.* 1; — Règl. 19 juil. 1833, art. 8, II, 35; — Av. C. 17 oct. 1834, II, 170; — O. 23 juin 1836, art. 1er, II, 252; — O. 24 avril 1838, art. 50, II, 384; — L. 15 mars 1850, art. 23, III, 329; — A. 31 juil. 1851, vii, III, 473; — Règl. 17 août 1851, art. 26, III, 485; — A. 15 févr. 1853, art. 8, 11, III, 515 et s.; — A. 22 mars 1855, art. 8, III, 638.

HONORARIAT.

Institution de l'~ au profit des instituteurs et institutrices mis à la retraite : L. 30 oct. 1886, art. 34, V, 684; — D. 18 janv. 1887, art. 26, V, 725; — A. 18 janv. 1887, art. 130-133, V, 798.

HOPITAUX.

Classes ou écoles ouvertes dans les ~ : L. 15 mars 1850, art. 56, III, 338; — L. 30 oct. 1886, art. 43, V, 690; — D. 18 janv. 1887, art. 166, V, 762.

Voir aussi HOSPICES, HYGIÈNE.

HORTICULTURE.

Enseignement de l'~ dans les Écoles normales primaires : A. 31 juil. 1851, III, 479; — D. 2 juil. 1866, art. 1er, IV, 91; — C. 2 juil. 1866, IV, 99; — D. 29 juil. 1881, art. 7, V, 270; — D. 18 janv. 1887, art. 82, V, 740.
Loi relative à l'enseignement de l'~, V, 62.

Projets et propositions de lois : 3 juil. 1872, art. 1er, IV, 399; — 23 mars 1877, art. 2, IV, 685; — 1er déc. 1877, art. 1er, 10o, IV, 726; — 22 févr. 1879, V, 10.

Voir aussi AGRICULTURE, GREFFE et taille des arbres, JARDINS.

HOSPICES.

Les écoles ouvertes dans les ⌣ sont soumises à toutes les dispositions qui régissent les écoles primaires : Décis. 26 juil. 1833, II, 49; — Av. C. 25 févr. 1834, II, 108; — Av. C. 21 avril 1837, II, 313; — L. 15 mars 1850, art. 56, III, 338; — Av. 14 juil. 1854, III, 591; — L. 30 oct. 1886, art. 43, V, 690; — D. 18 janv. 1887, art. 166, V, 762.

L'établissement d'une école publique annexée à un ⌣ dispense la commune de pourvoir à l'établissement d'une autre école : Av. C. 13 déc. 1833, 2º, II, 94.

Projets et propositions de lois : 15 déc. 1848, art. 1er, 38, III, 98 et s.; — 23 mars 1877, art. 28, 45, IV, 688 et s.; — 1er déc. 1877, art. 9, 33, IV, 728 et s.; — 6 déc. 1879, art. 67, V, 94; — 7 févr. 1882, art. 51, V, 387.

Voir aussi HYGIÈNE, LEGS.

HYGIÈNE.

Instructions élémentaires sur l'⌣ comprises parmi les matières de l'enseignement primaire : L. 15 mars 1850, art. 23, III, 329; — L. 28 mars 1882, art. 1er, V, 419; — D. 18 janv. 1887, art. 35, V, 728.

Enseignement de l'⌣ dans les Écoles normales primaires : D. 24 mars 1851, art. 1er, III, 453; — D. 2 juil. 1866, art. 1er, IV, 91.

Institution d'une commission de l'⌣ des Écoles : A. 24 janv. 1882, V, 353.

Avis du Conseil ou du Comité départemental d'⌣ sur les devis et plans et sur l'emplacement de toute maison d'école : C. 29 août 1892, VI, 430; — A. 18 janv. 1893, art. 271, VI, 470; — C. 24 août 1894, VI, 575; — note, VI, 620.

Précautions hygiéniques à prendre dans les établissements scolaires : C. 12 nov. 1822, I, 323; — I. 14 mars 1849, III, 148; — C. 11 sept. 1866, IV, 112; — C. 29 sept. 1892, VI, 431; — A. 18 janv. 1893, art. 272, VI, 471; — A. 18 août 1893, VI, 528; — à prendre dans les hôpitaux et les hospices pendant les épidémies : Rap., IV, 113.

Projets et propositions de lois : 26 juin 1793, art. 27, I, 47; — 30 juin 1848, art. 1er, 3º, III, 36; — 15 déc. 1848, art. 11-12, 24, III, 99 et s.; — 18 juin 1849, art. 21, III, 176; — 17 déc. 1849, art. 25, III, 274; — 26 janv. 1872, art. 1er, IV, 348; — 12 juin 1872, art. 2, IV, 369; — 3 juil. 1872, art. 2, IV, 399; — 23 mars 1877, art. 2, IV, 685; — 1er déc. 1877, art. 1er, IV, 726; — 6 juin 1878, IV, 801.

Voir aussi ÉPIDÉMIES, MALADIES CONTAGIEUSES, VACCINATIONS.

I

IDIOME.

Instituteurs de langue française dans les départements dont les habitants parlent l'⌣ appelé bas-breton : D. 28 janv. 1794, I, 86.

Recommandations aux instituteurs à l'égard des enfants parlant un ⌣ local : C. 25 oct. 1838, II, 402.

IMPOSITION EXTRAORDINAIRE.

Rejet d'une demande d'⌣ : Décis. C. d'Ét. 29 mars 1853, III, 519.

Voir aussi CENTIMES ADDITIONNELS.

IMPOT des portes et fenêtres.

Les instituteurs primaires ne sont imposables que pour les portes et fenêtres des lieux qu'ils occupent personnellement dans leurs maisons d'école : Av. C. 5 juil. 1839, II, 428.

IMPRIMÉS.

Frais d'... pour le service de l'instruction primaire : I. 9 août 1870, **IV**, 259 ; = à la charge des départements : L. 19 juil. 1889, art. 3, 6°, **VI**, 163 ; = à la charge des communes : L. 19 juil. 1889, art. 4, 6°, et art. 48, 3°, **VI**, 164, 186 ; — D. 29 janv. 1890, art. 5-6, **VI**, 227.

INCAPACITÉ.

Personnes déclarées incapables de tenir une école : L. 28 juin 1833, art. 5, **II**, 12 ; — Décis. 13 déc. 1839, **II**, 433 ; — Décis. 15 févr. 1842, **II**, 453 ; — Av. C. 25 févr. 1842, **II**, 454 ; — L. 15 mars 1850, art. 26, 33, § 2, **III**, 329 et s. ; — D. 21 mars 1855, art. 21, **III**, 632 ; — L. 30 oct. 1886, art. 5, **V**, 671.

Projets et propositions de lois : 24 oct. 1831, art. 16, **I**, 416 ; — 17 nov. 1832, art. 10, **I**, 425 ; — 31 mars 1847, art. 24, **II**, 565 ; — 30 juin 1848, art. 25, **III**, 38 ; — 15 déc. 1848, art. 49, **III**, 105 ; — 18 juin 1849, art. 25, **III**, 176 ; — 6 oct. 1849, art. 24, **III**, 235 ; — 17 déc. 1849, art. 41, **III**, 277 ; — 31 déc. 1849, art. 24, **III**, 302 ; — 3 juil. 1872, art. 53, **IV**, 407 ; — 23 mars 1877, art. 75, **IV**, 694 ; — 1er déc. 1877, art. 66, **IV**, 737 ; — 7 févr. 1882, art. 4, **V**, 379.

INCOMPATIBILITÉ.

Les instituteurs nationaux ne peuvent diriger d'autre éducation que celle des élèves attachés aux écoles nationales : D. compl. 28 oct. 1793, art. 2, **I**, 79 ; — D. 19 déc. 1793, sect. III, art. 10, **I**, 85 ; — D. 17 nov. 1794, ch. III, art. 8, **I**, 102.

Fonctions incompatibles avec celle d'instituteur communal : D. 26-30 oct. 1793, art. 11, **I**, 75 ; — L. 15 mars 1850, art. 32, **III**, 331 ; — C. 24 déc. 1850, **III**, 411 ; — Décis. 16 juil. 1852, **III**, 507 ; — L. 30 oct. 1886, art. 25, **V**, 681. = Buraliste : Av. C. 25 août 1837, **II**, 334 ; — Av. 16 déc. 1850, **III**, 395. = Curé : Décis. 8 nov. 1833, **II**, 73 ; — C. 24 déc. 1850, **III**, 411. = Directeur de poste : Av. 16 déc. 1850, **III**, 395. = Débitant de tabac : Av. C. 25 août 1837, **II**, 334. = Greffier ou commis-greffier de Justice de paix : Av. C. 19 juil. 1836, **II**, 260 ; — Av. C. 24 déc. 1839, **II**, 434 ; — Décis. 9 déc. 1842, **II**, 475 ; — Av. 16 déc. 1850, **III**, 395. = Maire : Décis. 8 nov. 1833, **II**, 73 ; — Décis. 7 mars 1834, **II**, 110 ; — Av. C. 18 févr. 1842, **II**, 454. = Maître de pension : Av. 7 oct. 1848, **III**, 50 ; — Av. 30 mars 1852, **III**, 498. = Notaire : Av. 16 déc. 1850, **III**, 395. = Sacristain : Av. C. 19 mai 1843, **II**, 492 ; — Av. C. 2 févr. 1847, **II**, 544 ; — L. 30 oct. 1886, art. 25, **V**, 681. = Secrétaire de mairie : Av. C. 2 févr. 1847, **II**, 544 ; — Av. 16 déc. 1850, **III**, 395.

Projets et propositions de lois : 1793, art. 14, **I**, 61 ; — 20 avril 1799, art. 22, **I**, 165 ; — 24 oct. 1831, art. 15, **I**, 416 ; — 31 mars 1847, art. 11, **II**, 563 ; — 20 juil. 1847, art. 10, **II**, 592 ; — 30 juin 1848, art. 12 *bis*, **III**, 37 ; — 15 déc. 1848, art. 23, **III**, 101 ; — 3 juil. 1872, art. 54, **IV**, 407 ; — 7 juil. 1876, art. 7, **IV**, 623 ; — 23 mars 1877, art. 78, **IV**, 694 ; — 1er déc. 1877, art. 67, **IV**, 737 ; — 6 déc. 1879, art. 30, **V**, 88 ; — 7 févr. 1882, art. 24, **V**, 382 ; — 16 févr. 1882, art. 24, **V**, 402.

Voir aussi ADJOINT au maire, AGENT de remplacement militaire, DESSERVANT, SECRÉTAIRE de mairie.

INDEMNITÉ de logement.

Accordée aux instituteurs et institutrices : Av. C. 2 juin 1837, 4°, **II**, 319 ; — D. 18 janv. 1887, art. 14, **V**, 723 ; — L. 19 juil. 1889, art. 4, 2°, 10 ; 11 ; 48, 15°, **VI**, 163 et s. ; — D. 17 mars 1891, **VI**, 373 ; — D. 20 août 1892, art. 9, **VI**, 429 ; — L. 25 juil. 1893, art. 11 et 48, 15°, **VI**, 503 et s. ; — D. 20 juil. 1894, **VI**, 571 ; — D. 25 oct. 1894, **VI**, 582 ; — Av. C. d'Ét. 15 nov. 1898, **VI**, 892 ; — C. 3 juil. 1899, **VI**, 892.

Voir aussi LOGEMENT.

INDEMNITÉ DE RÉSIDENCE.

Indemnité annuelle attachée à la résidence des instituteurs et des institutrices : L. 19 juil. 1875, art. 5, IV, 554 ; — L. 19 juil. 1889, art. 4, 1°; 10 ; 12, VI, 163 et s.; — D. 31 janv. 1890, VI, 231 ; — D. 31 mars 1890, VI, 260 ; — D. 5 sept. 1890, VI, 300 ; — D. 6 sept. 1890, VI, 300 ; — L. 26 déc. 1890, art. 53, VI, 323 ; — L. 26 janv. 1892, art. 71, VI, 408 ; — D. 31 déc. 1892, VI, 463 ; — D. 1er avril 1893, VI, 495 ; — L. 25 juil. 1893, art. 11-12, VI, 503 ; — D. 19 juil. 1894, VI, 569 ; — D. 31 déc. 1897, VI, 786.

Incorporation de l'∾ au traitement, à Paris : L. 13 avril 1898, art. 50, VI, 810.

L'∾ n'est point accordée aux agents qui jouissent du quart colonial : L. 16 avril 1895, art. 63, VI, 609.

Proposition de loi : 7 juil. 1891, VI, 389.

INDIGENTS (Élèves).

Admission gratuite des enfants ∾ dans les écoles primaires publiques. — *Voir* GRATUITÉ (I. Listes de gratuité).

Envoi par l'administration de livres élémentaires pour les élèves ∾ : C. 2 juin 1834, II, 143. = Fourniture gratuite de livres aux élèves ∾ : D. 29 mars 1890, art. 8, § 2, VI, 229.

Aucune distinction ne doit être établie dans les écoles entre les élèves ∾ et les élèves payants : C. 22 sept. 1845, II, 526.

INDUSTRIE.

Notions d'∾ à donner aux enfants des écoles primaires : D. 21 oct. 1893, art. 3, I, 73.

Instructions élémentaires sur l'∾ comprises parmi les matières de l'enseignement primaire : L. 15 mars 1850, art. 23, III, 329 ; — L. 28 mars 1882, art. 1er, V, 419 ; — D. 18 janv. 1887, art. 35, V, 728.

Interdiction aux instituteurs et institutrices publics de tout ordre de se livrer à des professions industrielles : L. 15 mars 1850, art. 32, III, 331 ; — L. 20 oct. 1886, art. 25, V, 681.

Projets et propositions de lois : 31 mars 1847, art. 11, II, 563 ; — 20 juil. 1847, art. 10, II, 592 ; — 30 juin 1848, art. 1er, III, 36 ; — 15 déc. 1848, art. 12, 23, III, 99 et s.; — 18 juin 1849. art. 21, 32, III, 176 et s.; — 6 oct. 1849, art. 32, III, 236 ; — 17 déc. 1849, art. 25, 51, III, 274 et s.; — 31 déc. 1849, art. 32, III, 303 ; — 26 janv. 1872, art. 1er, IV, 348 ; — 3 juil. 1872, art. 2, 54, IV, 399, 407 ; — 7 juil. 1876, art. 7, IV, 623 ; — 23 mars 1877, art. 2, IV, 685 ; — 1er déc. 1877, art. 1er, IV, 726 ; — 6 déc. 1879, art. 30, V, 88 ; — 7 févr. 1882, art. 24, V, 382 ; — 16 févr. 1882, art. 24, V, 402.

Voir aussi COURS INDUSTRIELS, TRAVAIL DES ENFANTS dans les manufactures.

INSCRIPTION D'OFFICE des dépenses obligatoires de l'Instruction primaire.

Autorités pourvues du droit d'∾ : D. compl. 28 oct. 1793, art. 3, I, 79 ; — O. 16 juil. 1833, art. 8, II, 28 ; — L. 15 mars 1850, art. 40, III, 333 ; — D. 7 oct. 1850, art. 9, III, 386 ; — Décis. C. d'Ét. 4 mars 1865, IV, 39 ; — Décis. C. d'Ét. 17 janv. 1873, IV, 430.

INSPECTEURS d'Académie.

Conditions de maintien des ∾ en fonctions : D. 17 sept. 1808, art. 13, I, 201.

Les ∾ donnent aux recteurs des indications pour la nomination des membres des Comités cantonaux : O. 29 févr. 1816, art. 3, I, 240.

Examen par les ⚍ des candidats aux fonctions d'instituteur : O. 29 févr. 1816, art. 10, **I**, 241.

Les ⚍ instruisent, sous l'autorité du préfet, les affaires relatives à l'enseignement primaire du département : L. 14 juin 1854, art. 9, **III**, 588; = sont membres des Conseils académiques : L. 14 juin 1854, art. 3, **III**, 587; = L. 27 févr. 1880, art. 9, **V**, 130; = sont membres du Conseil départemental : L. 15 mars 1850, art. 10, **III**, 325; — L. 14 juin 1854, art. 5-6, **III**, 588; — L. 30 oct. 1886, art. 44, **V**, 691; = sont membres de droit de tous les comités de patronage des écoles primaires supérieures de leur ressort : **A.** 18 janv. 1887, art. 35, **V**, 775.

Substitution de recteurs départementaux aux ⚍ : L. 15 mars 1850, art. 7-8, 10-11, 18-19, **III**, 324 et s. = Création d'⚍ adjoints aux recteurs départementaux dans certains départements : D. 27 mai 1850, art. 2, **III**, 350; — D. 5 août 1850, **III**, 367. = Rétablissement des ⚍ : L. 14 juin 1854, art. 2, **III**, 587.

Institution, attributions des ⚍ : L. 14 juin 1854, art. 2, 9, **III**, 587 et s.; — D. 22 août 1854, art. 15, 19-25, **III**, 594 et s.; — C. 31 oct. 1854, **III**, 602; — D. 21 mars 1855, art. 5, **III**, 629; — |D. 26 déc. 1855, art. 28, 50, 56, 58-59, **III**, 674 et s.; — D. 10 nov. 1860, **III**, 761; — A. 1er juin 1862, art. 13, **III**, 798; — C. 6 déc. 1865, **IV**, 66; — C. 24 mai 1876, **IV**, 598; — D. 1er août 1881, art. 31, 37, 39, 42, **V**, 290 et s.; — D. 29 juil. 1882, art. 33, 39, 41, 44, **V**, 476 et s.; — L. 30 oct. 1886, art. 9, 26, 54, **V**, 673 et s.; — D. 18 janv. 1887, art. 19, 21-25, 34, 117, 120-121, 153, 158-162, 165, **V**, 724 et s.; — D. 29 mars 1890, art. 42, 44, 46, 49, **VI**, 251 et s.

Nomination et révocation des ⚍ : D. 9 mars 1852, art. 3, **III**, 492.

Prestation de serment exigée des ⚍ : A. 28 avril 1852, art. 2-4, **III**, 502.

Incompatibilité des fonctions d'⚍ avec tout autre emploi public rétribué : D. 29 juil. 1850, art. 36, **III**, 363.

Suppression de la limite d'âge fixée pour la retraite des ⚍ : D. 28 mai 1898, **VI**, 819.

Projets et propositions de lois : 18 juin 1849, art. 17, **III**, 175; — 17 déc. 1849, art. 21, **III**, 274; — 31 déc. 1849, art. 17, **III**, 301; — 15 déc. 1871, art. 7-8, 10, **IV**, 337 et s.; — 5 nov. 1886, **V**, 701; — 13 juin 1898, **VI**, 825.

Voir aussi Frais de tournées.

INSPECTEURS de l'enseignement ou de l'instruction primaire.

Voir Inspecteurs primaires.

INSPECTEURS de l'Université.

Taux d'indemnité de voyage : A. 7 févr. 1809, **I**, 205.

Voir aussi Frais de tournées.

INSPECTEURS du service des Enfants assistés.

Droit pour les ⚍ d'entrer dans les écoles primaires : Let. 21 mai 1883, **V**, 536.

INSPECTEURS du travail des enfants dans les manufactures.

Fonctions, nomination, résidence : L. 22 mars 1841, art. 10-11, **II**, 444; — L. 29 mai 1874, art. 16-19, **IV**, 523; — L. 2 nov. 1892, art. 17-21, **VI**, 456.

Circonscriptions territoriales des : D. 15 févr. 1875, **IV**, 544.

INSPECTEURS GÉNÉRAUX.

Nomination, fonctions : I. 4 nov. 1802, **I**, 182; — O. 22 sept. 1824, **I**, 329; — O. 7 déc. 1845, art. 4, **II**, 532; — L. 15 mars 1850, art. 18, 20, **III**, 327 et s.; — D. 29 juil. 1850, art. 34, **III**, 363; — D. 9 mars 1852, art. 1er, 6, **III**, 492 et s.; — C.

12 mars 1852, III, 495; — D. 15 févr. 1854, III, 578; — A. 28 sept. 1869, IV, 233; — D. 31 sept. 1876, IV, 654; — A. 1er janv. 1884, V, 556; — L. 30 oct. 1886, art. 9, V, 673; — D. 18 janv. 1887, art. 123-124, V, 754; — A. 18 janv. 1887, art. 232-235, V, 820; — A. 10 août 1893, art. 235, VI, 524.

Traitement des ⚲ : D. 9 mars 1852, III, 495; — D. 31 déc. 1876, IV, 654.

Prestation de serment exigée des ⚲ : A. 28 avril 1852, art. 2, III, 502.

Fonctionnement du Comité des ⚲ : A. 28 sept. 1869, IV, 233.

Projets et propositions de lois : 30 juin 1848, art. 39, III, 41; — 15 déc. 1848, art. 74, III, 110; — 17 déc. 1849, art. 20, III, 273; — 31 déc. 1849, art. 16-18, III, 301; — 3 juil. 1872, art. 84, IV, 413; — 23 mars 1877, art. 100-102, IV, 697; — 1er déc. 1877, art. 83, 85, IV, 739; — 6 déc. 1879, art. 77, V, 95; — 7 févr. 1882, art. 61, V, 387.

Voir aussi COMITÉ des inspecteurs généraux, FRAIS DE TOURNÉES, INSPECTEURS supérieurs de l'instruction primaire, INSPECTION générale.

INSPECTEURS PRIMAIRES.

Création d'un inspecteur primaire dans chaque département : O. 26 févr. 1835, art. 1er, II, 181; — A. 4 août 1835, art. 2, II, 191; — O. 30 déc. 1842, II, 480; = dans chaque arrondissement : L. 15 mars 1850, art. 20, III, 328; — C. 31 août 1850, III, 376; — D. 22 août 1854, art. 15, 24, III, 594 et s.; — D. 21 juin 1858, art. 2, III, 725; = dans les départements annexés : D. 10 nov. 1860, III, 761.

Création d'⚲ honoraires, attachés au service de l'administration académique départementale : C. 10 févr. 1881, V, 250.

Mode et conditions de nomination des ⚲ : O. 26 févr. 1835, art. 3-4, II, 181; — O. 13 nov. 1837, art. 5-6, II, 340; — C. 12 janv. 1838, II, 360; — O. 18 nov. 1845, II, 529; — L. 15 mars 1850, art. 20, III, 328; — D. 29 juil. 1850, art. 35, 38-40, III, 363; — C. 27 août 1850, III, 372; — C. 31 août 1850, III, 376; — D. 9 mars 1852, art. 3, III, 493; — D. 5 juin 1880, art. 1er, V, 160; — D. 23 déc. 1882, art. 1er, V, 488; — L. 30 oct. 1886, art. 9-10, V, 673; — D. 18 janv. 1887, art. 125-131, V, 754; — A. 18 janv. 1887, art. 236-238, V, 820; — A. 24 juil. 1888, art. 240, VI, 110; — A. 18 janv. 1893, art. 2, VI, 470.

Attributions, fonctions des ⚲ : O. 26 févr. 1835, art. 2, II, 181; — Régl. 27 févr. 1835, II, 182; — C. 13 août 1835, II, 192; — C. 26 oct. 1835, II, 204; — Décis. 17 juin 1836, II, 249 et 250; — C. 30 juil. 1836, II, 261; — Av. C. 18 oct. 1836, II, 279; — Av. C. 4 avril 1837, II, 312; — A. 2 juin 1837, II, 317; — O. 13 nov. 1837, art. 2, II, 340; — O. 22 déc. 1837, art. 28, II, 356; — L. 15 mars 1850, art. 10-11, 18, 20-21, 46, III, 325 et s.; — D. 29 juil. 1850, art. 43, 47-48, III, 364 et s.; — D. 7 oct. 1850, art. 8, 19, III, 385 et s.; — C. 24 déc. 1850, III, 418; — Régl. 24 mars 1851, art. 17, III, 456; — D. 31 déc. 1853, art. 13, III, 570; — L. 14 juin 1854, art. 5-6, III, 588; — C. 31 oct. 1854, III, 603; — D. 21 mars 1855, art. 14, 27, III, 630 et s.; — A. 1er juin 1862, art. 12, III, 797; — D. 2 juil. 1866, art. 15, IV, 94; — C. 24 mai 1876, IV, 599; — L. 30 oct. 1886, art. 9, V, 673; — D. 18 janv. 1887, art. 23, 118, 120, 125-131, 152, V, 724 et s.; — A. 18 janv. 1887, art. 34, 236-238, V, 775 et 820.

Traitement, classement, promotions des ⚲ : A. 4 août 1835, II, 190; — A. 29 déc. 1837, II, 357; — O. 30 déc. 1842, art. 1er, II, 480; — D. 29 juil. 1850, art. 37, III, 363; — A. 14 août 1855, III, 662; — D. 21 juin 1858, art. 1er, III, 725; — Rap. 10 juil. 1861, III, 778; — C. 8 juil. 1864, IV, 29; — C. 8 févr. 1868, IV, 192; — L. 21 mars 1872, IV, 360; — A. 11 avril 1878, IV, 781; — L. 19 juil. 1889, art. 13, 22-23, VI, 169 et s.; — C. 27 nov. 1889, VI, 218; — L. 25 juil. 1893, art. 13, 23, VI, 504 et s. = Tenue des états de traitement des ⚲ : C. 28 janv. 1890, VI, 224. = Situation des ⚲ de 1re classe appelés à la direction d'une école normale : A. 22 juil. 1879, V, 70.

Indemnités à allouer aux ⚲ pour projets de construction de maisons d'école : A. 29 juin 1883, art. 9, V, 538; — A. 18 févr. 1886, V, 652.

Retenue pour la retraite : Av. C. 19 déc. 1834, **II**, 175 ; — O. 13 nov. 1837, art. 6, **II**, 341 ; — C. 12 janv. 1838, **II**, 361.

Admission d'~ à la retraite à l'âge de 60 ans : C. 28 mars 1894, **VI**, 554.

Rang des ~ : O. 13 nov. 1837, art. 6, **II**, 341. = Droit pour les ~ de porter le costume des membres de l'Université : Av. C. 5 août 1836, **II**, 262.

Prestation de serment exigée des ~ : A. 28 avril 1852, art. 2-3, **III**, 502.

Nécessité d'un local particulier affecté aux réunions des ~ : C. 9 août 1838, **II**, 392.

Publication de livres et journaux par les ~ : C. 8 déc. 1838, **II**, 407.

Maintien provisoire des ~ en exercice : A. 28 août 1850, **III**, 373.

Les ~ ne peuvent être inspecteurs des archives communales : Av. C. 8 nov. 1842, **II**, 471 ; = ne peuvent occuper tout autre emploi public rétribué, mais peuvent accepter les fonctions d'inspecteur des enfants trouvés et abandonnés ou des enfants employés dans les manufactures : D. 29 juil. 1850, art. 36, **III**, 363.

Écritures exigées des ~ : C. 6 févr. 1862, **III**, 783 ; — C. 20 juil. 1891, **VI**, 391.

Modèle de rapport : **III**, 857.

Réunion des ~ à Paris : C. 20 févr. 1880, **V**, 122.

Projets et propositions de lois : 22 nov. 1798, tit. **VI**, **I**, 150 ; — 18 févr. 1799, § v, **I**, 161 ; — 31 mars 1847, art. 21-22, **II**, 564 ; — 30 juin 1848, art. 30, 36-37, **III**, 39 et s.; — 15 déc. 1848, art. 69-73, **III**, 109 ; — 17 déc. 1849, art. 22, **III**, 274 ; — 31 déc. 1849, art. 18, 62, **III**, 301, 307 ; — 27 mai 1871, art. 4, **IV**, 289 ; — 23 mars 1877, art. 115-120, **IV**, 700 ; — 1er déc. 1877, art. 93-97, **IV**, 741 ; — 6 déc. 1879, art. 72-77, **V**, 94 ; — 7 févr. 1882, art. 56-61, **V**, 387 ; — 13 mars 1886, art. 18, **V**, 658 ; — 19 févr. 1891, art. 22-23, **VI**, 350.

Voir aussi ARCHIVES des Comités et de l'Inspection primaire, CERTIFICAT D'APTITUDE à l'Inspection primaire, FRAIS DE TOURNÉES, INSPECTRICES PRIMAIRES, PENSIONS DE RETRAITE, SOUS-INSPECTEURS primaires.

INSPECTEURS SUPÉRIEURS de l'Instruction primaire.

Création de deux places d'~ : O. 9 nov. 1846, **II**, 540 ; — L. 15 mars 1850, art. 18, 20, **III**, 327 et s.

Nomination des ~ : D. 29 juil. 1850, art. 34, **III**, 363.

Projet de loi : 30 juin 1848, art. 38, **III**, 41.

INSPECTION des classes et pensionnats de jeunes filles.

Voir DAMES surveillantes ou inspectrices.

INSPECTION des Écoles primaires.

Organisation d'une ~ : D. 19 déc. 1793, sect. **II**, art. 1er, **I**, 83 ; — D. 30 oct. 1793, art. 1er-3, **I**, 79 ; — D. 15 nov. 1811, art. 191-192, **I**, 222 ; — O. 29 févr. 1816, art. 8 et 29, **I**, 241 et s.; — O. 3 avril 1820, art. 2, **I**, 280 ; — O. 31 oct. 1821, art. 1er, **I**, 314 ; — O. 21 avril 1828, art. 7, 20-21, **I**, 341 et s. — Rap. 6 janv. 1830, **I**, 376 ; — L. 28 juin 1833, art. 22, **II**, 18 ; — Av. C. 25 févr. 1834, **II**, 108 ; — A. 17 déc. 1839, **II**, 433 ; — L. 15 mars 1850, art. 18, 20-21, [**III**, 327 et s.; — D. 31 déc. 1853, art. 10, **III**, 569 ; — L. 30 oct. 1886, art. 9, **V**, 673 ; — D. 18 janv. 1887, art. 136-143, **V**, 756.

Instructions sur l'~ : C. 26 août 1833, **II**, 55, 59, 60 ; — Régl. 27 févr. 1835, **II**, 182 ; — I. 26 oct. 1835, **II**, 204 ; — I. 12 janv. 1838, **II**, 360 ; — Av. C. 28 mars 1845, **II**, 513 ; — C. 17 oct. 1845, **II**, 528 ; — C. 31 oct. 1854, **III**, 614.

Répartition du service de l'~ : O. 30 déc. 1842, **II**, 480.

Conséquences du refus de se soumettre à l'~ : L. 15 mars 1850, art. 22, **III**, 328 ; — L. 30 oct. 1886, art. 42, **V**, 690.

Irrégularité de certaines inspections faites dans les écoles primaires : C. 28 oct. 1874, **IV**, 538.

Gréard. *Lég. de l'Instr. prim.* VII 7

Projets et propositions de lois : 10-19 sept. 1791, xviii, I, 13 ; — 31 mars 1847, art. 20-21, II, 564 ; — 20 juil. 1847, art. 18, II, 594 ; — 5 févr. 1849, art. 11-12, III, 145 ; — 18 juin 1849, art. 16-20, III, 233 ; — 17 déc. 1849, art. 19-24, III, 273 ; — 31 déc. 1849, art. 15-20, III, 300 ; — 15 déc. 1871, art. 11, IV, 338 ; — 3 juil. 1872, art. 82-85, IV, 413 ; — 23 mars 1877, art. 26-27, 97, IV, 688 et s. ; — 1er déc. 1877, art. 30, 83, IV, 731 et s. ; — 6 déc. 1879, art. 65, 68 et s., V, 93 et s. ; — 7 févr. 1882, art. 56-61, V, 387 ; — 28 févr. 1882, art. 5, V, 406.

INSPECTION des Salles d'asile.

Organisation de l'ᴍ : O. 22 déc. 1837, tit. iv, II, 354 ; — O. 24 avril 1838, art. 20-32, II, 378 ; — D. 21 mars 1855, tit. iii, III, 630.

Instructions pour l'ᴍ : C. 2 août 1845, II, 515 ; — C. 20 mars 1847, II, 545.

Création d'une maison provisoire d'études pour l'instruction des aspirantes à l'ᴍ : C. 20 août 1847, II, 597.

Voir aussi DÉLÉGUÉE générale et DÉLÉGUÉE spéciale pour les Salles d'asile, INSPECTRICES départementales et INSPECTRICES générales des Écoles maternelles.

INSPECTION générale de l'enseignement primaire.

Publication des rapports d'ᴍ (Enseignement primaire et Salles d'asile) : A. 10 nov. 1879, V, 78.

Réglementation du service de l'ᴍ de l'enseignement primaire : A. 1er janv. 1884, V, 556.

Voir aussi INSPECTEURS GÉNÉRAUX, INSPECTRICES GÉNÉRALES des Écoles maternelles.

INSPECTRICES DÉPARTEMENTALES des Écoles maternelles.

Institution, nomination, attributions : D. 2 août 1881, art. 6, 8, V, 304 ; — D. 23 déc. 1882, art. 4, V, 489 ; — A. 28 déc. 1885, art. 1er, 5-6, V, 644 ; — L. 30 oct. 1886, art. 9, 6°, V, 674 ; — D. 18 janv. 1887, art. 132, 134-135, V, 756 ; — A. 18 janv. 1887, art. 239, V, 821.

Classement et traitement des ᴍ : A. 28 déc. 1885, art. 2-3, V, 644.

La moitié de la dépense des traitements et frais de tournées des ᴍ est à la charge des départements : L. 8 août 1885, art. 25, V, 632.

Voir aussi CERTIFICAT D'APTITUDE à l'inspection des Écoles maternelles.

INSPECTRICES GÉNÉRALES des Écoles maternelles.

Institution, nomination, attributions : D. 2 août 1881, art. 6-7, V, 304 ; — D. 23 déc. 1882, art. 4, V, 489 ; — L. 30 oct. 1886, art. 9, 6°, V, 674 ; — D. 18 janv. 1887, art. 132-133, V, 756.

Fixation du nombre des ᴍ : D. 30 déc. 1884, V, 591.

INSPECTRICES PRIMAIRES.

Institution d'ᴍ : D. 19 juil. 1889, art. 22, § 3, VI, 173 ; — D. 17 janv. 1891, VI, 336.

Création d'un emploi d'ᴍ dans l'Académie de Paris : A. 11 févr. 1891, VI, 341.

Projets et propositions de lois : 23 mars 1877, art. 118-120, IV, 701 ; — 1er déc. 1877, art. 93-97, IV, 741.

Voir aussi CERTIFICAT D'APTITUDE à l'inspection primaire et à la direction des Écoles normales primaires.

7.

INSTITUT.

Membres de l'~ admis dans le Conseil supérieur de l'Instruction publique : L. 15 mars 1850, art. 1er, III, 323 ; — D. 9 mars 1852, art. 5, III, 493 ; — L. 19 mars 1873, art. 1er, IV, 443 ; — L. 27 févr. 1880, art. 1er, V, 126.

INSTITUTEURS ADJOINTS et Institutrices adjointes.

Conditions de nomination d'~ dans les écoles primaires publiques : L. 15 mars 1850, art. 34, III, 332 ; — C. 13 mai 1861, III, 770 ; — L. 10 avril 1867, art. 2, 5, IV, 134 ; — C. 12 mai 1867, IV, 143, 144-146 ; — L. 16 juin 1881, art. 1, 3, 4, V, 259 ; — D. 26 mai 1882, V, 436 ; — L. 30 oct. 1886, art. 4, 7, V, 670 et s.

Justification de trois années d'exercice des fonctions d'~ pour être nommé définitivement instituteur communal : D. 31 déc. 1853, art. 1er, III, 568.

Nomination d'~ dans les écoles libres qui tiennent lieu d'écoles publiques : L. 10 avril 1867, art. 18, § 3, IV, 138.

Nomination de femmes d'institutrices aux fonctions d'adjointe, même dans les écoles de garçons : C. 8 oct. 1880, V, 205.

Enquête sur les demandes de création d'emplois d'~ : C. 31 mars 1879, V, 36.

Classement, traitement, logement des ~ : L. 10 avril 1867, art. 3, 5-6, IV, 134 et s. ; — C. 12 mai 1867, IV, 143, 145, 146 ; — L. 27 juil. 1870, art. 6, IV, 254 ; — I. 9 août 1870, IV, 262 ; — D. 20 janv. 1873, IV, 433 ; — L. 19 juil. 1875, art. 1er, IV, 553 ; — D. 8 août 1876, art. 1er, IV, 642 ; — L. 16 juin 1881, art. 6, V, 263 ; — A. 7 févr. 1882, V, 367 ; — A. 21 juil. 1884, art. 1er, 6, V, 583.

Attribution d'une partie de la rétribution scolaire aux ~ : C. 12 mai 1867, IV, 145 ; — Let. 29 mars 1878, IV, 778.

Classement dans la catégorie des stagiaires de tous les instituteurs adjoints et de toutes les institutrices adjointes exerçant dans les écoles publiques lors de la promulgation de la loi du 30 oct. 1886 : D. 18 janv. 1887, art. 190, V, 766.

Poste d'~ dans les écoles privées : A. 1er mars 1842, art. 4, II, 456.

Admission des instituteurs adjoints à contracter l'engagement décennal : L. 10 avri 1867, art. 18, IV, 138.

Projets et propositions de lois : 30 juin 1848, art. 14-16, III, 37 ; — 15 déc. 1848, art. 17, 21, 28, III, 100 et s. ; — 18 juin 1849, art. 35, III, 178 ; — 6 oct. 1849, art. 23, 33, III, 235 et s. ; — 17 déc. 1849, art. 55, III, 279 ; — 31 déc. 1849, art. 23, 33, III, 302 et s. ; — 24 mai 1865, art. 10, 12, IV, 53 ; — sept. 1866, art. 2, 3, 5, 17, IV, 119 et s. ; — 15 déc. 1871, art. 7, IV, 337 ; — 3 juil. 1872, art. 51, 61, IV, 407 et s. ; — 22 janv. 1873, IV, 434 ; — 24 janv. 1873, art. 59, IV, 434 ; — 6 mars 1873, IV, 442 ; — 4 avril 1876, art. 9, IV, 588 ; — 7 juil. 1876, art. 12-13, IV, 623 ; — 23 mars 1877, art. 71, 81, 92-93, IV, 694 et s. ; — 18 mai 1877, IV, 715 ; — 1er déc. 1877, art. 63, 67, 73, IV, 736 et s. ; — 21 mai 1878, IV, 794 ; — 20 mai 1879, IV, 58 ; — 6 déc. 1879, art. 7, 27, V, 85 et s. ; — 20 janv. 1880, art. 5, V, 119 ; — 7 févr. 1882, art. 21-22, 27, V, 382 ; — 28 févr. 1882, art. 10-11, V, 407 ; — 18 nov. 1890, VI, 315 ; — 13 juin 1898, VI, 822.

Voir aussi MÉDAILLES et mentions, SOUS-MAÎTRES des écoles primaires.

INSTITUTEURS ET INSTITUTRICES primaires libres ou privés.

Droits à payer à l'Université par les ~ : D. 17 sept. 1808, art. 27-28, I, 203 ; — Décis. C. 4 nov. 1808, I, 204.

Pièces à produire pour exercer les fonctions d'~ : O. 29 févr. 1816, art. 24, I, 243 ; — L. 28 juin 1833, art. 4, II, 12 ; — Av. C. 6 janv. 1837, II, 294 ; — L. 15 mars 1850, art. 25, 27-30, III, 329 et s. ; — C. 31 août 1850, III, 377 ; — L. 16 juin 1881, art. 1er, V, 259 ; — L. 30 oct. 1886, art. 37, V, 685. = Dans les départements annexés : A. 25 juil. 1860, art. 4, III, 758 ; — A. 18 janv. 1861, III, 766.

Conditions d'ouverture de pensionnats primaires par les ~ : L. 15 mars 1850, art. 53, III, 337; — C. 31 août 1850, III, 377; — D. 30 déc. 1850, art. 1-4, 8-14, III, 429 et s.; — D. 18 janv. 1887, art. 170-179, V, 763.

Ouverture de cours d'adultes ou d'apprentis par les ⌣ : Ar. C. de Cass. 7 févr. 1846, II, 534; — L. 15 mars 1850, art. 55, III, 337; — L. 30 oct. 1886, art. 8, § 4, V, 673.

Défense aux ⌣ de faire imprimer et publier, sans autorisation, leurs programmes et prospectus : C. 10 août 1810, I, 216.

Cas où les instituteurs libres peuvent recevoir des enfants des [deux sexes : A. 26 août 1836, II, 271. = Nécessité d'une autorisation du Conseil départemental pour l'admission d'enfants des deux sexes par les ⌣ : L. 10 avril 1867, art. 20, IV, 138.

Obligation pour les ⌣ de donner l'enseignement moral et religieux : Décis. C. dép. S. 14 nov. 1873, IV, 496.

Cas où l'instituteur privé n'est pas assujetti à la patente : Décis. C. d'Ét. 27 nov. 1867, IV, 180.

Un instituteur privé peut préparer des élèves pour les écoles normales primaires, mais ne peut pas donner à son établissement le titre d'École normale primaire : Décis. 10 janv. 1837, II, 296.

L'engagement décennal, en vue de la dispense du service militaire, ne peut être contracté par les instituteurs libres ou privés : Décis. 8 nov. 1833, II, 74; — Décis. 31 mai 1839, II, 423. = Il en est autrement si l'école libre tient lieu d'école publique : L. 10 avril 1867, art. 18, IV, 137.

Les ⌣ ont pleine et entière liberté pour le choix des méthodes : Av. C. 25 févr. 1834, II, 107.

Un étranger non naturalisé peut être instituteur privé : Av. C. 12 nov. 1833, 2°, II, 78.

Admission des ⌣ à participer aux encouragements et aux récompenses distribués annuellement par le ministre : O. 16 juil. 1833, art. 19, II, 31; — Av. C. 18 juil. 1834, II, 156. = Cas d'une gratification d'un conseil municipal : Av. C. 2 juin 1837, 1° et 2°, II, 318.

Autorisation aux instituteurs privés d'assister aux conférences d'instituteurs : Règl. 10 févr. 1837, art. 5, II, 302.

Mentions à indiquer sur les tableaux ou enseignes des ⌣ : A. 14 août 1835, II, 202.

Droits du Comité d'arrondissement et de l'inspecteur primaire en cas de fautes commises par les ⌣ : Av. C. 4 avril 1837, II, 312.

Juridiction applicable aux instituteurs privés : L. 28 juin 1833, art. 7, II, 12; — Av. C. 9 mai 1843, II, 490.

Projets et propositions de lois : Consulter les renvois sous ce titre au mot ÉCOLES PRIMAIRES libres ou privées.

Voir aussi CERTIFICAT DE MORALITÉ, ÉCOLES PRIMAIRES libres ou privées, INSTITUTEURS ADJOINTS, PATENTE, PENSIONNATS PRIMAIRES.

INSTITUTEURS ET INSTITUTRICES primaires publics ou communaux.

Les personnes chargées de l'enseignement s'appellent *instituteurs* : D. 12 déc. 1792, tit. Ier, I, 27; — D. 19 déc. 1793, sect. I, art. 4, I, 83. = Exclusion de certaines personnes, comme instituteurs, des écoles nationales : D. 28 oct. 1793, art. 12, 22, I, 77, 78; — L. 30 oct. 1886, art. 17, V, 679.

MODE DE NOMINATION : D. 28 oct. 1793, art. 15-21, I, 77; — D. 28 janv. 1794, art. 3, I, 86; — D. 17 nov. 1794, ch. II et III, I, 102; — D. 24 oct. 1795, tit. Ier, art. 3, I, 120; — L. 1er mai 1802, art. 3, I, 179; — D. 17 mars 1808, art. 59, I, 198; — D. 15 nov. 1811, art. 192, I, 222; = O. 29 février 1816, art. 20-23, I, 243; — Règl. 9 oct. 1819, art. 28-31, I, 279; — O. 8 avril 1824, tit. V, I, 324; — O. 21 avril 1828, art. 11, 1, 342; = L. 28 juin 1833, art. 4, 16, 21-22, II, 12 et s.; — O. 16 juil. 1833, art. 28, II, 32; — Décis. 25 oct. 1833, II, 68; — Av. C. 12 nov. 1833, II, 75; — C. 13 déc. 1833, II, 90; — Av. C. 7 janv. 1834, II, 99; — Av. C. 25 févr. 1834, II, 106; — Av. C. 7 mars 1834, II, 110; — Av. C. 18 mars 1834, II, 113; — Av. C. 25 mars 1834, II,

118; — Av. C. 1ᵉʳ avril 1834, II, 120; — Av. C. 27 mai 1834, II, 142; — Av. C. 12 janv. 1836, II, 220; — Av. C. 26 août 1836, II, 271 et *n.* 1; — Av. C. 23 sept. 1836, 2º, II, 275; — Av. C. 4 nov. 1836, II, 279; — A. 15 nov. 1836, art. 2, II, 286; — Av. C. 17 mars 1837, 2º, II, 311; — Av. C. 4 juil. 1837, 3º, II, 327; — C. 29 mai 1838, II, 387; — Av. C. 29 nov. 1842, II, 474; — Av. C. 24 nov. 1843, II, 498; — Av. C. 25 avril 1845, II, 513; — Av. C. 18 févr. 1848, III, 10; — Av. 31 août 1849, III, 187; — Av. C. 26 oct. 1849, III, 241; = L. 11 janv. 1850, art. 2, III, 309; — C. 16 janv. 1850, III, 311, 313, 314; — C. 28 fév. 1850, III, 318; — L. 15 mars 1850, art. 25-26, 31, 34, III, 329 et s.; — Av. 17 mai 1850, III, 349; — D. 1ᵉʳ oct. 1850, III, 380; — D. 7 octobre 1850, art. 14-16, III, 387; — C. 24 déc. 1850, III, 409, 412; — Av. 12 mars 1851, III, 449; — D. 9 mars 1852, art. 4, III, 493; — C. 12 mars 1852, III, 496; — C. 3 avril 1852, III, 500; — C. 2 mars 1853, III, 501, *n.* 1; — Av. 6 août 1853, III, 533; — D. 31 déc. 1853, art. 1ᵉʳ, III, 568; = L. 30 juin 1854, art. 8, III, 588; — C. 31 oct. 1854, III, 604; — D. 29 déc. 1860, art. 2, III, 766; — C. 12 juil. 1862, III, 801; — Décis. C. d'Ét. 22 mars 1866, IV, 78; — C. 28 oct. 1871, **IV**, 301; = L. 30 oct. 1886, art. 4-7, 13, 22-23, 25-30, V, 670 et s.; — D. 18 janv. 1887, art. 21-23, V, 724.

Nomination d'instituteurs dans les écoles fondées par legs : Av. C. 15 avril 1834, II, 122.

Établissement d'une liste permanente de candidats aux fonctions d' ⸿ : D. 7 oct. 1850, art. 13, III, 386.

Déplacement des ⸿ : Av. 17 mai 1850, III, 349; — I. 13 mai 1861, III, 768; — C. 26 août 1862, III, 810; — C. 20 sept. 1880, V, 204; — D. 18 janv. 1887, art. 19, V, 724.

Refus d'autorisation régulière à un instituteur qui s'était établi clandestinement : A. 22 mai 1818, I, 266; = à un instituteur qui avait obtenu à prix d'argent la démission de son prédécesseur : Av. C. 30 déc. 1842, II, 483.

Les places d' ⸿ ne peuvent être mises au concours que sur la demande des conseils municipaux : Av. C. 5 sept. 1834, II, 162.

Recrutement du personnel des institutrices : C. 6 juil. 1869, IV, 227.

Conséquences de la loi du 28 juin 1833 pour les instituteurs : C. 4 juil. 1833, II, 22. = Situation des instituteurs exerçant avant la loi du 28 juin 1833 : Av. C. 12 nov. 1833, II, 76; — Av. C. 25 févr. 1834, II, 107; — Av. C. 7 mars 1834, 2º, II, 111; — Av. C. 4 oct. 1839, II, 431. = Situation des institutrices brevetées avant 1836 : Av. C. 30 sept. 1836. II, 275.

Indications exigées sur les tableaux et enseignes des instituteurs : A. 14 août 1835, II, 202.

Caractère public des ⸿ : Jug. Tr. civ. Montp., 8 févr. 1873, **IV**, 440. = *Voir aussi* RESPONSABILITÉ, dans la nomenclature générale de la table.

Actes d'institution des instituteurs : Mentions à porter au verso de ces actes : Décis. 28 juin 1839, II, 426. = Modèles : II, 691, 693, 695. = État de propositions d'institution des instituteurs : modèle, III, 859. = Procès-verbal de réception d'un clerc paroissial et instituteur : I, 535.

CONDITIONS PRESCRITES. — Qualités à exiger des instituteurs : D. 17 mars 1808, art. 107, I, 199; — I. 24 févr. 1810, I, 207.

Condition d'âge : A. 13 mars 1830, I, 382; — L. 28 juin 1833, art. 4, II, 12; — L. 15 mars 1850, art. 25, III, 329; — L. 30 oct. 1886, art. 7, V, 672.

Titres de capacité : O. 29 févr. 1816, art. 11, I, 242; — A. 7 oct. 1816, I, 258; — A. 22 mai 1818, I, 266; — 1. 3 juin 1819, I, 271; — I. 29 juil. 1819, I, 272; — O. 21 avril 1828, art. 9, I, 342; — A. 29 déc. 1829, I, 376; — L. 28 juin 1833, art. 4, 16, II, 12 et s.; — Av. C. 26 déc. 1834, II, 176; — O. 23 juin 1836, art. 4, II, 253; — Av. C. 23 sept. 1836, 2º, II, 275; — C. 28 mai 1838, II, 387; — L. 15 mars 1850, art. 25, III, 329; — A. 25 juil. 1860, III, 758; — L. 16 juin 1881, V, 259; — L. 30 oct. 1886, art. 20, V, 679. — *Voir aussi* LETTRE D'OBÉDIENCE, dans la nomenclature générale de la table.

Nécessité d'une autorisation du recteur pour exercer dans un lieu déterminé : O. 29 févr. 1816, art. 13, I, 242; — O. 21 avril 1828, art. 11, I, 342.

Stage : D. 31 déc. 1853, art. 1er, III, 568 ; — L. 30 oct. 1886, art. 23, V, 680 ; — D. 18 janv. 1887, art. 17-18, V, 723.

ALLOCATIONS aux ⋘ : pour diplôme de brevet complet ou supérieur : L. 19 juil. 1875, art. 3, § 1er, IV, 553 ; — D. 8 nov. 1887, art. 9, VI, 64 ; = pour placement sur la liste de mérite annuelle, dressée par le Conseil départemental : L. 19 juil. 1875, art. 3, §§ 2 et 3, IV, 553 ; = pour obtention de la médaille d'argent : L. 19 juil. 1875, art. 4, IV, 554 ; — C. 10 févr. 1882, V, 150, n. 1 ; — L. 19 juil. 1889, art. 45, VI, 184.

DEVOIRS des ⋘ : C. 4 juil. 1833, II, 23-25. = Correspondance directe avec les Comités locaux : Av. C. 25 mars 1834, II, 117. = Tenue extérieure : C. 20 mars 1852, III 497. = Attitude à observer pendant la période électorale : C. 1er août 1881, V, 297 ; — C. 8 sept. 1885, V, 639. = Rôle des instituteurs dans la société : C. 20 août 1889, VI, 200.

Les instituteurs ne doivent pas répondre aux demandes de renseignements de certaines agences : C. 2 mars 1893, VI, 492.

Les instituteurs primaires ne peuvent donner que l'enseignement prévu par la loi : Av. 10 août 1853, III, 538.

DISPOSITIONS DIVERSES. — Remplacement des instituteurs qui n'ont pas enseigné les principes de la Révolution : D. 9 sept. 1793, I, 65.

Mesures applicables à un instituteur pour défaut de connaissances suffisantes : Av. C. 2 déc. 1834, II, 171.

Un instituteur communal ne peut pas tenir en même temps une école privée : Av. C. 2 déc. 1834, II, 171.

Conditions auxquelles les instituteurs, munis d'un brevet du degré élémentaire, pourront être autorisés à quitter momentanément leur école pour entrer dans une école normale primaire : A. 29 déc. 1835, II, 215.

Mesures à prendre à l'égard des instituteurs convaincus d'inconduite ou d'immoralité : Av. C. 18 nov. 1836, II, 286.

Le fils du maire peut être instituteur dans la commune administrée par son père : Av. C. 15 nov. 1842, II, 472.

Un instituteur, à la tête d'une école servant à deux communes, reste, en cas de disjonction, chef de l'école qu'il dirigeait primitivement : Av. C. 24 nov. 1843, II, 498.

Ouverture d'un concours entre les instituteurs publics sur une question de pédagogie : A. 12 déc. 1860, III, 762.

Amélioration du sort des instituteurs : C. 12 mai 1867, IV, 147.

Bénéfice de l'externat libre dans les lycées et collèges accordé aux fils d'instituteurs publics : L. 13 avril 1900, art. 29, VI, 916.

ENGAGEMENT DÉCENNAL. — Voir ce mot dans la nomenclature générale de la table.

FONCTIONS ACCESSOIRES des instituteurs : C. 26 août 1862, III, 810.

Projets et propositions de lois : sept. 1791, tit. IV, v et XVII, I, 11 et s. ; — avril 1792, tit. II, art. 7, et tit. VIII, art. 11-12, I, 15 et s. ; — août 1792, art. 1-2, 7, I, 24 et s. ; — 12-18 déc. 1792, I, 27 ; — 24 déc. 1792, art. 12, I, 36 ; — 26 juin 1793, art. 9-16, I, 45 ; — 3 juil. 1793, art. 5, 50, I, 49 et s. ; — 1er oct. 1793, art. 10-15, I, 67 ; — 20 oct. 1793, art. 6, I, 70 ; — 13 avril 1794, sect. I, art. 4 ; sect. II ; sect. III, art. 4, 10-13, I, 92 et s. ; — 13 nov. 1894, I, 100 ; — 27 mai 1795, tit. II, I, 116 ; — 12 nov. 1798, tit. III-V, I, 143 et s. ; — 23 nov. 1798, tit. II, art. 3-4, et tit. x, I, 148 et s. ; — 18 févr. 1799, § III, I, 158 ; — 20 avril 1799, I, 162 ; — 8 nov. 1800, tit. IV, § 1er ; tit. V, art. 1-2 ; tit. VI, § 1er ; tit. VII, I, 172 et s. ; = 20 janv. 1831, art. 9-13, I, 389 ; — 24 oct. 1831, art. 5, I, 415 ; — 17 nov. 1832, art. 8, I, 425 ; = 31 mars 1847, art. 10, 14, 16, 19, II, 562 et s. ; — 20 juil. 1847, art. 9, 13, 15-17, 19, II, 592 et s. ; = 30 juin 1848, tit. II, III, 36 ; — 15 déc. 1848, art. 16-23, III, 100 ; — 18 juin 1849, art. 24-26, 30-36, III, 176 et s. ; — 6 oct. 1849, art. 23-25, 29-35, III, 234 et s. ; — 13 déc. 1849, art. 2-5, III, 267 ; — 17 déc. 1849, art. 38-42, 49-56, III, 276 et s. ; — 17 déc. 1849, III, 284 ; = 24 mai 1865, art. 10-11, IV, 53 ; = 27 mai 1871, IV, 287 ; — 15 déc. 1871, art. 7, IV, 337 ; — 19 déc. 1871, IV, 343 ; — 10 janv. 1872, art. 9, IV, 346 ; — 26 janv. 1872, art. 19,

IV, 351; — 3 juil. 1872, art. 3, 48-69, IV, 399 et s.; — 22 janv. 1873, IV, 434; — 24 janv. 1873, IV, 434; — 6 mars 1873, IV, 442; — 20 mars 1876, IV, 581; — 26 mai 1876, IV, 600; — 7 juil. 1876, art. 6, 12-14, IV, 623; — 29 juil. 1876, IV, 629; — 23 mars 1877, art. 70-96, IV, 694; — 5 mai 1877, IV, 709; — 18 mai 1877, IV, 715; — 1er déc. 1877, art. 62-82, IV, 736; — 22 janv. 1878, IV, 762; — 10 mai 1878, IV, 783; — 4 nov. 1878, IV, 829; — 20 mai 1879, art. 1er, V, 61; — 6 déc. 1879, art. 6, 29-38, 47-50, V, 85 et s.; — 20 janv. 1880, art. 5, V, 119; — 15 juil. 1880, V, 201; — 24 déc. 1880, V, 223; — 7 févr. 1882, art. 4, 6, 17-41, V, 379 et s.; — 16 févr. 1882, art. 9-24, V, 400; — 28 févr. 1882, art. 2, 9, V, 406; — 13 mars 1886, art. 5-11, 19-21, 28-40, V, 655 et s.; — 4 nov. 1886, V, 699; — 5 nov. 1886, V, 700; — 1er févr. 1887, VI, 1; — 21 mai 1889, VI, 144; — 19 févr. 1891, art. 6-12, VI, 347; — 24 févr. 1891, VI, 356; — 28 févr. 1891, VI, 367; — 13 juin 1898, VI, 822.

Voir aussi, entre autres titres, AUTORISATION d'enseigner, BREVETS DE CAPACITÉ, CAISSES d'épargne et de prévoyance, CERTIFICAT de moralité, CLASSEMENT et avancement, ÉQUIVALENCES, EXEAT, INCOMPATIBILITÉ, INSTITUTEURS ADJOINTS et Institutrices adjointes, OPTION, PATENTE, PEINES DISCIPLINAIRES, RÉCOMPENSES, TRAITEMENTS.

INSTITUTEURS STAGIAIRES.

Division des instituteurs en ⟨…⟩ et en titulaires : L. 30 oct. 1886, art. 22-24, V, 680; — D. 18 janv. 1887, art. 17-19, V, 723; — L. 19 juil. 1889, art. 6, 11, VI, 165; — L. 25 juil. 1893, art. 6, 11, VI, 503.

Propositions de lois : 7 févr. 1882, art. 21, 25, V, 381; — 16 févr. 1882, art. 9, 11, V, 400; — 13 mars 1886, art. 10, V, 656.

INSTITUTEURS SUPPLÉANTS.

Faculté de pourvoir à la direction d'une école par la délégation d'un instituteur suppléant : D. 7 oct. 1850, art. 15-16, III, 387; — C. 24 déc. 1850, III, 413.

Conditions de nomination, fonctions, traitement : D. 31 déc. 1853, III, 568; — C. 3 févr. 1854, III, 575; — C. 31 oct. 1854, III, 605.

Admission des ⟨…⟩ à contracter l'engagement décennal : C. 3 févr. 1854, III, 576.

Réduction des ⟨…⟩ à une seule classe : D. 20 juil. 1858, III, 728.

Suppression des ⟨…⟩ : D. 29 déc. 1860, III, 765; — C. 20 janv. 1861, III, 767.

Voir aussi SUPPLÉANCE des instituteurs et institutrices publics.

INSTITUTIONS LIBRES.

Conditions d'établissement et de surveillance des classes primaires dans les ⟨…⟩ : A. 21 août 1818, I, 269.

Inspection des ⟨…⟩ : A. 17 déc. 1839, II, 433.

Voir aussi CHEF D'INSTITUTION, INTERNATS, MAÎTRES ET MAÎTRESSES de pensions, PENSIONNATS, PENSIONS de jeunes filles.

INSTRUCTION civique.

Voir ENSEIGNEMENT moral et civique.

INSTRUCTION dans la famille.

Faculté pour les parents de donner aux enfants l'⟨…⟩ : L. 28 mars 1882, art. 16, V, 428.

Examen à subir par les enfants qui reçoivent l'⟨…⟩ : A. 22 déc. 1882, V, 486.

Projets et propositions de lois : 18 déc. 1792, art. 6-9, I, 31; — 3 juil. 1793, art. 6, I, 49; — 1er août 1793, XIII, I, 60; — 22 nov. 1798, tit. 1er, art. 3; tit. IV et VII,

I, 147 et s.; — 30 juin 1848, art. 3, III, 36; — 15 déc. 1848, art. 14, III, 100; — 5 févr. 1849, art. 1er, III, 143; — 6 sept. 1871, art. 2, IV, 299; — 12 juin 1872, art. 8, IV, 370; — 23 mars 1877, art. 62-63, IV, 692; — 1er mai 1877, art. 8, IV, 708; — 1er déc. 1877, art. 53-54, IV, 735; — 6 déc. 1879, art. 15, V, 86; — 20 janv. 1880, art. 9, V, 110.

INSTRUCTION intégrale.

Proposition de loi tendant à instituer l'instruction intégrale par voie de concours : 3 avril 1888, VI, 95.

INSTRUCTION morale et religieuse.

Comprise dans les matières de l'enseignement primaire : Règl. 14 déc. 1832, art. 1er, I, 429; — L. 28 juin 1833, art. 1er, II, 11; — Stat. 25 avril 1834, art. 1er, II, 123; — O. 23 juin 1836, art. 1er, II, 252; — Règl. 7 mars 1837, art. 2, II, 306; — A. 20 mars 1840, art. 1er, II, 436; — L. 15 mars 1850, art. 23, III, 329; — D. 24 mars 1851, art. 1er, III, 453; — Règl. 17 août 1851, art. 13, III, 483; — C. 31 oct. 1854, III, 614; — D. 2 juil. 1866, art. 1er, IV, 91.
Obligation pour les instituteurs libres de donner l'~ : Décis. C. dép. S. 14 nov. 1873, IV, 496.

Projets et propositions de lois : janv. 1821, art. 2-11, I, 298; — 20 janv. 1831, art. 1er, I, 388; — 15 déc. 1848, art. 11, 24-25, III, 99 et s.; — 18 juin 1849, art. 21, III, 175; — 6 oct. 1849, art. 21, III, 234; — 17 déc. 1849, art. 25, III, 274; — 31 déc. 1879, art. 21, III, 301; — 12 juin 1872, art. 2, IV, 369; — 3 juil. 1872, art. 1er, IV, 399; — 23 mars 1877, art. 2, IV, 684.

Voir aussi INSTRUCTION religieuse.

INSTRUCTION PRIMAIRE.

Lois organiques de l'~ : D. 21 oct. 1793, I, 73; — D. 26-30 oct. 1793, I, 74; — D. 28 oct. 1793, I, 76; — D. 19 déc. 1793, sect. III, I, 83; — 17 nov. 1794, I, 101; — 24 oct. 1795, tit. 1er, I, 120; — L. 1er mai 1802, tit. II, I, 179; — O. 29 févr. 1816, I, 240; — O. 2 août 1820, I, 289; — O. 8 avril 1824, tit. V et VI, I, 325 et s.; — O. 14 févr. 1830, I, 377; — L. 28 juin 1833, II, 1, 11; — O. 23 juin 1836, II, 251; — L. 15 mars 1850, III, 322; — L. 10 avril 1867, IV, 133; — L. 16 juin 1881, V, 259 et 261; — L. 28 mars 1882, V, 417; — L. 30 oct. 1886, V, 669.
Observations relatives à l'~ : C. 22 avril 1822, I, 316. = Demande de renseignements et d'observations sur l'~ : C. 17 oct. 1832, I, 420. = Institution d'une commission chargée de préparer une loi sur l'~ : A. 3 janv. 1849, III, 115. = Étude des questions qui intéressent l'~ : Let. 2 oct. 1870, IV, 278.
Conditions de l'~ dans les établissements d'enseignement secondaire : Décis. 3 févr. 1809, I, 204; — A. 18 mars 1856, III, 693; — C. 5 avril 1856, III, 697.
Limites où doit se renfermer l'enseignement dans les établissements d'~ : C. 7 juil. 1862, III, 798.
Tâche des recteurs en matière d'~ : C. 27 août 1850, III, 372.
Application de la législation d'~ aux trois nouveaux départements annexés : D. 18 août 1860, III, 759.

Projets et propositions de lois : janv. 1821, I, 297; — 20 janv. 1831, I, 388; — 24 oct. 1831, I, 414; — 17 nov. 1832, I, 424; — 31 mars 1847, II, 546; — 20 juil. 1847, II, 569; — 30 juin 1848, III, 33; — 15 déc. 1848, III, 63; — 5 févr. 1849, III, 118; — 24 mai 1865, IV, 48; — 6 avril 1866, IV, 83; — sept. 1866, IV, 119; — 15 févr. 1867, IV, 127; — 26 mars 1867, IV, 128; — 15 déc. 1871, IV, 324; — 10 janv. 1872, IV, 346; — 12 janv. 1872, IV, 347; — 26 janv. 1872, IV, 348; — 5 févr. 1872, IV, 356; — 30 mai 1872, IV, 366; — 12 juin 1872, IV, 369; — 3 juil. 1872, IV, 383; — 6 janv. 1873, IV, 423; — 8 janv. 1873, IV, 423; — 10 janv. 1873,

.IV, 424; — 22 janv. 1873, **IV**, 434; — 24 janv. 1873, IV, 434; — 25 janv. 1873, **IV**, 435; — 27 janv. 1873, **IV**, 435; — 6 mars 1873, **IV**, 442; — 29 juil. 1876, IV, 629; — 23 mars 1877, **IV**, 681; — 1er mai 1877, **IV**, 707; — 1er déc. 1877, IV, 726; — 4 nov. 1878, IV, 821; — 6 déc. 1879, **V**, 82; — 15 juil. 1880, V, 201; — 7 févr. 1882, **V**, 370; — 28 févr. 1882, **V**, 403; — 13 mars 1886, **V**, 654 et 856; — 2 avril 1887, **VI**, 16; — 16 mai 1889, VI, 142 et 150; — 2 juin 1892, VI, 416, et 446, 586, 602; — 20 janv. 1894, **VI**, 547 et 553; — 9 juil. 1894, **VI**, 567; — 13 nov. 1896, **VI**, 742, 743.

Voir aussi Écoles normales primaires, Écoles primaires élémentaires, Écoles primaires supérieures, Instituteurs et Institutrices, Matières de l'enseignement primaire.

INSTRUCTION PROFESSIONNELLE.

Création de 3 degrés progressifs d'ᴍ : D. 15 sept. 1793, I, 66.

Voir aussi Écoles manuelles d'apprentissage, Écoles professionnelles.

INSTRUCTION PUBLIQUE.

Mesures à prendre pour organiser l'ᴍ : D. 4 août 1789, I, 1 ; — L. 3-14 sept. 1791, I, 9 ; — L. 24 juin 1793, I, 44 ; — D. 13 août 1793, I, 65 ; — D. 15 sept. 1793, I, 66 ; — D. 19 déc. 1793, I, 82 ; — Constit. 22 août 1795, I, 119 ; — D. 24 oct. 1795, I, 120 ; — A. 17 nov. 1797, I, 130 ; — L. 1er mai 1802, I, 178 ; — D. 17 mars 1808, I, 196 ; — D. 17 sept. 1808, I, 199 ; — L. 15 mars 1850, III, 322 ; — D. 9 mars 1852, III, 492 ; — L. 14 juin 1854, III, 587.

Déchéance et remplacement des fonctionnaires de l'ᴍ qui n'ont pas prêté serment : D. 15-17 avril 1791, I, 7.

Aperçu des frais que coûtera le plan d'ᴍ : 24 mai 1792, I, 18.

Message présenté par le Directoire exécutif au Conseil des Cinq-Cents sur la situation de l'ᴍ : 24 oct. 1798, I, 133.

Enquête sur la situation de l'ᴍ : C. 15 mars 1801, I, 176.

Promesse d'une loi sur l'ᴍ : Charte, 14 août 1830, I, 383.

Commission chargée de reviser les lois, décrets et ordonnances concernant l'ᴍ : O. 3 févr. 1831, I, 391.

Projets et propositions de lois : 10-19 sept. 1791, I, 9 ; — 20-21 avril 1792, I, 14 ; — 20 déc. 1792, I, 32 ; — 26 juin 1793, I, 44 ; — 3 juil. 1793, I, 48 ; — 13 avril 1794, I, 88 et 91 ; — 27 mai 1795, I, 115 ; — 9 nov. 1798, I, 140 ; — 8 nov. 1800, I, 168 ; = 5 févr. 1849, III, 118, 143 ; — 18 juin 1849, III, 162, 173 ; — 6 oct. 1849, III, 192 ; — 17 déc. 1849, III, 270 ; — 31 déc. 1849, III, 289.

INSTRUCTION RELIGIEUSE.

Donnée dans les écoles : D. 17 mars 1808, art. 38, 1°, I, 197 ; — O. 29 févr. 1816, art. 7, 30, I, 241 et s. ; — Règl. 9 oct. 1819, art. 16, I, 277 ; — A. 30 juin 1829, art. 22, I, 373 ; — Règl. 14 déc. 1832, art. 1er, I, 429 ; — L. 28 juin 1833, art. 2, II, 12 ; — Stat. 25 avril 1834, art. 1er, 4-5, 8, II, 123 et s. ; — O. 28 juin 1836, art. 1er, II, 252 ; — Règl. 7 mars 1837, art. 2-3, II, 306 ; — O. 22 déc. 1837, art. 1er, II, 352 ; — O. 24 avril 1838, art. 50, II, 384 ; — Av. C. 20 juin 1845, II, 514 ; — L. 15 mars 1850, art. 23, 44, § 2, III, 329 et s. ; — D. 7 oct. 1850, art. 11, III, 386 ; — D. 24 mars 1851, art. 1er, 9, III, 453 et s. ; — Règl. 17 août 1851, art. 20-26, 45, III, 485 et s. ; — D. 21 mars 1855, art. 2-3, 6, III, 628 et s. ; — Règl. 22 mars 1855, art. 8, 16, III, 638 et s. ; — D. 2 juil. 1866, art. 1er-2, IV, 91 ; — Règl. 7 juin 1880, art. 3, V, 170 ; — Règl. 6 janv. 1881, art. 3, V, 235 ; — D. 29 juil. 1881, art. 31, V, 277 ; — D. 2 août 1881, art. 13, V, 305 ; — L. 28 mars 1882, art. 2, V, 420 ; — Règl. 18 juil. 1882, art. 5, V, 442 ; — D. 9 janv. 1883, art. 31, V, 505 ; — D. 18 janv. 1887, art. 83, V, 740 ; — Règl. 18 janv. 1887, art. 5, V, 823.

Mode d'enseignement de l'ᴗ : Let. 10 nov. 1837, II, 339.

Mesures à prendre pour assurer l'ᴗ des élèves appartenant à un culte reconnu par l'État, autre que le culte catholique : C. 12 nov. 1835, II, 210.

Interrogations sur l'ᴗ dans les examens : I. 14 juin 1816, 1, 252, *n.* 1 ; 253, *n.* 1 ; 254, *n.* 1 ; — Av. C. 20 juin 1837, II, 320 ; — A. 20 mars 1840, art. 1ᵉʳ, II, 436 ; — Règl. 13 avril 1849, art. 2, § 3, III, 153 ; — A. 15 févr. 1853, art. 2, 11, 2°, 15, III, 514 et s.; — C. 15 oct. 1853, III, 540 ; — Av. 7 juil. 1858, III, 726 ; — A. 3 juil. 1866, art. 15, 22, IV, 107 et s.

Obligation pour les instituteurs de donner l'ᴗ dans leurs écoles : A. C. dép. Rh. 4 sept. 1873, IV, 492 ; — Décis. C. dép. S. 14 nov. 1873, IV, 496.

Projets et propositions de lois : sept. 1791, ɪ, art. 5, I, 9 ; — avril 1792, tit. ɪɪ, art. 6, I, 15 ; — 12 déc. 1792, tit. ɪᵉʳ, § 5, I, 27 ; — 24 déc. 1792, art. 6-7, I, 35 ; — 27 mai 1795, tit. ɪᵉʳ, art. 10, I, 116 ; — janv. 1821, art. 2-11, I, 298 ; — 20 janv. 1831, art. 1ᵉʳ, I, 388 ; — 17 nov. 1832, art. 1ᵉʳ, I, 424 ; — 31 mars 1847, art. 12, II, 563 ; — 30 juin 1848, art. 1ᵉʳ, III, 36 ; — 15 déc. 1848, art. 11-13, 24, 47, III, 99 et s.; — 31 déc. 1849, art. 46, III, 306 ; — 12 juin 1872, art. 2, IV, 370 ; — 1ᵉʳ mars 1877, IV, 664 ; — 23 mars 1877, art. 2, § 3, IV, 685 ; — 28 févr. 1882, art. 3, V, 406.

Voir aussi Certificat d'instruction religieuse, Cultes reconnus par l'État, Israélite (Culte), Ministres du culte, Protestant (Culte).

INTERDICTION d'enseigner.

Prononcée à temps ou à toujours : L. 28 juin 1833, art. 7, 24, II, 12 et s.; — Av. C. 5 déc. 1834, II, 172 ; — Av. C. 18 nov. 1836, 3° et 4°, II, 287, 288 ; — Av. C. 18 nov. 1842, II, 473 ; — L. 15 mars 1850, art. 30, 33, § 3, III, 331 et s.; — D. 21 mars 1855, art. 24, III, 632 ; — Décis. 18 juil. 1863, IV, 3 ; — L. 30 oct. 1886, art. 30, 32, 41, V, 683 et s.

Remise des ᴗ prononcées contre les instituteurs : Av. 7 juil. 1857, III, 709. = Réduction de la peine d'ᴗ : Décis. 9 juil. 1862, III, 799 ; — Décis. 12 juil. 1862, III, 800.

Effets de la réhabilitation en ce qui touche le droit d'enseigner : Av. 28 janv. 1869, IV, 199.

Projets et propositions de lois : 24 oct. 1831, art. 16, I, 416 ; — 17 nov. 1832, art. 12, I, 426 ; — 30 juin 1848, art. 24, III, 38 ; — 15 déc. 1848, art. 51, III, 105 ; — 3 juil. 1872, art. 63-64, IV, 409 ; — 1ᵉʳ déc. 1877, art. 132, IV, 748 ; — 7 févr. 1882, art. 40, V, 385 ; — 16 févr. 1882, art. 21, V, 402.

INTERNATS primaires de Jeunes filles.

Inspection des ᴗ : D. 31 déc. 1853, art. 10-12, III, 569 ; — D. 26 déc. 1882, V, 494 ; — L. 30 oct. 1886, art. 9, V, 674 ; — D. 18 janv. 1887, art. 142-143, V, 757.

ISRAÉLITE (Culte).

Comités spéciaux pour la surveillance des écoles du ᴗ : Décis. 18 mai 1816, I, 250 ; — O. 16 oct. 1830, art. 7, I, 384 ; — A. 17 avril 1832, II, 39, *n.* 1 ; — C. 24 juil. 1833, II, 39 ; — O. 5 nov. 1833, art. 2, II, 70 ; — O. 26 oct. 1838, art. 3, II, 404 ; — O. 8 sept. 1845, art. 2, II, 524. = Le suppléant d'un rabbin, s'il n'est pas ministre du culte, n'est point membre des comités : Av. C. 13 juin 1843, II, 494.

Un instituteur israélite ne peut jouir de la dispense militaire que s'il est instituteur public : Av. C. 15 nov. 1842, II, 472.

Un délégué du ᴗ est au nombre des autorités préposées à la surveillance et à la direction morale de l'enseignement primaire : L. 15 mars 1850, art. 44, III, 335 ; — D. 29 juil. 1850, art. 47, III, 366.

Projets et propositions de lois : 6 oct. 1849, art. 44, 46, III, 238 ; — 31 déc. 1849, art. 44, 46, III, 305.

J

JARDINS.

Les ⏜ à l'école : C. 2 juil. 1866, **IV**, 99.
Plantation et entretien de ⏜ annexés aux écoles rurales : C. 16 févr. 1872, **IV**, 356.
Obligation d'annexer un ⏜ à chaque école primaire publique : C. 11 déc. 1887, **VI**, 72.

Proposition de loi : 15 déc. 1848, art. 45, **III**, 104.

Voir aussi HORTICULTURE.

JEUNESSE OUVRIÈRE (Association libre pour l'éducation de la).

Demande de reconnaissance légale : Av. 30 juin 1873, **IV**, 469.

JEUX et exercices corporels.

Concours pour l'introduction de ⏜ dans les écoles de garçons : A. 13 nov. 1888, **VI**, 126 ; — de jeux actifs dans les écoles d'aveugles : A. 8 avril 1889, **VI**, 140.
Enquête sur les établissements d'enseignement primaire en matière de jeux en plein air : C. 28 déc. 1898, **VI**, 838.

JOURNAUX.

Publication d'un recueil périodique à l'usage des écoles primaires : Rap. 19 oct. 1832, **I**, 423.
Observations sur la publication de ⏜ par des inspecteurs primaires : C. 8 déc. 1838, **II**, 407.

Voir aussi MANUEL GÉNÉRAL.

JOURS.

Nouveaux noms donnés aux ⏜ : D. 24 nov. 1793, **I**, 81.

JUGE DE PAIX.

Membre des comités d'instruction : O. 29 févr. 1816, art. 2, **I**, 240 ; — Décis. 30 avril 1816, **I**, 249 ; — O. 2 août 1820, art. 8, **I**, 290 ; — O. 21 avril 1828, art. 3, **I**, 341 ; — O. 16 oct. 1830, art. 3, **I**, 384 ; — L. 28 juin 1833, art. 19, **II**, 17.
La présence du ⏜ n'est plus nécessaire dans les comités cantonaux pour les écoles protestantes : C. 29 avril 1824, § 3, **I**, 327.
Suppléance du ⏜ dans les comités : Av. C. 19 nov. 1833, **II**, 82 ; — Av. C. 26 mai 1837, **II**, 316.
Assistance du ⏜ aux réunions des délégués cantonaux à Paris : L. 15 mars 1850, art. 43, **III**, 335.

Proposition de loi : 15 déc. 1848, art. 65, **III**, 108.

JURIDICTION de l'Université.

Étendue de la ⏜ sur ses membres : D. 15 nov. 1811, art. 41-42, **I**, 220 ; — I. 19 janv. 1821, **I**, 302.

JURISPRUDENCE.

1° Conseil d'État.

Annulation d'une délibération d'un Conseil général pour excès de pouvoir : 17 juil. 1873, **IV,** 472.

Cas d'annulation, par arrêté préfectoral pris en Conseil de préfecture, de délibérations de conseils municipaux, relatives à l'instruction primaire : 7 févr. 1873, IV, 438.

Conditions légales du recrutement des instituteurs et institutrices primaires : 16 déc. 1874, IV, 541.

Demande de reconnaissance présentée par une congrégation : 20 juil. 1849, III, 830.

Déplacement d'un instituteur : 22 mars 1866, **IV,** 78.

Dons et legs faits à une ville et à ses hospices : 26 avril 1855, III, 643 ; = conjointement à une commune et à une fabrique : 24 juil. 1862, III, 803 ; = à des fabriques : 12 avril 1837, III, 827 ; — 4 mars 1841, III, 828 ; — 6 déc. 1854, III, 619 ; — 24 janv. 1863, III, 813 ; — 22 nov. 1866, **IV,** 122 ; = à des congrégations ou établissements ecclésiastiques : 26 janv. 1853, III, 534, *n.* 1 ; — 10 juin 1863, III, 820 ; — 29 juin 1864, IV, 28 ; — 11 janv. 1865, IV, 34 ; — 24 juil. 1873, IV, 476 ; = à des consistoires : 15 févr. 1837, **III,** 827. = Compétence pour l'interprétation d'une donation à un établissement scolaire : 24 déc. 1863, **IV,** 16. = Interprétation d'une donation faite en vue d'améliorer le traitement d'un instituteur : 25 juil. 1857, III, 711. = Garde des titres de rente ou de propriété formant l'objet d'une donation : 30 déc. 1846, III, 829 ; — 10 juin 1863, III, 820 ; — 18 déc. 1867, IV, 181 ; — 24 juil. 1873, IV, 476.

Droit d'annulation à exercer par le ministre en matière d'arrêté préfectoral concernant l'instruction primaire : 7 févr. 1873, IV, 436.

Droit de présentation pour la nomination des instituteurs : par les supérieurs des congrégations religieuses : 6 août 1853, III, 533 ; = par les consistoires : 25 avril 1873, **IV,** 455 ; — déc. 1875, IV, 577 ; — 31 janv. 1879, IV, 852.

Droit de recours devant le Conseil supérieur de l'Instruction publique : 23 janv. 1864, IV, 19.

Droit pour les conseils municipaux d'exprimer leur avis dans les questions d'option entre instituteurs laïques et instituteurs congréganistes : 17 janv. 1873, IV, 425, 427 ; — 21 mars 1873, IV, 445 ; — 28 mars 1873, IV, 449 ; — 23 mai 1873, IV, 458.

Fournitures de papeterie faites à leurs élèves par les instituteurs : 3 mars 1864, IV, 24.

Frais de suppléance des instituteurs publics à la charge de l'État : 26 juil. 1894, **VI,** 572 ; — 27 nov. 1894, **VI,** 588.

Impositions extraordinaires : 29 mars 1853, III, 519. = Réclamations d'un contribuable au sujet de centimes additionnels qu'il attaque comme indûment perçus : 30 mai 1861, III, 773. = Décharge des centimes additionnels spéciaux en cas de suffisance des revenus ordinaires de la commune pour pourvoir aux dépenses de l'instruction primaire : 11 août 1869, IV, 229. = Rejet d'une demande en décharge de centimes additionnels affectés aux dépenses de l'enseignement primaire : 24 janv. 1879, **IV,** 849.

Inscription d'office de la dépense d'une école de filles : 4 mars 1865, IV, 39 ; — du traitement d'une seconde institutrice dans une commune régulièrement pourvue d'une école de filles : 17 janv. 1873, IV, 430 ; — de traitements d'instituteurs : 9 mars 1870, IV, 243 ; — 16-23 mars 1877, IV, 703 ; — 26 juil.-2 août 1878, IV, 804 ; — 29 nov.-6 déc. 1878, IV, 831. ! = Conditions de l'inscription d'office d'une dépense obligatoire au budget de la commune : 12 janv. 1877, **IV,** 654. = Annulation d'un crédit inscrit d'office au budget communal : 14 nov. 1879, **V,** 80.

Logement des économes dans les Écoles normales primaires : 4 juin 1891, **VI,** 384.

Notification irrégulière d'une décision du Conseil supérieur de l'Instruction publique : 23 avril 1875, **IV,** 548.

Obligations des instituteurs libres vis-à-vis des inspecteurs primaires : mars 1876, **IV,** 584.

Opposition à l'ouverture d'une école : 18 nov. 1852, III, 512; — 28 févr. 1866, IV, 70.

Patente d'un instituteur communal qui gère pour son compte un pensionnat primaire : 5 oct. 1857, III, 719; = d'un directeur d'école primaire supérieure à internat : 23 févr. 1900, VI, 913. = Application de la patente à un directeur d'externat : 23 avril 1862, III, 792. = Exemption de la patente en faveur d'instituteurs libres qui n'ont pas de pensionnat : 23 juil. 1863, IV, 4; — 27 nov. 1867, IV, 180; = d'un instituteur qui ne fait des fournitures de papeterie à ses élèves que dans l'intérieur de son école : 3 mars 1864, IV, 24.

Perception de la rétribution scolaire dans une école dotée d'un legs pour le payement du traitement de l'instituteur : 31 juil. 1862, III, 806.

Réclamation d'une commission de surveillance d'école normale : 20 mai 1863, III, 818.

Refus d'approbation d'un projet d'acquisition de maison d'école : 7 juil. 1853, III, 531.

Réparations d'une maison donnée pour l'établissement d'une école : 28 mars 1863, III, 814.

Restriction du droit d'annulation par le ministre compétent d'un traité approuvé par le préfet : 2 mars 1877, IV, 666.

Réunion de plusieurs communes pour l'entretien d'une école : 18 mars 1865, IV, 43.

Réunions illégales de conseils municipaux : 4 avril 1856, III, 694.

Situation de l'instituteur suppléé, au point de vue de la loi sur les retraites : 27 nov. 1894, VI, 588.

Subventions aux écoles libres : 13-20 févr. 1891, VI, 343; = à un cours privé pour les adultes : 29 nov. 1898, VI, 836.

Traitement des instituteurs et institutrices : 7 déc. 1844, IV, 375, n. = Traitement à payer à l'instituteur révoqué, entre le moment de sa révocation et la confirmation de celle-ci par le Conseil de l'Université : 14 févr. 1856, III, 691. = Mode d'établissement du traitement d'un maître adjoint d'école normale révoqué : 18 nov. 1869, IV, 234.

2° Conseil supérieur de l'Instruction publique.

Écoles entretenues par les fabriques : 30 janv. 1869, IV, 203.

Enseignement primaire libre ou privé : V, 686-690, n.; — VI, 617, n. 2.

Exemption du service militaire accordée aux novices des associations religieuses vouées à l'enseignement : 30 janv. 1869, IV, 204.

Interdiction prononcée contre un instituteur : réduction de la peine : 18 juil. 1863, IV, 3; = effets de la réhabilitation en ce qui touche le droit d'enseigner : 28 janv. 1869, IV, 199.

Liberté pour un chef d'institution secondaire de recevoir dans son établissement des enfants au-dessous de six ans : 24 juin 1873, IV, 466.

Opposition par un maire à l'ouverture d'une école libre : 23 févr. 1870, IV, 240.

Recours formé par une commune contre une décision du Conseil départemental, touchant la dispense d'entretenir une école de filles : 14 juin 1873, IV, 464.

3° Cour de Cassation.

Autorisation d'enseigner reconnue aux ministres du culte : 26-27 janv. 1883, V, 505.

Capacité bénéficiaire des fabriques : 5 mai 1856, III, 698.

Capacité des consistoires protestants pour recevoir un legs destiné à l'entretien d'une école communale protestante : 18 mai 1852, III, 503.

Certificat de moralité : 1er juil. 1836, II, 258.

Conventions faites par une commune avec une école libre pour qu'elle reçoive les enfants indigents : 21 mars 1876, IV, 582.

Garderies d'enfants : 21 mars 1884, V, 570.

Mandat public du délégué cantonal : 6 nov. 1886, V, 702.

Ouverture, sans autorisation, d'une école : 1er juin 1827, **I**, 336; — d'une maison d'éducation : 29 mars 1866, **IV**, 81; — d'un cours d'adultes : 7 févr. 1846, **II**, 533; — d'écoles et pensionnats privés : 16 avril 1879, **V**, 38; — 20 mai 1881, **V**, 257.

Tenue d'un pensionnat : 27 nov. 1846, **II**, 541; — 17 mars 1859, **III**, 741.

Traités entre les municipalités et les congrégations religieuses : 16 mai 1874, **IV**, 517; — 18 août 1874, **IV**, 534.

4° *Cours d'appel.*

Compétence de l'autorité judiciaire pour maintenir provisoirement en possession des locaux qu'elle occupe une école congréganiste expulsée : 9 janv. 1872, **IV**, 344; — dans les poursuites en diffamation intentées par des instituteurs congréganistes : 14 juil. 1873, **IV**, 469.

Conditions d'âge et de capacité exigées pour la direction d'un pensionnat : 16 déc. 1875, **IV**, 574.

Enseignement secondaire donné illégalement par des instituteurs primaires : 16 janv. 1877, **IV**, 658.

Incompétence du juge des référés pour statuer sur la réintégration d'une congrégation religieuse dans une école communale : 11 déc. 1871, **IV**, 321; — de l'autorité judiciaire dans les contestations entre les communes et les congrégations enseignantes liées par un contrat : 19 juin 1872, **IV**, 372; — 1er juil. 1872, **IV**, 379.

Legs faits à une fabrique : 23 mars 1871, **IV**, 281.

Maintien des décrets constitutifs de l'Université jusqu'à la loi promise par la Charte : 28 juin 1831, **I**, 404.

Payement des frais de pension : 4 août 1875, **IV**, 561.

Répétitions privées données en attendant l'expiration du délai exigé pour l'ouverture légale de l'école : 28 janv. 1874, **IV**, 508.

Responsabilité de l'instituteur en cas d'accident survenu à ses élèves : 8 janv. 1874, **IV**, 502.

Révocation illégale d'un instituteur par un conseil municipal : 29 mai 1873, **IV**, 461.

Saisies faites pour payement de loyer de maison d'école : 2 mars 1875, **IV**, 545.

5° *Tribunaux civils.*

Compétence des Tribunaux civils pour connaître d'un traité intervenu entre le maire d'une commune et un employé d'une école communale : 29 mai 1877, **IV**, 716.

Demande de dommages-intérêts formée par les Frères des Écoles chrétiennes expulsés d'une école communale : 28 mai 1872, **IV**, 363.

Legs à une fabrique pour fondation d'école : 24 avril 1868, **IV**, 222, *n*. 1.

Recevabilité des actions en diffamation intentées par les instituteurs communaux : 8 févr. 1873, **IV**, 440.

6° *Tribunaux correctionnels.*

Ouverture d'une école sans autorisation : 16 mai 1874, **IV**, 518.

Reconnaissance, en faveur de l'instituteur, du caractère de fonctionnaire public : 26 mai 1883, **V**, 536.

Rupture de l'engagement décennal : 15 sept. 1876, **IV**, 647.

7° *Tribunaux de Commerce.*

Payement des frais de pension des élèves : 28 nov. 1871, **IV**, 320.

Privilége de la créance d'une maîtresse de pension : 3 juin 1880, **V**, 158.

8° *Tribunal des Conflits.*

Remplacement d'un instituteur congréganiste par un instituteur laïque : 11 janv. 1879, **IV**, 836.

9° *Comité du Contentieux au Ministère.*

Situation d'une école privée pendant le mois qui suit un changement de direction : 5 juil. 1895, **VI**, 630.

JURYS D'EXAMEN.

Allocations aux membres des ⏜ pour les différents titres de capacité de l'enseignement primaire : D. 17 juil. 1891, **VI**, 389.

Voir aussi Commissions d'examen et chaque Titre de capacité.

L

LAICISATION de l'enseignement primaire.

Procédure à suivre en matière d'option entre l'enseignement laïque et l'enseignement congréganiste dans les écoles primaires publiques : C. 24 sept. 1878, **IV**, 817; — C. 20 déc. 1879, **V**, 101.

Remplacement d'un instituteur congréganiste par un instituteur laïque : Trib. des Confl. 11 janv. 1879, **IV**, 836.

Droits des conseils municipaux pour la nomination d'instituteurs et d'institutrices laïques : Let. 27 févr. 1879, **V**, 11.

Vote de la laïcité de l'enseignement primaire : L. 28 mars 1882, art. 1-3, **V**, 418; — L. 30 oct. 1886, art. 17-19, 67, **V**, 679.

Départements où il ne doit plus être fait de nominations d'instituteurs ou institutrices congréganistes : A. 1er déc. 1886, **V**, 706. = Substitution du personnel laïque au personnel congréganiste : C. 3 déc. 1886, **V**, 711.

Projets et propositions de lois : 4 avril 1876, **IV**, 587; — 7 juil. 1876, art. 5, **IV**, 623; — 23 mars 1877, art. 1er, 77, **IV**, 684 et s.; — 1er déc. 1877, art. 7, **IV**, 728; — 6 déc. 1879, art. 94, **V**, 98; — 7 févr. 1882, art. 18, 74-75, **V**, 381 et s.; — 16 févr. 1882, art. 23, **V**, 402; — 11 mars 1882, **V**, 415; — 9 juil. 1894, **VI**, 567.

Voir aussi Option entre instituteurs laïques et congréganistes.

LANGUE ALLEMANDE.

Maintien de la pratique de la ⏜ dans les écoles d'une partie de la Lorraine : Av. 23 févr. 1870, art. 1er, **IV**, 242.

Voir aussi Langues vivantes.

LANGUE ARABE.

Introduction de la ⏜ dans les examens de l'enseignement primaire : A. 10 nov. 1875, **IV**, 573.

Primes pour la connaissance de la ⏜ accordées aux fonctionnaires de l'enseignement primaire en Algérie : D. 27 mai 1878, art. 2, **IV**, 795; — A. 17 mars 1882, **V**, 417; — D. 8 nov. 1887, art. 9, **VI**, 64; — L. 19 juil. 1889, art. 48, 10°, **VI**, 187; — L. 25 juil. 1893, art. 31, **VI**, 507.

LANGUE FRANÇAISE.

Enseignement de la ⏜ dans les écoles : D. 21 oct. 1793, art. 3, **I**, 73; — D. 17 nov. 1794, ch. iv, art. 2, 4°, et art. 3, **I**, 103; — L. 28 juin 1833, art. 1er, **II**, 11; — Stat. 25 avril 1834, art. 1er, **II**, 123; — O. 23 juin 1836, art. 1er, **II**, 252; — Règl. 7 mars 1837, art. 2, 3, 17, **II**, 306 et s.; — L. 15 mars 1850, art. 23, **III**, 329; — Règl. 24 mars 1851, art. 1er, **III**, 453; — Règl. 17 août 1851, art. 13, 29, **III**, 484 et s.; — D. 2 juil. 1866, art. 1er, **IV**, 91; — D. 29 juil. 1881, art. 7, **V**, 269; — L. 28 mars 1882, art. 1er, **V**, 419; — D. 9 janv. 1883, art. 7, **V**, 504; — D. 18 janv. 1887, art. 27, 82, **V**, 725 et s.; — D. 21 janv. 1893, art. 35, **VI**, 473.

Établissement d'instituteurs de ⏜ dans plusieurs départements : D. 28 janv. 1794, I, 86.

Programme développé de l'enseignement de la ⏜ dans les écoles normales primaires : A. 31 juil. 1851, III, 472.

Instruction sur l'enseignement de la ⏜ dans les classes élémentaires des lycées et collèges : C. 6 mars 1899, VI, 875.

Projets et propositions de lois : sept. 1791, I, art. 4, I, 9 ; — 3 juil. 1793, tit. II, art. 4, I, 49 ; — 1793, art. 5, I, 63 ; — 18 févr. 1799, art. 6, I, 157 ; — 20 janv. 1831, art. 1er, I, 388 ; — 17 nov. 1832, art. 1er, I, 424 ; — 30 juin 1848, art. 1er, III, 35 ; — 15 déc. 1848, art. 11, 24, III, 99 et s. ; — 18 juin 1849, art. 21, III, 175 ; — 6 oct. 1849, art. 21, III, 234 ; — 17 déc. 1849, art. 25, III, 274 ; — 31 déc. 1849, art. 21, III, 302 ; — 26 janv. 1872, art. 1er, IV, 348 ; — 12 juin 1872, art. 2, IV, 369 ; — 3 juil. 1872, art. 1er, IV, 399 ; — 23 mars 1877, art. 2, IV, 684 ; — 1er déc. 1877, art. 1er, IV, 726 ; — 6 déc. 1879, art. 3, V, 84.

Voir aussi BREVETS DE CAPACITÉ (Examens), ÉCOLES NORMALES PRIMAIRES (Enseignement), GRAMMAIRE FRANÇAISE, SYNTAXE FRANÇAISE.

LANGUES VIVANTES.

Enseignement des ⏜ dans les pensions et institutions : Règl. 7 mars 1837, art. 2, 3, 17, II, 306 et s. ; = dans les établissements d'enseignement primaire : L. 21 juin 1865, art. 9, IV, 55 ; — D. 9 janv. 1883, art. 7, 17°, V, 504 ; — A. 28 juil. 1885, art. 6, 4°, V, 629 ; — D. 18 janv. 1887, art. 35, 82, 18°, V, 728 et s. ; — D. 21 janv. 1893, art. 35, VI, 472.

Épreuve de ⏜ dans l'examen de maîtresse de pension : déc. 1843, II, 507 ; = dans les examens des brevets de capacité : A. 3 juil. 1866, art. 16-17, IV, 107 ; — A. 30 déc. 1884, art. 19, 6°, V, 599 ; — A. 18 janv. 1887, art. 151, 4°, et 152, 7°, V, 803 ; — A. 24 janv. 1896, art. 151, 4°, VI, 677.

Choix de la langue vivante à étudier dans les établissements d'instruction primaire : C. 27 nov. 1893, VI, 534.

Projets et propositions de lois : 15 décembre 1848, art. 12, 25, III, 100 et s. ; — 23 mars 1877, art. 2, IV, 684 ; — 1er déc. 1877, art. 1er, IV, 727 ; — 6 déc. 1879, art. 5, V, 84.

LEÇONS DE CHOSES.

Enseignées à l'école : D. 18 janv. 1887, art. 27, V, 725.

Propositions de lois : 23 mars 1877, art. 2, IV, 684 ; — 1er déc. 1877, art. 1er, IV, 726 ; — 6 déc. 1879, art. 2, V, 84.

LECTURE.

Enseignement de la ⏜ dans les établissements d'enseignement primaire : D. 21 oct. 1793, art. 3, I, 73 ; — D. 17 nov. 1794, ch. IV, art. 2, I, 103 ; — D. 24 oct. 1795, tit. Ier, art. 5, I, 120 ; — D. 17 mars 1808, art. 5, 6°, I, 197 ; — D. 15 nov. 1811, art. 192, I, 222 ; — O. 29 févr. 1816, art. 11, I, 242 ; — L. 28 juin 1833, art. 1er, II, 11 ; — O. 23 juin 1836, art. 1er, II, 252 ; — O. 22 déc. 1837, art. 1er, II, 352 ; — L. 15 mars 1850, art. 23, III, 329 ; — Règl. 17 août 1851, art. 27, III, 485 ; — D. 21 mars 1855, art. 2, III, 628 ; — Règl. 22 mars 1855, art. 9, III, 638 ; — L. 28 mars 1882, art. 1er, V, 419 ; — D. 18 janv. 1887, art. 27, V, 725.

Programmes de ⏜ et de récitation dans les Écoles normales primaires : A. 31 juil. 1851, III, 470.

Projets et propositions de lois : sept. 1791, I, art. 4, I, 9 ; — 12 déc. 1792, tit. Ier, I, 27 ; — 26 juin 1793, art. 23-24, I, 46 ; — 3 juil. 1793, tit. II, art. 4, I, 49 ; — 1793, art. 5, I, 63 ; — 13 avril 1794, sect. III, art. 2, I, 92 ; — 27 mai 1795, tit. II, art. 8, I, 117; — 12 nov. 1798, art. 6, I, 142; — 18 fév. 1799, art. 5, I, 157; — 20 avril 1799, art. 8, I, 163; — 8 nov. 1800, tit. III, § 1er, art. 2, I, 170; — 20 janv. 1831, art. 1er, I, 388; — 17 nov. 1832, art. 1er, I, 424; — 30 juin 1848, art. 1er, III, 35; — 15 déc. 1848, art. 11-12, 24-25, III, 99 et s.; — 18 juin 1849, art. 21, III, 175; — 6 oct. 1849, art. 21, III, 234; — 17 déc. 1849, art. 25, III, 274; — 31 déc. 1849, art. 21, III, 302; — 26 janv. 1872, art. 1er, IV, 348; — 12 juin 1872, art. 2, IV, 369; — 3 juil. 1872, art. 1er, IV, 399; — 23 mars 1877, art. 2, IV, 684; — 1er déc. 1877, art. 1er, IV, 726; — 6 déc. 1879, art. 2-3, V, 84.

LECTURES PUBLIQUES.

Les instituteurs sont chargés de faire des ⋎⋎ aux citoyens de tout âge : D. 30 mai 1793, art. 4, I, 43.

Institution de ⋎⋎ du soir à Paris : A. 8 juin 1848, III, 28; = dans les départements : C. 1er déc. 1848, III, 61.

Programme des ⋎⋎ : C. 8 juin 1848, III, 28, 30.

Voir aussi Conférences publiques.

LÉGION D'HONNEUR.

Nomination d'instituteurs au grade de chevalier de la ⋎⋎ : C. 1er juin 1892, VI, 415.

LEGS.

Conditions, mode d'acceptation et d'emploi des ⋎⋎ faits aux établissements d'instruction publique et aux communes : D. 12 août 1807, I, 195; = aux fabriques à la charge de fonder et d'entretenir des écoles primaires : Av. C. 10 févr. 1837, II, 299; — Av. C. d'Ét. 15 févr. 1837, III, 827; — Av. C. d'Ét. 12 avril 1837, III, 827; — Av. C. d'Ét. 4 mars 1841, III, 828; — Av. C. d'Ét. 30 déc. 1846, III, 829; — Av. C. 18 janv. 1848, III, 1; — Av. C. d'Ét. 6 déc. 1854, III, 619; — Décis. C. d'Ét. 24 juil. 1862, III, 803; — Av. C. d'Ét. 24 janv. 1863, III, 813; — Av. C. d'Ét. 10 juin 1863, III, 820; — Av. C. d'Ét. 22 nov. 1866, IV, 122; — Av. C. d'app. 5 juil. 1869, IV, 222; — Av. C. d'Ét. 24 juil. 1873, IV, 476; = à une ville et à ses hospices : Décis. C. d'Ét. 26 avril 1855, III, 643; = conjointement à une commune et à une fabrique : Décis. C. d'Ét. 24 juil. 1862, III, 803; = à des établissements ecclésiastiques et à des communautés religieuses : L. 2 janv. 1817, I, 259; — O. 2 avril 1817, I, 262; — O. 14 janv. 1831, I, 387; — Délib. C. 2 avril 1839, II, 411; — Décis. 17 mai 1839, II, 418; — Av. C. 21 janv. 1848, III, 2; — Av. 10 mars 1848, III, 13; — Av. 12 mai 1848, III, 23; — Av. 22 sept. 1848, III, 48, 49; — Av. 13 oct. 1848, III, 53; — Av. 2 avril 1852, III, 499; — Av. C. d'Ét. 29 juin 1864, IV, 28; — Av. C. d'Ét. 11 janv. 1865, IV, 34; — D. 11 janv. 1865, IV, 36, *n*.

Emploi des dons et ⋎⋎ selon les intentions des donateurs et testateurs : I. 9 août 1870, IV, 256.

Placement et immatriculation des sommes ou rentes, provenant de ⋎⋎ faits aux Frères des Écoles chrétiennes : D. 6 juil. 1863, IV, 1.

Recommandation aux notaires de transmettre immédiatement aux préfets un état des ⋎⋎ faits aux communes, aux associations religieuses, etc. : D. 30 juil. 1863, IV, 5.

Actions à raison des ⋎⋎ faits aux communes pour l'entretien d'écoles congréganistes : L. 30 oct. 1886, art. 19, V, 679.

Procédure à suivre en matière de ⋎⋎ : D. 1er févr. 1896, VI, 686.

Voir aussi Donations.

LETTRE D'EXEAT.

Voir Exeat.

LETTRE D'OBÉDIENCE.

Remise d'un brevet, sur le vu de leur ⚬, aux Frères des Écoles chrétiennes et aux membres des associations autorisées à former ou fournir des instituteurs primaires : O. 21 avril 1828, art. 10, I, 342; — C. 6 mai 1828, I, 347. = Abrogation de cette disposition : O. 18 avril 1831, I, 395.

La ⚬ tient lieu de brevet pour les institutrices appartenant à des congrégations religieuses enseignantes : I. 29 juil. 1819, I, 272; — O. 3 avril 1820, art. 3, I, 280; — I. 19 juin 1820, I, 286; — Av. C. 26 déc. 1834, II, 176; — O. 23 juin 1836, art. 13, II, 254; — C. 13 août 1836, II, 266; — A. 9 juin 1837, 2o, II, 320; — C. 25 janv. 1849, III, 117; — L. 15 mars 1850, art. 49, III, 336; = peut suppléer le certificat d'aptitude à la direction des salles d'asile : D. 21 mars 1855, art. 20, III, 631.

Suppression momentanée de la valeur de la ⚬ : C. 5 juin 1848, III, 27; — C. 6 nov. 1848, III, 54. = Validité des ⚬ antérieures au 5 juin 1848 : C. 6 nov. 1848, III, 56.

Suppression définitive et générale de la valeur attachée à la ⚬ : L. 16 juin 1881, art. 1er, V, 259.

Teneur d'une ⚬ : C. 28 févr. 1851, III, 444.

Modèles de ⚬ : I, 485; — II, 621 (Sœurs de la Doctrine chrétienne); — II, 623 (Sœurs de Saint-Joseph); — II, 625 (Filles de la Croix); — II, 627 (évêché d'Évreux).

Modèle de brevet de capacité délivré sur le vu d'une ⚬ : II, 659.

Projets et propositions de lois : 15 déc. 1848, art. 97, III, 113; — 6 oct. 1849, art. 55, III, 239; — 17 déc. 1849, art. 69, III, 281; — 31 déc. 1849, art. 50, III, 306; — 15 déc. 1871, art. 16, IV, 340; — 3 juil. 1872, art. 48, IV, 407; — 15 mai 1879, art. 4, V, 51.

LIBERTÉ de conscience.

Neutralité confessionnelle de l'école : L. 28 mars 1882, art. 2, V, 420.

Proposition de loi relative à la ⚬ assurée dans les écoles et les examens : 1er mars 1877, IV, 664; — 17 mai 1878, IV, 790.

LIBERTÉ d'enseignement.

Reconnaissance de la ⚬ : D. 19 déc. 1793, art. 1er, I, 82; — D. 17 nov. 1794, ch. IV, art. 15, I, 104; — O. 29 févr. 1816, art. 24, I, 243; — Charte, 14 août 1830, art. 60, I, 383; — L. 28 juin 1833, tit. II, II, 12; — A. 1er mars 1842, II, 455; — Constit. 4 nov. 1848, art. 9, III, 54; — L. 15 mars 1850, art. 17, 25, 27-30, III, 327 et s.; — C. 27 août 1850, III, 370; — L. 30 oct. 1886, art. 2, V, 670.

Projets et propositions de lois : sept. 1791, XIX, I, 14; — 26 juin 1793, art. 41-43, I, 48; — 1er oct. 1793, art. 34, I, 69; — 13 avril 1794, sect. I, art. I, 91; — 20 janv. 1831, art. 5, I, 389; — 24 oct. 1831, art. 2, I, 414; — 17 nov. 1832, tit. II, I, 425; — 31 mars 1847, art. 10, II, 562; — 30 juin 1848, tit. III, ch. II, III, 38; — 15 déc. 1848, tit. III, III, 105; — 23 mars 1877, art. 13, IV, 686; — 1er déc. 1877, art. 3, IV, 727; — 15 mai 1879, V, 43.

Voir aussi ÉCOLES primaires libres ou privées, INSTITUTEURS et INSTITUTRICES primaires libres ou privés.

LISTE D'ADMISSIBILITÉ.

Établissement d'une ⚬ aux fonctions d'instituteur public par les Conseils [académiques ou] départementaux : D. 7 oct. 1850, art. 13, III, 386; — L. 30 oct. 1886, art. 27, V, 681.

Règles à suivre dans l'établissement de la ⚬ : Av. 16 déc. 1850, III, 395; — C. 24 déc. 1850, III, 409.

8.

LISTE D'AVANCEMENT.

Établissement d'une ⌣ des instituteurs publics : D. 7 oct. 1850, art. 13, III, 386. Règles à suivre dans l'établissement de la ⌣ : Av. 16 déc. 1850, III, 395 ; — C. 24 déc. 1850, III, 410.

LISTE DE MÉRITE.

Avantages accordés aux instituteurs et institutrices portés sur la ⌣ dressée chaque année par le Conseil départemental : L. 19 juil. 1875, art. 3, IV, 553 ; — Let. juin 1878, IV, 553, *n.* 2.

LISTE DE PRÉSENCE.

Établissement d'une ⌣ journalière : Stat. 25 avril 1834, art. 23, II, 126.

Voir REGISTRE D'APPEL.

LITTÉRATURE.

Notions de littérature prescrites pour l'enseignement ou les examens : Règl. 28 juin 1836, art. 1er, II, 256 ; — Règl. 7 mars 1837, art. 3, 17, II, 307 et s.; — Règl. 13 avril 1849, 3e examen, III, 155.

Enseignement de la littérature française dans les Écoles primaires supérieures : D. 18 janv. 1887, art. 35, V, 728 ; — D. 21 janv. 1893, art. 35, VI, 473 ; = dans les Écoles normales primaires : D. 29 juil. 1881, art. 7, V, 269 ; — D. 9 janv. 1883, art. 7, V, 504 ; — D. 18 janv. 1887, art. 82, V, 739.

Propositions de lois : 12 juin 1872, art. 2, IV, 369 ; — 6 déc. 1879, art. 3, V, 84.

LIVRES scolaires ou classiques.

Composition de ⌣ : D. 13 juin 1793, I, 43 ; — D. 21 oct. 1793, art. 8, I, 74 ; — D. 19 déc. 1793, sect. III, art. 1-2, I, 83 ; — D. 29 janv. 1794, I, 87 ; — D. 17 nov. 1794, ch. III, art. 7, I, 102 ; — L. 31 mars 1796, I, 128 ; — L. 27 août 1796, I, 128 ; — O. 29 févr. 1816, art. 35, I, 244 ; — O. 14 févr. 1830, art. 12, 2o, I, 381 ; — L. 15 mars 1850, art. 56, III, 337.

Indication de ⌣ pour l'enseignement primaire : D. 19 déc. 1793, sect. III, art. 1er, I, 83 ; — 8 févr. 1817, I, 260 ; — C. 29 avril 1822, I, 319.

Programme pour la composition d'un livre de lecture courante à l'usage des écoles primaires : 1829, I, 365 ; — A. 24 sept. 1847, II, 598. = Commission chargée de préparer un recueil de morceaux choisis, destiné à servir de livre de lecture dans les Écoles normales primaires : A. 7 oct. 1851, III, 488.

Recommandation d'un moyen de répandre les bons livres élémentaires dans les écoles : C. 20 mars 1822, I, 314.

Publication et distribution de ⌣ : C. 2 nov. 1831, I, 365, *n.*; — C. 2 juin 1834, II, 143.

Mesures à prendre contre la vente des ⌣ : C. 6 nov. 1835, II, 204, *n.*

Institution d'un Conseil d'instruction publique pour examiner les livres élémentaires : A. 6 oct. 1798, I, 132.

Régime d'examen et autorisation des ⌣ : Décis. 12 août 1831, I, 407 ; — Stat. 25 avril 1834, art. 9, II, 125 ; — A. 5 sept. 1840, II, 440 ; — L. 15 mars 1850, art. 5, III, 324 ; — Av. 16 déc. 1850, III, 398 ; — C. 21 nov. 1851, III, 489 ; — A. 26 déc. 1858, III, 738 ; — A. 28 déc. 1858, III, 739 ; — A. 10 avril 1860, III, 752 ; — A. 11 janv. 1865, IV, 36 ; — A. 22 juil. 1873, IV, 473 et 475 ; — A. 3 nov. 1873, IV, 495 ; — A. 3 juil. 1875, IV, 549 ; — A. 14 oct. 1875, IV, 570.

Note présentée au Conseil supérieur de l'Instruction publique sur un projet relatif à l'examen des ⌣ : nov. 1864, IV, 32.

Exigence de l'autorisation pour l'admission des ᴍ dans les écoles primaires : Stat. 25 avril 1834, art. 9, II, 125 ; — Av. C. 5 janv. 1838, 5°, II, 359.

Liste des ᴍ autorisés dans les écoles primaires publiques et privées et dans les Écoles normales primaires : C. 22 juin 1837, II, 321. = Mode d'établissement des listes de ᴍ dans les écoles primaires publiques et dans les écoles normales primaires : Régl. 24 mars 1851, art. 5, III, 453 ; — A. 3 juil. 1875, IV, 549.

Conditions d'essai provisoire de ᴍ : A. 24 déc. 1855, III, 668.

Mission des inspecteurs primaires en ce qui concerne les ᴍ employés dans les écoles : Régl. 27 févr. 1835, art. 3, II, 183.

Procédure à suivre en cas d'emploi de ᴍ défendus : D. 29 juil. 1850, art. 42, III, 364.

Attributions du Conseil supérieur de l'Instruction publique en ce qui concerne les ᴍ : L. 15 mars 1850, art. 5, III, 324 ; — L. 19 mars 1873, art. 4, IV, 444 ; — L. 27 févr. 1880, art. 5, V, 129.

Interdiction de ᴍ dans les écoles libres ou privées : A. 26 déc. 1853, art. 6, III, 738 ; — A. 21 juil. 1892, VI, 421 ; — A. 4 janv. 1893, VI, 465.

Mode du choix des ᴍ en usage dans les écoles publiques : A. 3 juil. 1875, art. 1-3, IV, 549 ; — A. 16 juin 1880, V, 179 ; — A. 18 janv. 1887, art. 20-22, 31, V, 773 et s.; — C. 16 févr. 1900, VI, 912. = Livres nécessaires aux élèves des écoles primaires : D. 29 mars 1890, art. 7, VI, 228.

Catalogue des ᴍ qui doivent composer la bibliothèque des Écoles normales primaires : II, 186. = Choix de ᴍ pour les salles d'asile : O. 22 déc. 1837, art. 16, II, 354.

Observations sur la publication de ᴍ par les inspecteurs primaires : C. 8 déc. 1838, II, 407.

Vente des ᴍ par les instituteurs : C. 2 mars 1887, VI, 5 ; — C. 15 juin 1887, VI, 30.

Projets et propositions de lois : sept. 1791, tit. Ier, art. 9, et tit. xv, I, 10 et s.; — avril 1792, tit. II, art. 5, 8-9, I, 15 ; — 12 déc. 1792, I, 27 ; — 21 déc. 1792, § 5, I, 33 ; — 24 déc. 1792, art. 16, I, 36 ; — 1792, I, 36 ; — 3 juil. 1793, tit. II, art. 58-60, I, 52 ; — 13 juil. 1793, art. 26, I, 58 ; — 1793, art. 15-16, 28, I, 61 et s.; — 1er oct. 1793, art. 17, I, 68 ; — 20 oct. 1793, art. 12, I, 71 ; — 13 avril 1794, sect. I, art. 2, § 2, et sect. III, I, 89, 92 ; — 12 nov. 1798, art. 8, I, 142 ; — 22 nov. 1798, tit. Ier, art. 2, et tit. II, I, 147 ; — 20 avril 1799, art. 9-11, I, 163 ; — janv. 1821, art. 16-17, I, 299 ; — 31 mars 1847, art. 12, II, 563 ; — 20 juil. 1847, art. 11, II, 592 ; — 15 déc. 1848, art. 47, 53, III, 105 et s.; — 5 févr. 1849, art. 21, III, 146 ; — 18 juin 1849, art. 5, 51, III, 173 et s.; — 6 oct. 1849, art. 52, III, 239 ; — 17 déc. 1849, art. 98, 102, III, 232 et s.; — 1er mai 1877, art. 9, IV, 708 ; — 1er déc. 1877, art. 8, 11, 112-115, IV, 728 et s.

LIVRET.

A délivrer aux enfants employés dans les manufactures : L. 19 mai 1874, art. 10, IV, 521. = Pénalités pour falsification du ᴍ : L. 19 mai 1874, art. 25, IV, 525.

LOCAL SCOLAIRE.

Conditions du ᴍ à fournir par la commune : L. 28 juin 1833, art. 12, II, 13 ; — Av. C. 2 juin 1837, 4°, II, 319 ; — Av. C. 5 juin 1838, 7°, II, 359 ; — L. 15 mars 1850, art. 37, III, 333 ; — D. 7 oct. 1850, art. 7-9, III, 385 ; — C. 24 déc. 1850, III, 406 ; — L. 10 avril 1867, art. 3, IV, 134 ; — L. 30 oct. 1886, art. 12, 14, V, 676 et s.; — D. 18 janv. 1887, art. 12-13, V, 723.

Conditions du ᴍ pour les salles d'asile : Régl. 24 avril 1838, art. 1-2, II, 375 ; — D. 21 mars 1855, art. 4, III, 629.

Tenue du ᴍ : Régl. 17 août 1851, art. 8, III, 483 ; — Régl. 7 juin 1880, art. 13, V, 171 : — Régl. 18 juil. 1882, art. 11, V, 444 ; — Régl. 18 janv. 1887, art. 13, V, 824.

Projets et propositions de lois : sept. 1791, tit. v, art. 1er, I, 12 ; — 24 déc. 1792, art. 9, I, 36 ; — 30 juin 1848, art. 18, III, 37.

Voir aussi BAUX A LOYER pour maisons d'école, LOCATION ET LOYERS de Maisons d'école, MAISONS D'ÉCOLE.

LOCATION ET LOYERS de Maisons d'école.

Conditions des ⁓ : O. 16 juil. 1833, art. 3, II, 27 ; — C. 24 juil. 1833, II, 41 ; — C. 27 avril 1834, II, 132 ; — Av. C. 26 déc. 1834, II, 178 ; — Av. C. 8 août 1837, II, 333 ; — O. 25 mars 1838, II, 373 ; — Av. C. 28 janv. 1842, II, 451 ; — O. 26 déc. 1843, II, 499 ; — C. 19 mai 1858, III, 720 ; — L. 30 oct. 1886, art. 14, V, 677.
Subventions pour loyers de maisons d'école : I. 9 août 1870, IV, 258 ; — L. 20 mars 1883, art. 9, V, 530 ; — L. 19 juil. 1889, art. 44, VI, 184 ; — C. 22 janv. 1890, VI, 223.
Régularisation des loyers des maisons d'école : C. 9 janv. 1886, V, 645.
Saisies faites pour paiement de loyers de maisons d'école : Ar. C. d'app. 2 mars 1875, IV, 545.

LOGEMENT.

Instituteurs logés aux frais des habitants : D. 26-30 oct. 1793, art. 17, I, 76.
Logement des instituteurs fourni par les communes : L. 1er mai 1802, art. 3, I, 179 ; — L. 28 juin 1833, art. 12, II, 13 ; — L. 15 mars 1850, art. 37, III, 333 ; — L. 30 oct. 1886, art. 14, V, 677 ; — L. 19 juil. 1889, art. 4, 2o, VI, 163 ; — D. 25 oct. 1894, VI, 582.
Conditions du ⁓ à fournir : Décis. 2 juin 1837, 4o, II, 319 ; — Av. C. 5 janv. 1838, 7o, II, 359 ; — A. 17 juin 1880, art. 68-71, V, 185 ; — I. 28 juil. 1882, art. 26-28, V, 463 ; art. 41-45, V, 468 ; — I. 18 janv. 1887, art. 25-27, V, 828 ; art. 41-45, V, 834 ; — D. 25 oct. 1894, VI, 582 ; = aux instituteurs adjoints : C. 30 janv. 1893, VI, 480.

Voir aussi INDEMNITÉ de logement.

LOGEURS (Élèves).

Les élèves désignés sous le nom de *logeurs* dans les écoles primaires de l'Académie de Douai doivent être assimilés aux pensionnaires : Décis. 26 févr. 1836, II, 224.

Voir aussi CHAMBRIERS (élèves).

LOTERIES.

Interdiction des ⁓ dans les écoles primaires publiques : Régl. 7 juin 1880, art. 17, V, 171 ; — A. 6 janv. 1881, art. 17, V, 237 ; — A. 2 août 1881, art. 14, V, 313 ; — Régl. 18 juil. 1882, art. 15, V, 444 ; — Régl. 18 janv. 1887, art. 15, V, 823 ; — Régl. 18 janv. 1887, art. 17, V, 825.

LYCÉES.

Nomination des maîtres auxquels est confié l'enseignement primaire dans les lycées : A. 18 mars 1856, art. 2, III, 694.
Classement des instituteurs et institutrices chargés de l'enseignement primaire dans les lycées de garçons : D. 31 oct. 1892, VI, 447.
Droit des institutrices déléguées dans les lycées de continuer à jouir de l'allocation attachée à l'obtention de la médaille d'argent : C. 31 janv. 1899, VI, 864.

Voir aussi CERTIFICAT D'APTITUDE aux fonctions de professeur des Classes élémentaires de l'enseignement classique.

M

MAIRE.

Intervention du ⌇ dans le choix des instituteurs : L. 1er mai 1802, art. 3, I, 179; — O. 29 févr. 1816, art. 20-21, I, 243; — Règl. 9 oct. 1819, art. 29, 31, I, 279.

Droit de surveillance du ⌇ sur les écoles : Règl. 15 févr. 1804, art. 8, 10, 13, I, 189 et s.; — D. 15 nov. 1811, art. 191-192, I, 222; — O. 29 févr. 1816, art. 8, 17, 41, I, 241 et s.; — Règl. 9 oct. 1819, art. 3, 17-18, I, 276 et s.; — O. 2 août 1820, art. 3, I, 289; — O. 21 avril 1828, art. 3, I, 341; — O. 16 oct. 1830, art. 3, 5, I, 384 et s.; — L. 28 juin 1833, art. 17, 19, 21, II, 16 et s.; — L. 15 mars 1850, art. 33, § 4, 44, 45, III, 332 et s.; — D. 7 oct. 1850, art. 17, 18, 22, III, 387 et s.; — C. 31 oct. 1854, III, 604; — L. 28 mars 1882, art. 5, 8, 9, V, 421 et s.; — D. 18 janv. 1887, art. 151, 155, V, 758.

Intervention du ⌇ dans l'ouverture des écoles libres : L. 28 juin 1833, art. 4, II, 12; — L. 25 mars 1850, art. 27-28, III, 330; — D. 7 oct. 1850, art. 1er-3, III, 384; L. 30 oct. 1886, art. 37, V, 685; — D. 18 janv. 1887, art. 158-159, V, 760.

Le ⌇ est membre nécessaire du comité chargé de délivrer l'autorisation d'exercer aux maîtres des écoles primaires catholiques : O. 8 avril 1824, art. 9, I, 325.

Suppléance du ⌇ par un adjoint dans les comités : Décis. 29 juil. 1828, I, 357; — O. 16 oct. 1830, art. 5, I, 384 ; — Av. C. 26 mai 1837, II, 316.

Cas où le ⌇ peut être instituteur communal : Décis. 8 nov. 1833, II, 73.

Un ⌇ peut être instituteur privé : Av. C. 5 juil. 1836, II, 260.

Incompatibilité entre les fonctions de ⌇ et celles d'instituteur communal : [Décis. 7 mars 1834, II, 110; — Av. C. 5 juil. 1836, II, 260; — Av. C. 18 févr. 1842, II, 454.

Le fils d'un ⌇ peut être instituteur public dans la commune administrée par son père : Av. C. 15 nov. 1842, II, 472.

Délivrance par les ⌇ d'un livret aux père, mère ou tuteur des enfants employés dans les manufactures : L. 19 mai 1874, art. 10, IV, 521.

Projets et propositions de lois : 20 janv. 1831, art. 2-3, 5, I, 388; — 17 nov. 1832, art. 4, I, 424; — 31 mars 1847, art. 10, II, 562; — 30 juin 1848, art. 21, III, 38; — 15 déc. 1848, art. 61, 65, III, 107 et s.; — 18 juin 1849, art. 43-44, III, 179; — 6 oct. 1849, art. 44-45, III, 238; — 17 déc. 1849, art. 33-34, III, 275; — 31 déc. 1849, art. 43-44, III, 305; — 23 mars 1877, art. 14, 56, IV, 686 et s.; — 1er déc. 1877, art. 24, 51, IV, 730 et s.; — 7 févr. 1882, art. 44, V, 385.

MAISONS D'ÉCOLE.

Obligation pour les communes de fournir une ⌇ : L. 28 juin 1833, art. 12, II, 13; — O. 16 juil. 1833, art. 1er, 3, 15, II, 27 et s.; — Av. C. 5 janv. 1838, 7°, II, 359; — L. 15 mars 1850, art. 37, III, 333; — D. 7 oct. 1850, art. 7, 9, III, 385; — L. 10 avril 1867, art. 3, IV, 134; — L. 30 oct. 1886, art. 14, V, 677; — D. 18 janv. 1887, art. 12-13, V, 723.

Instructions sur l'acquisition, la construction, l'appropriation des ⌇ : C. 24 juil. 1833, II, 41; — C. 27 avril 1834, II, 135; — I. 26 oct. 1835, II, 207; — C. 24 déc. 1850, III, 406; — Décis. C. d'Ét. 7 juil. 1853, III, 531; — C. 31 oct. 1854, III, 610; — C. 28 mai 1864, IV, 27; — C. 12 mai 1867, IV, 141; — C. 15 juin 1876, IV, 607; — C. 12 févr. 1891, VI, 341.

Demande de secours, subventions, crédits pour ⌇ : C. 10 nov. 1847, II, 601; — C. 30 juil. 1858, III, 729; — D. 13 avril 1861, art. 4, III, 780, n. 1; — C. 29 juil. 1861, III, 780; — C. 29 mars 1862, III, 787; — C. 28 avril 1862, III, 793; — C. 14 nov. 1871, IV, 303; — C. 1er avril 1873, IV, 452.

Procédure à suivre pour les projets de construction et d'amélioration de ⌇ : A. 29 juin 1883, V, 537.

Plans de ⌇ : O. 16 juil. 1833, art. 13, II, 29; — C. 15 nov. 1853, III, 555; —

C. 14 mars 1872, IV, 359. = Avis du conseil d'hygiène sur les plans et devis des ⌒ : C. 29 août 1892, **VI**, 430.

Tableau annuel des communes ne possédant pas de ⌒ : O. 16 juil. 1833, art. 15, II, 30; — C. 26 oct. 1835, II, 206.

Emplacement des ⌒ : C. 19 janv. 1875, IV, 543; — C. 29 août 1892, **VI**, 430.

Usage que l'instituteur doit faire de la ⌒ : Av. C. 8 août 1837, II, 333; — Av. C. 28 janv. 1842, II, 451.

Projets et propositions de lois : 31 mars 1847, art. 8, II, 562, et les autres renvois indiqués à CONSTRUCTION pour maisons d'écoles.

Voir aussi BATIMENTS scolaires, CONSTRUCTION de Maisons d'école, LOCAL scolaire.

MAISONS D'ÉDUCATION.

Surveillance et conditions des ⌒ : A. 5 févr. 1798, I, 131; — O. 31 oct. 1821, I, 313; — Régl. 7 mars 1887, II, 306; — A. 18 nov. 1837, II, 344; — Régl. 26 déc. 1843, II, 500.

Exigence d'un brevet complet pour la direction d'une ⌒ de premier ordre : D. 31 déc. 1853, art. 8, III, 569; — C. 26 janv. 1854, III, 573.

Procédure pour la cession de ⌒ : A. 15 avril 1842, II, 458.

Érection de ⌒ en écoles secondaires : A. 12 oct. 1803, I, 186.

Projets et propositions de lois : sept. 1791, tit. XVII, art. 4-8, I, 13; — 1793, art. 1-9, I, 62; — 3 oct. 1797, I, 129.

Voir aussi INSTITUTIONS, MAITRES et maîtresses de pensions, PENSIONNATS, PENSIONS de jeunes filles.

MAISONS D'ÉGALITÉ ou Maisons communes d'éducation.

Projets et propositions de lois : 3 juil. 1793, tit. II, art. 7-30, I, 49; — 1er août 1793, I, 60; — 1er oct. 1793, art. 23-26, I, 68.

MAITRES ADJOINTS et Maîtresses adjointes d'Écoles normales primaires.

Nomination des ⌒ : Régl. 14 déc. 1832, art. 7, I, 430; — D. 24 mars 1851, art. 8, III, 454; — I. 31 oct. 1854, III, 616; — D. 7 août 1861, III, 781; — D. 2 juil. 1866, art. 7-8, IV, 92; — D. 29 juil. 1881, art. 9-15, V, 271; — D. 25 juil. 1883, art. 9, V, 544; — C. 30 nov. 1884, § 2, V, 589; — D. 18 janv. 1887, art. 65, V, 734.

Classement et traitement des ⌒ : D. 26 déc. 1855, art. 1er, III, 670; — D. 4 sept. 1863, art. 2, IV, 14; — L. 21 mars 1872, IV, 360; — D. 20 nov. 1872, art. 2, IV, 422; — A. 11 avril 1878, IV, 781; — D. 30 juil. 1881, art. 1er, V, 280; — L. 19 juil. 1889, art. 18, § 2, VI, 172; — L. 25 juil. 1893, art. 18, § 2, VI, 505; — D. 4 oct. 1894, art. 1er, VI, 579.

Conditions auxquelles les ⌒ obtiennent le titre de professeur : D. 5 juin 1880, art. 3, V, 162; — D. 4 janv. 1882, V, 347.

Réintégration dans l'enseignement primaire des ⌒ dont la délégation n'est pas renouvelée : C. 8 févr. 1888, VI, 85; — C. 20 mars 1889, VI, 140.

Autorisation aux ⌒ de se présenter à l'examen restreint du professorat : D. 6 juin 1891, VI, 385.

MAITRES et Maîtresses d'Écoles.

Voir INSTITUTEURS et Institutrices.

MAITRES et Maîtresses de pensions.

Conditions d'établissement exigées des ⌒ : Régl. 15 févr. 1804, I, 187; — D. 17 mars 1808, art. 2, 54, 103, I, 196 et s.; — D. 17 sept. 1808, art. 27-29, I, 203; —

D. 4 nov. 1808, I, 204; — I. 19 juin 1820, I, 284; — I. 4 nov. 1820, I, 292; — O. 31 oct. 1821, I, 313; — O. 8 avril 1824, art. 6, I, 325; — Règl. 7 mars 1837, II, 306; — Av. C. 8 août 1837, II, 331; — Av. C. 11 juil. 1837, II, 328; — A. 15 avril 1842, II, 458; — Av. C. 21 févr. 1843, II, 486; — Règl. 1er févr. 1848, III, 7; — Règl. 13 avril 1849, III, 153.

Conditions applicables dans le département de Loir-et-Cher : Décis. 2 juin 1837, II, 317; = dans le département du Loiret : Règl. 26 déc. 1843, II, 500.

Classes primaires annexées aux établissements des ⌣ : A. 21 août 1818, I, 269; — O. 31 oct. 1821, art. 2, I, 314; — Av. C. 28 févr. 1834, II, 108; — Décis. 3 avril 1835, II, 184; — Av. C. 2 juin 1837, II, 318. = Un maître de pension, autorisé à tenir en même temps une école primaire, ne peut pas concourir avec les instituteurs pour les récompenses honorifiques affectées à l'instruction primaire : Décis. 17 nov. 1843, II, 498.

Modèles de diplômes de ⌣ : I, 443, 463, 465, 467; — II, 657, 665, 667, 671; — III, 849. — Instructions imprimées au verso des diplômes : I, 469.

Cas de nomination d'un maître de pension aux fonctions d'instituteur communal : Décis. 5 avril 1836, II, 237; — Av. C. 29 nov. 1842, II, 474; — Av. 1er oct. 1850, III, 381; — Av. 30 mars 1852, III, 498. = Un maître de pension, en même temps instituteur primaire, n'a droit à aucune allocation sur les fonds de l'instruction primaire : Av. C. 31 déc. 1833, II, 97.

Programme des connaissances exigées pour le diplôme de maîtresse de pension : 15 nov. 1837, II, 343; — Règl. 26 déc. 1843, II, 506. = Insuffisance du diplôme de maîtresse de pension pour tenir une école primaire : Av. C. 21 avril 1843, II, 489.

Les maîtresses de pension sont soumises à la visite des archevêques et évêques : C. 4 nov. 1820, I, 293. = Approbation par le préfet des règlements et prospectus des institutions de jeunes filles : Av. C. 8 août 1837, 3o, II, 333. = Interdiction aux maîtresses de pension de recevoir des dames en chambre dans les établissements qu'elles dirigent : A. 26 août 1845, II, 521.

Voir aussi MAISONS D'ÉDUCATION, PENSIONNATS, PENSIONS de jeunes filles.

MAITRES SPÉCIAUX attachés aux Écoles normales primaires.

Nomination des ⌣ : D. 29 juil. 1881, art. 9, V, 271; — D. 25 juil. 1883, art. 9, V, 544; — A. 4 avril 1884, V, 571; — D. 18 janv. 1887, art. 65, § 2, 67, V, 734 et s.; — D. 4 juin 1890, art. 4, VI, 276; — D. 4 oct. 1894, art. 2-3, VI, 579; — D. 25 mai 1895, VI, 613; — C. 28 juin 1895, VI, 628.

Droit à pension des ⌣ : A. 14 févr. 1885, V, 605.

MAITRES SURVEILLANTS dans les Écoles normales primaires.

Opportunité de la nomination de ⌣ : C. 26 oct. 1874, IV, 537.

MAITRESSES de couture.

Création d'un emploi de ⌣ dans les écoles mixtes quant au sexe : L. 10 avril 1867, art. 1er, IV, 134; — C. 12 mai 1867, IV, 140; — C. 17 oct. 1867, IV, 173; — D. 18 janv. 1887, art. 24, V, 724.

Indemnités aux ⌣ : I. 9 août 1870, IV, 265; — L. 19 juil. 1889, art. 46, VI, 185; — D. 2 août 1890, art. 8-9, VI, 293; — L. 16 avril 1895, art. 50, VI, 609; — C. 30 mai 1895, VI, 625; modèle, 956; — C. 18 mai 1896, VI, 728; — C. 26 juil. 1897, VI, 776; — C. 8 juil. 1898, VI, 827.

Projets et propositions de lois : 30 juin 1848, art. 17, III, 37; — 15 déc. 1848, art. 27, III, 102; — 24 mai 1865, art. 8, IV, 53; — sept. 1866, art. 1er, IV, 119; — 19 févr. 1891, art. 61, VI, 355.

MAITRESSES d'études.

Conditions exigées des ↄ : dans le département de la Seine : Règl. 7 mars 1837, II, 309 ; — dans le département du Loiret : A. 26 déc. 1843, tit. ɪɪ, II, 502.

Programme des connaissances exigées pour obtenir le brevet d'aptitude destiné aux ↄ : 15 nov. 1837, II, 343.

Insuffisance du diplôme de ↄ pour tenir une école : Av. C. 21 avril 1843, II, 489.

Modifications aux examens et sessions : Règl. 1ᵉʳ févr. 1848, III, 7.

Règlement pour les aspirantes au diplôme de ↄ : A. 13 avril 1849, III, 153.

Diplôme de ↄ : II, 669. = Modèle de brevet d'aptitude aux fonctions de ↄ : III, 847.

Voir aussi Sous-maîtresess.

MAITRESSES d'institution.

Voir Maîtres et Maîtresses de pension.

MAITRISES.

Situation légale des ↄ : C. 4 juil. 1882, V, 437.

MALADIES épidémiques et contagieuses.

Précautions à prendre, dans les établissements d'enseignement primaire, contre les ↄ : C. 12 nov. 1822, I, 323 ; — C. 15 mars 1890, VI, 234 ; — C. 14 mars 1896, VI, 709 ; = contre la conjonctivite granuleuse : C. 30 septembre 1891, VI, 394.

Instruction à remettre par les instituteurs aux familles des élèves atteints de ↄ : VI, 710.

Voir aussi Épidémies, Hygiène.

MANDATS DE PAYEMENT.

Délivrance régulière des ↄ aux instituteurs : Av. C. 5 janv. 1838, 9°, II, 360.

MANUEL GÉNÉRAL.

Création, sous le titre de ↄ, d'un journal spécialement destiné à l'enseignement primaire : C. 4 juil. 1833, II, 24.

MANUFACTURES.

Voir Travail des enfants dans les manufactures.

MARCHÉS.

Droits d'enregistrement à percevoir sur les ↄ administratifs pour travaux relatifs à des établissements scolaires, départementaux ou communaux, entrepris avec le concours de l'État : C. 26 mai 1899, VI, 881.

MARINS.

Propositions de lois relatives à l'établissement d'écoles à l'usage des ↄ : 24 oct. 1831, art. 18, I, 416 ; — 17 nov. 1832, art. 29, I, 428.

MARTINIQUE (La).

Application à la colonie de ↄ de diverses dispositions des lois relatives à l'enseignement primaire en France : L. 30 oct. 1886, art. 68, V, 698 ; — D. 26 sept. 1810, VI, 302.

Traitements du personnel de l'enseignement primaire à ...: D. 26 sept. 1890, VI, 306.

MATÉRIEL SCOLAIRE.

Instruction spéciale sur le ... dans les écoles maternelles publiques : 18 janv. 1887, VIII, V, 830 ; — dans les écoles primaires élémentaires publiques : 18 janv. 1887, X, V, 835.

Matériel de classe à usage collectif et matériel d'étude à usage individuel : D. 29 janv. 1890, art. 1er-7, VI, 226.

Voir aussi LIVRES scolaires ou classiques.

MATIÈRES de l'Enseignement primaire.

Nomenclature des matières comprises dans l'enseignement primaire : D. 30 mai 1793, art. 2, I, 43 ; — D. 21 oct. 1793, art. 2-3, I, 73 ; — D. 17 nov. 1794, ch. 1er, art. 1er ; ch. IV, art. 2, I, 101 et s.; — D. 24 oct. 1795, tit. 1er, art. 5, I, 120 ; — D. 24 oct. 1795, art. 2, I, 127 ; — D. 17 mars 1808, art. 5, 6o, 38, I, 196 et s.; — D. 15 nov. 1811, art. 192, I, 222 ; — D. 12 févr. 1812, art. 5, I, 223 ; — O. 29 févr. 1816, art. 11, I, 242 ; — L. 28 juin 1833, art. 1er-2, II, 11 ; — Décis. 19 nov. 1833, II, 82 ; — Stat. 25 avril 1834, art. 1er, 8, II, 123 ; — O. 23 juin 1836, art. 1er-2, II, 252 ; — Régl. 7 mars 1837, art. 2-3, II, 306 ; — C. 14 avril 1838, I, 374 ; — Décis. 28 juin 1839, II, 425 et 427 ; — A. 22 oct. 1839, II, 432 ; — Av. C. 11 avril 1840, II, 439 ; — Av. C. 6 juil. 1849, III, 182 ; — L. 15 mars 1850, art. 23, 36, § 6, 48, III, 329 et s.; — Régl. 17 août 1851, art. 13-14, III, 483 ; — C. 31 oct. 1854, III, 613 ; — L. 21 juin 1865, art. 9, IV, 55 ; — L. 10 avril 1867, art. 16, IV, 137 ; — L. 28 mars 1882, art. 1er, V, 418 ; — D. 18 janv. 1887, art. 27, 35, 82, V, 725 et s.; — D. 21 janv. 1893, art. 35, VI, 473.

Limites dans lesquelles se doit renfermer l'enseignement des établissements d'instruction primaire : C. 7 juil. 1862, III, 798.

Projets et propositions de lois : sept. 1791, tit. 1er, art. 4-6; tit. XVII, art. 8, I, 9 et s.; — avril 1792, tit. II, art. 2, I, 15; — 12 déc. 1792, tit. 1er, I, 26; — 20 déc. 1792, art. 2, I, 32; — 24 déc. 1792, art. 2, I, 35; — 3 juil. 1793, tit. 1er, art. 2 ; tit. II, art. 4, I, 48; — 13 juil. 1793, art. 4, I, 54; art. 11-12, I, 55; — 20 oct. 1793, I, 72; — 13 avril 1794, sect. III; art. 2, I, 92; — 27 mai 1795, tit. II, art. 8, I, 117 ; — 12 nov. 1798, tit. II, I, 142; — 8 nov. 1800, tit. III, § 1er, art. 2-3, I, 170; — janv. 1821, art. 12-15, I, 298; — 20 janv. 1831, art. 1er, I, 388; — 17 nov. 1832, art. 1er, I, 424; — 30 juin 1848, art. 1er, III, 35; — 15 déc. 1848, art. 11-12, 24-25, III, 99 et s.; — 18 juin 1849, art. 21, III, 175; — 17 déc. 1849, art. 25, III, 274; — 31 déc. 1849, art. 21, III, 301; — 29 août 1871, art. 8, IV, 297; — 26 janv. 1872, art. 1er, IV, 348; — 12 juin 1872, art. 2, IV, 369; — 3 juil. 1872, art. 1er, IV, 399; — 23 mars 1877, art. 2, IV, 684; — 1er déc. 1877, art. 1-2, IV, 726; — 6 déc. 1879, art. 2-3, V, 84.

Voir aussi le titre de chacune des matières d'enseignement.

MÉDAILLES ET MENTIONS.

Création de ... à décerner aux instituteurs et institutrices primaires et au personnel des salles d'asile : A. 15 juin 1818, I, 267 ; — A. 7 févr. 1829, I, 362 ; — A. 28 avril 1837, II, 314 ; — C. 19 juil. 1837, II, 329 ; — A. 9 févr. 1838, II, 364 et 365 ; — L. 15 mars 1850, art. 15, §§ 4 et 5, III, 327 ; — A. 21 août 1858, III, 735 ; — A. 20 juil. 1881, V, 266 ; — A. 27 févr. 1883, V, 520 ; — L. 30 oct. 1886, art. 34, V, 684 ; — A. 18 janv. 1887, art. 127-129, V, 798 ; — L. 19 juil. 1889, art. 45, VI, 184 ; — A. 26 nov. 1889, VI, 218 ; — A. 18 janv. 1893, art. 127, VI, 467 ; — A. 28 janv. 1896, VI, 684 ; — C. 31 janv. 1899, VI, 864.

Mentions spéciales accordées aux instituteurs adjoints, aux institutrices adjointes et aux sous-directrices de salles d'asile : A. 7 mai 1862, III, 794.

Concession de ～ en faveur des instituteurs et institutrices publics employés dans les Colonies : D. 30 oct. 1895, **VI**, 672.

Un maître de pension, autorisé à tenir une école primaire, ne concourt pas avec les instituteurs pour l'obtention des ～ : Décis. 17 nov. 1843, **II**, 498.

Allocation supplémentaire pour obtention de la médaille d'argent : L. 19 juil. 1875, art. 4, **IV**, 554 ; — C. 10 févr. 1882, **V**, 150, n. 1 ; — D. 10 oct. 1881, art. 5, **V**, 320 ; — L. 19 juil. 1889, art. 2, 8°, 45, **VI**, 163, 184 ; — C. 31 janv. 1899, **VI**, 864.

Projets et propositions de lois : 30 juin 1848, art. 45, 46, **III**, 42 ; — 15 déc. 1848, art. 82, **III**, 111 ; — 7 juil. 1876, art. 15, **IV**, 624 ; — 1er déc. 1877, art. 76, **IV**, 738 ; — 28 janv. 1879, **IV**, 851 ; — 18 mars 1879, **V**, 29 ; — 24 déc. 1880, art. 6, **V**, 224 ; — 7 févr. 1882, art. 35, **V**, 384 ; — 16 févr. 1882, art. 17, **V**, 401 ; — 13 mars 1886, art. 41, **V**, 661 ; — 19 févr. 1891, art. 58, **VI**, 354.

MÉDECINE PRATIQUE (Instructions familières sur la).

Proposition de loi : 1er déc. 1877, art. 1er, 10°, **IV**, 726.

MÉDECINS.

Institution de ～ pour la surveillance médicale des établissements primaires : A. 20 déc. 1842, **II**, 479 ; — A. 19 mai 1843, **II**, 493 ; — D. 21 mars 1855, art. 16, **III**, 631 ; — L. 30 oct. 1886, art. 9, 7°, **V**, 674 ; — D. 18 janv. 1887, art. 141, **V**, 757 ; — A. 18 janv. 1887, art. 3, **V**, 769.

MEMBRES DE L'UNIVERSITÉ.

Conduite que doivent tenir les ～ : C. 24 avril 1871, **IV**, 284.

Voir aussi FONCTIONNAIRES.

MENTIONS HONORABLES.

Voir MÉDAILLES.

MESURE des Surfaces et des Solides.

Proposition de loi : 1er déc. 1877, art. 1er, 8°, **IV**, 726.

MESURE du temps.

Les élèves sont exercés à la ～ : D. 21 oct. 1793, art. 3, **I**, 73.

MESURES ANCIENNES.

Interdiction d'enseigner les ～ dans les écoles primaires : C. 14 avril 1838, **II**, 374.

MÉTÉOROLOGIE.

Proposition de loi : 1er déc. 1877, art. 1er, 10°, **IV**, 726.

Voir aussi OBSERVATIONS météorologiques.

MÉTHODES D'ENSEIGNEMENT.

Les personnes ou les associations qui entretiennent à leurs frais des écoles ne peuvent y établir des méthodes et des règlements particuliers : O. 29 févr. 1816, art. 31, **I**, 244 ; — Règl. 9 oct. 1819, art. 35, **I**, 279.

Étude des ～ : Règl. 14 déc. 1832, art. 3, **I**, 429 ; — Règl. 12 mai 1846, art. 5, 3°, **II**, 536 ; — A. 16 déc. 1850, art. 5, 3°, **III**, 394 ; — D. 24 mars 1851, art. 4, **III**, 453 ;

— D. 2 juil. 1866, art. 5, IV, 91; — D. 29 juil. 1881, art. 7, 16°, V, 270; — D. 9 janv. 1883, art. 7, 16°, V, 504; — D. 18 janv. 1887, art. 82, 17°, V, 740.

Choix et surveillance des ᴍ à suivre : O. 29 févr. 1816, art. 30, 35, I, 244; — C. 31 janv. 1829, I, 360; — Av. C. 25 févr. 1834, II, 107; — Règl. 27 févr. 1835, art. 2, 3°, II, 183; — D. 22 août 1854, art. 21, § 2, III, 595; — C. 31 oct. 1854, III, 614.

Tout élève doit se conformer à la méthode adoptée par l'instituteur : Av. C. 5 janv. 1838, 4°, II, 359.

Encouragements aux auteurs de ᴍ utiles : L. 15 mars 1850, art. 56, III, 337.

Voir aussi ENSEIGNEMENT individuel, ENSEIGNEMENT mutuel, FRÈRES des Écoles chrétiennes.

MICHELET.

Célébration du centenaire de la naissance de ᴍ : C. 16 juin 1898, VI, 825.

MILITAIRES.

Propositions de lois relatives à l'établissement d'écoles à l'usage des ᴍ : 24 oct. 1831, art. 18, I, 416; — 17 nov. 1832, art. 29, I, 428.

MINISTÈRE de l'Instruction publique.

L'Instruction publique détachée du Ministère des Affaires ecclésiastiques : O. 4 janv. 1828, I, 338; = rattachée provisoirement au Ministère de l'Intérieur : Décis. 9 janv. 1828, I, 338; = dirigée par un Ministre secrétaire d'État : O. 10 févr. 1828, I, 340.

MINISTÈRE de l'Intérieur.

Le Grand-Maître de l'Université dépend du Ministère de l'Intérieur : D. 15 nov. 1811, art. 190, I, 221.

Projet de loi : 24 oct. 1831, art. 1er, I, 414.

MINISTÈRE des Affaires ecclésiastiques et de l'Instruction publique.

Création d'un ᴍ : O. 26 août 1824, I, 328.

MINISTRES des différents Cultes.

Il ne peut être choisi aucun instituteur parmi les ᴍ : D. 28 oct. 1793, art. 12, I, 77; — D. 28 janv. 1794, art. 3, I, 85; — L. 30 oct. 1886, art. 17, V, 679.

Inspection des écoles par les ᴍ : L. 15 mars 1850, art. 18, 44, III, 327, 335. = Suppression du droit d'inspection par les ᴍ : L. 28 mars 1882, art. 3, V, 420.

Le titre de ministre du culte supplée le brevet de capacité : L. 15 mars 1850, art. 25, III, 329. = Suppression de cette équivalence : L. 16 juin 1881, art. 1er, § 2, V, 260.

Les ᴍ participent à l'établissement de la liste de gratuité : L. 15 mars 1850, art. 45, III, 335; — D. 21 mars 1855, art. 12, III, 630.

Nombre légal d'élèves auxquels les ᴍ peuvent donner l'instruction : C. 14 déc. 1878, IV, 833. = Autorisation d'enseigner reconnue aux ᴍ : Ar. C. de Cass. 26-27 janv. 1885, V, 505.

Projets et propositions de lois : 12 déc. 1792, tit. v, I, 30; — 6 oct. 1849, art. 46, III, 238.

Voir aussi ARCHEVÊQUES et ÉVÊQUES, CURÉ, PASTEUR, RABBIN.

MOBILIER de classe et d'école.

Obligation pour la commune de fournir un ᴍ : Av. C. 5 janv. 1838, 6°, II, 359; — L. 15 mars 1850, art. 37, III, 333; — L. 30 oct. 1886, art. 14, V, 677; — D. 18 janv.

1887, art. 12, § 2, **V**, 723; — L. 19 juil. 1889, art. 4, 5° et 6°, **VI**, 164; — D. 29 janv. 1890, art. 1er-10, **VI**, 226.

Vérification du ⁓ par les inspecteurs primaires : C. 26 oct. 1835, **II**, 208.

Prescription de l'établissement d'un inventaire du ⁓ : C. 7 mars 1854, **III**, 578.

Désignation du ⁓ : Stat. 25 avril 1834, art. 12, **II**, 125; — Règl. 24 avril 1838, art. 7, **II**, 376; — Règl. 17 août 1851, art. 9-11, 20, **III**, 483 et s.; — Règl. 7 août 1880, art. 11, **V**, 171; — A. 6 janv. 1881, art. 11, **V**, 236; — Règl. 18 juil. 1882, art. 9, **V**, 443; — Règl. 18 janv. 1887, art. 11, **V**, 824.

Instruction sur le mobilier et le matériel des écoles maternelles : 18 janv. 1887, art. 28-33, 37, **V**, 829 et s.; ⁓ des écoles primaires élémentaires : 17 juin 1880, art. 90-106, **V**, 187; — 18 janv. 1887, art. 46-50, **V**, 835.

MOBILIER des Instituteurs et des Institutrices.

Achat de mobilier personnel pour les instituteurs et institutrices : D. 4 sept. 1863, art. 1er, **IV**, 13; — C. 26 sept. 1863, **IV**, 14; — A. 23 juin 1865, **IV**, 55.

Mobilier règlementaire de l'instituteur communal : **IV**, 16.

MODELAGE.

Enseigné dans les Écoles primaires supérieures : D. 18 janvier 1887, art. 35, **V**, 728.

Propositions de lois : 1er déc. 1877, art. 1er, **IV**, 727; — 6 déc. 1879, art. 3, **V**, 84.

MŒURS.

Punition des instituteurs et institutrices pour outrage aux ⁓ publiques : D. 19 déc. 1793, sect. II, art. 3, **I**, 83.

Maintien des ⁓ dans les écoles : O. 29 févr. 1816, art. 7, **I**, 241; — Règl. 9 oct. 1819, art. 16, **I**, 277; — A. 30 juin 1829, art. 22, **I**, 373; — L. 15 mars 1850, art. 44, **III**, 335.

Opposition à l'ouverture d'une école dans l'intérêt des mœurs publiques : L. 15 mars 1850, art. 28, **III**, 330; — L. 30 oct. 1886, art. 37-38, **V**, 685.

Projets et propositions de lois : 24 oct. 1831, art. 4, **I**, 414; — 17 nov. 1832, art. 11, **I**, 425; — 31 mars 1847, art. 10, **II**, 562; — 15 déc. 1848, art. 48, **III**, 105; — 6 oct. 1849, art. 27, **III**, 235.

Voir aussi OUTRAGES aux bonnes mœurs.

MOIS.

Nouveaux noms des ⁓ sous la Convention : D. 24 nov. 1793, **I**, 81.

MONITEURS des Écoles primaires.

Dans quelles conditions les ⁓ ne sont pas soumis aux formalités exigées des instituteurs proprement dits : Décis. 3 sept. 1833, **II**, 64.

MORALE.

Enseignement de la ⁓ dans les établissements primaires : D. 30 mai 1793, art. 2, **I**, 43; — D. 21 oct. 1793, art. 2, **I**, 73; — D. 19 déc. 1793, sect. II, art. 2, **I**, 83; — D. 30 oct. 1794, art. 7, **I**, 99; — D. 17 nov. 1794, ch. IV, art. 2, **I**, 103; — D. 24 oct. 1795, art. 5, **I**, 120; — D. 24 oct. 1795, art. 2, **I**, 127. — *Voir aussi* ENSEIGNEMENT MORAL et civique, INSTRUCTION MORALE et religieuse.

Projets et propositions de lois : sept. 1791, I, art. 5, **I**, 9; — 12-18 déc. 1792, **I**, 27; — 21 déc. 1792, § 5, **I**, 33; — 3 juil. 1793, tit. II, art. 4, **I**, 49; — 1793, art. 13,

I, 61; — 23 sept. 1794, I, 98; — 14 janv. 1799, 1º, I, 155; — 18 févr. 1799, art. 2, **I**, 156; — 8 nov. 1800, tit. III, § 1er, art. 4, I, 170; — 1er déc. 1877, art. 1er, **IV**, 726. — *Voir aussi* les autres renvois indiqués à ENSEIGNEMENT MORAL et civique et à INSTRUCTION MORALE et religieuse.

MUNICIPALITÉS.

Intervention des ∿ dans l'enseignement primaire : D. 19 déc. 1793, sect. II, art. 1er, I, 83; — 24 oct. 1795, tit. 1er, art. 11, I, 121; — L. 1er mai 1802, art. 3, I, 179.

Projets et propositions de lois : 10-19 sept. 1791, I, art. 8, I, 10, et IV, art. 15-16, I, 12; — 24 oct. 1831, art. 1er, I, 414.

Voir aussi COMMUNES, CONSEIL municipal, OPTION.

MUSÉE PÉDAGOGIQUE.

Constitution d'un ∿ : D. 13 mai 1879, V, 39; — C. 30 mai 1879, V, 62. = Règlement du ∿ : 1er nov. 1881, V, 330; — juin 1887, VI, 32.
Collections-types constituées au ∿ : A. 2 avril 1884, V, 571.
Organisation au ∿ d'une exposition permanente de cahiers d'élèves : C. 8 juin 1891, VI, 388.

Projet de loi : 16 mai 1878, IV, 786; — 6 déc. 1879, d), V, 83.

MUSÉES SCOLAIRES.

Commission chargée d'étudier la constitution de petites collections artistiques destinées aux ∿ : A. 12 mai 1880, V, 155.

MUSIQUE.

Enseignement de la ∿ dans les Écoles normales primaires : A. 30 janv. 1865, IV, 37; — D. 29 juil. 1881, art. 7, V, 270; — D. 9 janv. 1883, art. 7, 17º, V, 504; — D. 18 janv. 1887, art. 82, 14º, V, 740. = Traitement des professeurs de ∿ : A. 15 juil. 1865, IV, 58.
Épreuve facultative de ∿ dans l'examen du brevet : Régl. 28 juin 1836, art. 2, II, 257.

Projets et propositions de lois : 23 mars 1877, art. 2, IV, 684; — 1er déc. 1877, art. 1er, IV, 727; — 6 déc. 1879, art. 3, V, 84.

Voir aussi CHANT, MAÎTRES SPÉCIAUX attachés aux Écoles normales primaires.

N

NATATION.

Propositions de lois : 23 mars 1877, art. 2, IV, 685; — 1er déc. 1877, art. 1er, IV, 727.

NATIONALITÉ.

Conditions de ∿ des individus nés en France d'étrangers qui eux-mêmes y sont nés : L. 16 déc. 1874, IV, 540.
Déclarations effectuées en vue d'acquérir ou de décliner la ∿ française : L. 22 juil. 1893, VI, 500.

NEUTRALITÉ confessionnelle de l'École.

Prescription de la ⌒ : L. 28 mars 1882, art. 2-3, V, 420.

NIVELLEMENT.

Les élèves sont exercés à l'usage du niveau : D. 21 oct. 1793, art. 3, I, 73.
Le ⌒ compris dans les matières de l'enseignement primaire : L. 15 mars 1850, art. 23, III, 329; — D. 24 mars 1851, art. 1er, III, 453; — A. 31 juil. 1851, III, 479; — D. 2 juil. 1866, art. 1er, IV, 91; — D. 22 janvier 1881, art. 1er, 8o, V, 248; — D. 29 juil. 1881, art. 7, 8o, V, 269; — D. 9 janv. 1883, art. 7, 8o, V, 504; — D. 18 janv. 1887, art. 82, 9o V, 739.

NOTABLES.

Des ⌒ font partie des Comités d'arrondissement pour la surveillance des écoles : O. 8 avril 1824, art. 9, 14, I, 325 et s.; — O. 21 avril 1828, art. 3, 5, I, 341; — O. 16 oct. 1830, art. 3, I, 384.

NOTAIRE.

Incompatibilité entre les fonctions de ⌒ et celle d'instituteur communal : Av. 16 déc. 1850, III, 395.

NOVICES des Congrégations religieuses.

Admission des ⌒ à contracter l'engagement décennal pour la dispense du service militaire : L. 15 mars 1850, art. 79, III, 339; — L. 27 juil. 1872, art. 20, 5o, IV, 417; — L. 15 juil. 1889, art. 23, 1o, § 2, VI, 154.
Autorisation de l'inscription de ⌒, pendant une période de trois ans, sur la liste d'admissibilité aux fonctions d'instituteur public : D. 1er oct. 1850, III, 380.

Voir aussi CONGRÉGATIONS enseignantes.

O

OBÉDIENCE.

Voir LETTRE d'obédience.

OBJET de l'enseignement.

Voir MATIÈRES de l'enseignement primaire.

OBLIGATION de l'enseignement primaire.

L'obligation d'envoyer ses enfants à l'école ne peut être imposée que par la loi : Av. 11 janv. 1850, III, 310.
Les parents tenus d'envoyer leurs enfants aux écoles du premier degré : D. 19 déc. 1793, sect. III, art. 6, 9, I, 84; — D. 28 janv. 1794, art. 4, I, 87; — D. 17 nov. 1794, ch. IV, art. 14, I, 104; — A. 17 nov. 1797, I, 130; — O. 29 févr. 1816, art. 17, I, 242; — Régl. 9 oct. 1819, art. 14, I, 277.
Établissement de l'obligation de l'enseignement primaire : L. 28 mars 1882, art. 4-5, 7-16, 18, V, 420. — *Voir aussi* COMMISSIONS municipales scolaires.

Projets et propositions de lois : 18 déc. 1792, I, 31; — 24 déc. 1792, art. 15, I, 36; — 13 juil. 1793, art. 3, I, 53; — 22 nov. 1798, tit. X, art. 7-9, I, 153; — 14 janv

1799, 3º, I, 156; — 18 févr. 1799, art. 32-39, I, 160; — 20 févr. 1799, 2º, I, 162; — 24 oct. 1831, art. 9, I, 415; — 30 juin 1848, art. 2, et tit. IV, III, 36 et s.; — 15 déc. 1848, art. 58-59, III, 106; — 5 févr. 1849, art. 22, III, 147; — 5 août 1871, IV, 295; — 29 août 1871, IV, 296; — 6 sept. 1871, IV, 298; — 15 déc. 1871, art. 1-6, IV, 335; — 26 janv. 1872, art. 2, IV, 318; — 12 juin 1872, art. 1er, IV, 369; — 4 avril 1876, IV, 587; — 7 juil. 1876, art. 2-3, IV, 622; — 4 août 1876, IV, 636; — 23 mars 1877, art. 1er, 55-69, IV, 684 et s.; — 1er mai 1877, IV, 707; — 1er déc. 1877, art. 5, 50-52, 116-119, IV, 727 et s.; — 24 janv. 1879, IV, 845; — 6 déc. 1879, tit. II, V, 85; — 20 janv. 1880, V, 105.

OBSERVATIONS météorologiques.

Acquisition, pour les Écoles normales primaires, d'instruments nécessaires aux ⚏ : C. 13 août 1864, IV, 30 (*avec renvoi en note aux diverses instructions*).

ŒUVRES complémentaires de l'École.

Récompenses à décerner aux collaborateurs des ⚏ : D. 21 janv. 1899, VI, 854; — A. 27 janv. 1899, VI, 860; — C. 3 févr. 1899, VI, 870; — A. 15 janv. 1900, VI, 906; — A. 18 janv. 1900, VI, 907; — C. 18 janv. 1900, VI, 908.

OFFICIER d'Académie et Officier de l'Instruction publique.

Institution, attribution, insignes des titres d'⚏ : O. 9 sept. 1845, II, 525; — O. 1er nov. 1846, II, 538; — D. 9 déc. 1850, III, 392; — D. 7 avril 1866, IV, 85; — A. 25 mai 1866, IV, 87; — D. 27 déc. 1866, IV, 123; — D. 30 juin 1880, V, 193; — D. 24 déc. 1885, V, 640; — C. 29 nov. 1891, VI, 396; — A. 16 janv. 1892, VI, 406; — D. 4 août 1898, VI, 829.

Modèle des palmes académiques : IV, 85.

Contingent spécial de titres d'⚏ réservé pour l'enseignement des adultes et pour les œuvres complémentaires de l'école : D. 24 janv. 1896, VI, 676; — D. 25 juil. 1896, VI, 737; — D. 21 janv. 1899, VI, 854.

Proposition de loi : 7 juil. 1876, art. 15, IV, 624.

OISEAUX.

Protection des ⚏ insectivores : C. 31 mars 1876, IV, 583.

OPPOSITION à l'ouverture d'écoles.

Droit d'⚏ : L. 15 mars 1850, art. 28, III, 330; — D. 7 oct. 1850, art. 4, III, 384; — Décis. C. d'Ét. 18 nov. 1852, III, 512; — Décis. C. d'Ét. 28 févr. 1866, IV, 70; — L. 10 avril 1867, art. 19, IV, 138; — Décis. 28 janv. 1869, IV, 201; — Av. 23 févr. 1870, IV, 240; — L. 30 oct. 1886, art. 37-39, V, 685; — D. 18 janv. 1887, art. 159-165, V, 761.

Procédure en matière d'⚏ : C. 31 mai 1889, VI, 147; — C. 27 mai 1895, VI, 617.

Jurisprudence du Conseil supérieur en matière d'⚏ : V, 686 et s., *n.*; — VI, 617, *n.* 2.

Voir aussi ÉCOLES PRIMAIRES libres ou privées, et consulter à ce mot les propositions de lois indiquées, particulièrement celles des 23 mars 1877, 1er déc. 1877, 6 déc. 1879 et 7 févr. 1882.

OPTION entre instituteurs laïques et instituteurs congréganistes.

Exercice du droit d'⚏ : L. 11 janv. 1850, art. 2, III, 309; — L. 15 mars 1850, art. 31, III, 331; — D. 9 mars 1852, art. 4, III, 493; — C. 3 avril 1852, III, 500; — C. 12 juil. 1862, III, 801; — Décis. Min. Int. 1863, IV, 35, *n.* 2; — Décis. C. d'Ét. 9 mars 1870, IV, 243; — C. 28 oct. 1871, IV, 301; — Délib. C. M. Ly. juin 1872, IV, 366; — A. Pr. Rh. juin 1872, IV, 368; — Décis. C. d'Ét. 17 janv. 1873, IV,

425 et 427; — Décis. C. d'Ét. 21 mars 1873, **IV**, 445; — Décis. C. d'Ét. 28 mars 1873, **IV**, 449; — C. 20 déc. 1879, **V**, 101. = Suppression de l'~ : L. 30 oct. 1886, art. 17, **V**, 679.

Projets et propositions de lois : 18 juin 1849, art. 30, **III**, 177; — 6 oct. 1849, art. 29, **III**, 235; — 13 déc. 1849, art. 2, **III**, 267; — 17 déc. 1849, art. 50, **III**, 278 — 31 déc. 1849, art. 29, **III**, 303; — 27 mai 1871, art. 2, **IV**, 287; — 15 déc. 1871, art. 9, **IV**, 338; — 19 déc. 1871, **IV**, 343; — 26 janv. 1872, art. 13, 27, 31, **IV**, 350 et s.; — 30 mai 1872, **IV**, 366; — 12 juin 1872, art. 12, **IV**, 371; — 20 mars 1876, art. 3, **IV**, 582; — 18 mai 1877, art. 4, **IV**, 716; — 13 nov. 1896, **VI**, 742; — 18 déc. 1896, **VI**, 743.

ORGANISATION PÉDAGOGIQUE des Écoles primaires publiques.

Mesures relatives à l'~ : I. 18 nov. 1871, **IV**, 304; — A. 27 juil. 1882, **V**, 453; = des écoles maternelles publiques : A. 28 juil. 1882, **V**, 458.

ORPHELINAT NATIONAL.

Proposition de loi relative à la création d'un ~ pour les enfants trouvés et abandonnés : 17 déc. 1880, **V**, 208.

ORPHELINATS.

Application aux ~ des dispositions des lois sur l'instruction primaire et notamment de la loi du 16 juin 1881 sur les titres de capacité : C. 17 avril 1882, **V**, 433. = Conditions d'ouverture : L. 30 oct. 1886, art. 43, **V**, 690; — D. 18 janv. 1887, art. 166, **V**, 762.

ORTHOGRAPHE.

Enseignement de l'~ : O. 29 févr. 1816, art. 11, **I**, 242; — Règl. 17 août 1851, art. 29, **III**, 485.

Proposition de loi : 1er déc. 1877, art. 1er, **IV**, 726.

Voir aussi DICTÉE, GRAMMAIRE FRANÇAISE, LANGUE FRANÇAISE, SYNTAXE FRANÇAISE.

OUTRAGES aux bonnes mœurs.

Répression des ~ : L. 2 août 1882, **VI**, 807, *n.* 1; — L. 16 mars 1898, **VI**, 807.

Voir aussi MŒURS.

OUVRAGES.

Commission chargée d'examiner et reviser les ~ destinés à l'enseignement primaire : Décis. 12 août 1831, **I**, 407.

Voir aussi LIVRES SCOLAIRES.

OUVROIRS.

Règlement pour les ~ du département de la Seine : A. 30 oct. 1838, **II**, 405; — des autres départements : A. 22 août 1845, **II**, 520.

Programme des épreuves à subir par les institutrices appelées à diriger les ~ : A. 20 mars 1840, **II**, 436. = Modèle de brevet pour la direction des ~ : **II**, 639.

Application aux ~ des dispositions des lois sur l'instruction primaire : C. 17 avril 1882, **V**, 433.

Durée des heures de travail dans les ~ : Av. 5 juil. 1850, **III**, 757; — Av. 29 juin 1861, **III**, 776.

Conditions actuelles d'ouverture des ⌇⌇ : L. 30 oct. 1886, art. 43, **V**, 690 ; — D. 18 janv. 1887, art. 166, **V**, 762.

Proposition de loi : 15 déc. 1848, art. 1ᵉʳ, 37, **III**, 98, 103 ; — 6 déc. 1879, art. 67 ; **V**, 94 ; — 7 févr. 1882, art. 51, **V**, 387.

Voir aussi ASILES-OUVROIRS.

P

PALMES ACADÉMIQUES.

Voir OFFICIER d'Académie.

PAPE-CARPANTIER (Prix).

Fondation d'un prix ⌇⌇ en faveur d'une directrice d'école maternelle : D. 17 mai 1884, **V**, 574.

Voir aussi ÉCOLE PAPE-CARPANTIER.

PAPIER TIMBRÉ.

Prescription de l'emploi du ⌇⌇ pour la délivrance des états de services des fonctionnaires : A. 7 avril 1879, **V**, 37.

PASSAGE GRATUIT pour l'Algérie et la Tunisie.

Voir FRAIS DE PASSAGE.

PASTEURS.

Les ⌇⌇ sont les surveillants spéciaux des écoles de leur culte : O. 29 févr. 1816, art. 8, § 3, 40, § 2, **I**, 241 et s. ; — O. 8 avril 1824, art. 13-14, **I**, 326 ; — A. 30 juin 1829, art. 24, **I**, 373 ; = font partie des comités locaux de surveillance : L. 28 juin 1833, art. 17, **II**, 16 ; — Av. C. 31 déc. 1833, **II**, 98 ; — des comités d'arrondissement : L. 28 juin 1833, art. 19, **II**, 17 ; — Av. C. 31 déc. 1833, **II**, 98 ; — des comités chargés de la surveillance des pensions et institutions : Règl. 7 mars 1837, art. 22, **II**, 310.

Les ⌇⌇ sont compris au nombre des autorités préposées à la surveillance et à la direction morale de l'enseignement primaire : L. 15 mars 1850, art. 44, **III**, 335 ; — D. 29 juil. 1850, art. 48, **III**, 366 ; — I. 31 oct. 1854, **III**, 604.

Rapports de l'instituteur communal avec le pasteur : C. 4 juil. 1833, **II**, 25.

Projets et propositions de lois : 18 juin 1849, art. 43, 45, **III**, 179 ; — 31 déc. 1849, art. 44, 46, **III**, 305 et s.

Voir aussi CULTES reconnus par l'État, PROTESTANT (Culte).

PATENTE.

L'instituteur communal, qui gère pour son compte un pensionnat primaire, est soumis à la ⌇⌇ des maîtres de pension : Décis. C. d'Et. 5 oct. 1857, **III**, 719. = Le contribuable qui tient un externat doit être considéré comme exerçant la profession de chef d'institution et soumis à la ⌇⌇ : Décis. C. d'Et. 23 avril 1862, **III**, 792. = La ⌇⌇ est imposée aux directeurs d'écoles primaires supérieures à internat : Décis. C. d'Et. 23 févr. 1900, **VI**, 913.

9.

Exemption de la ⚭ en faveur des instituteurs libres qui n'ont pas de pensionnat : Décis. C. d'Et. 23 juil. 1863, **IV**, 4. = N'est pas sujet à la ⚭ l'instituteur qui ne fait des fournitures de papeterie à ses élèves que dans l'intérieur de son école : Décis. C. d'Et. 3 mars 1864, **IV**, 24; — l'instituteur libre autorisé à recevoir des pensionnaires pour un travail particulier : Décis. C. d'Et. 27 nov. 1867, **IV**, 180.

PÉDAGOGIE.

Ouverture d'un concours entre les instituteurs publics sur une question de ⚭ : A. 12 déc. 1860, **III**, 762.

Enseignement de la ⚭ dans les Ecoles normales primaires : D. 29 juil. 1881, art. 7, 16°, **V**, 270; — D. 9 janv. 1883, art. 7, 16°, **V**, 504; — D. 18 janv. 1887, art. 82, 17°, **V**, 740.

PEINES DISCIPLINAIRES.

Applicables aux membres de l'enseignement primaire : L. 28 juin 1833, art. 7, 21, 24, **II**, 12 et s.; — Av. C. 27 août 1833, **II**, 62; — I. 21 mars 1834, **II**, 114; — Av. C. 5 déc. 1834, **II**, 172; — Av. C. 13 oct. 1837, **II**, 338; — Av. C. 13 déc. 1842, **II**, 476; — L. 15 mars 1850, art. 29-30, 33, **III**, 330 et s.; — Av. 3 mai 1850, **III**, 343; — D. 22 août 1854, art. 23, **III**, 595; — C. 27 mars 1874, **IV**, 514; — C. 20 déc. 1877, **IV**, 758; — L. 30 oct. 1886, art. 30-33, 40-42, **V**, 683 et s.

Procédure à suivre pour le jugement et l'appel des affaires disciplinaires : D. 4 déc. 1886, **V**, 714.

Projets et propositions de lois : 20 janv. 1831, art. 16-18, **I**, 390; — 17 nov. 1832, art. 22-23, **I**, 427; — 30 juin 1848, tit. VI, **III**, 41; — 15 déc. 1848, art. 78-81, **III**, 111; — 18 juin 1849, art. 33-34, **III**, 177; — 6 oct. 1849, art. 25, 28, 30, **III**, 235 et s.; — 17 déc. 1849, art. 42, 46-48, 52-54, **III**, 277 et s.; — 31 déc. 1849, art. 25, 28, 30, 86, **III**, 302 et s.; — 15 déc. 1871, art. 8, **IV**, 335; — 12 juin 1872, art. 13, **IV**, 371; — 3 juil. 1872, art. 63-64, **IV**, 409; — 23 mars 1877, art. 81-86, **IV**, 695; — 18 mai 1877, art. 3, **IV**, 715; — 1er déc. 1877, art. 126-133, **IV**, 747; — 6 déc. 1879, art. 36-38, **V**, 89; — 7 févr. 1882, art. 38-41, **V**, 384; — 16 févr. 1882, art. 19-22, **V**, 401.

Voir aussi PÉNALITÉS, RÉPRIMANDE, RÉVOCATION, SUSPENSION.

PEINTURE sur émail et sur porcelaine.

Proposition de loi : 1er déc. 1877, art. 1er, **IV**, 727.

PÉNALITÉS.

En cas de contravention pour ouverture d'école primaire privée : L. 28 juin 1833, art. 6, **II**, 12; — L. 15 mars 1850, art. 29, **III**, 330; — L. 30 oct. 1886, art. 40, **V**, 688. = Pour refus de se soumettre à la surveillance de l'État : L. 15 mars 1850, art. 22, **III**, 328; — L. 30 oct. 1886, art. 42, **V**, 690.

Projets et propositions de lois : 30 juin 1848, art. 23-24, 42, **III**, 38 et s.; — 15 déc. 1848, art. 50, **III**, 105; — 18 juin 1849, art. 26, **III**, 176; — 6 oct. 1849, art. 25, **III**, 235; — 31 déc. 1849, art. 25, **III**, 302; — 3 juil. 1872, art. 88-92, **IV**, 413; — 23 mars 1877, art. 16, 27, 131, **IV**, 687 et s.; — 1er déc. 1877, art. 116-125, 134, **IV**, 746 et s.; — 6 déc. 1879, art. 62-65, **V**, 93; — 7 févr. 1882, art. 48, **V**, 386.

Voir aussi PEINES DISCIPLINAIRES.

PENSION.

Voir FRAIS DE PENSION.

PENSIONNAIRES.

Voir PENSIONNATS primaires.

PENSIONNATS PRIMAIRES.

Interdiction aux instituteurs de prendre aucun de leurs élèves en pension : D. 19 déc. 1793, sect. III, art. 10, I, 85.

Conditions et formalités exigées pour l'ouverture et la direction de ∾ : A. 5 févr. 1798, I, 131 ; — Règl. Pr. S. 15 fév. 1804, art. 8-9, I, 189 ; — A. 17 juil. 1812, I, 223 ; — O. 17 févr. 1815, art. 12, I, 231 ; — A. 5 déc. 1820, I, 294 ; — O. 21 avril 1828, art. 12, I, 342 ; — Décis. 30 août 1828, I, 359 ; — O. 23 juin 1836, art. 8, II, 254 ; — Av. C. 16 sept. 1836, II, 274 ; — Av. C. 11 nov. 1836, II, 282 ; — Règl. 24 avril 1838, art. 16, II, 378 ; — Décis. 31 mai 1839, II, 421 ; — Av. C. 3 mars 1843, II, 487 ; — Ar. C. de Cass. 27 nov. 1846, II, 541 ; — Av. C. 19 janv. 1847, II, 544 ; — L. 15 mars 1850, art. 53, III, 337 ; — Av. 1er oct. 1850, III, 381 ; — D. 30 déc. 1850, art. 5-14, III, 430 et s.; — L. 30 oct. 1886, art. 13, § 2, V, 677 ; — D. 18 janv. 1887, art. 15-16, 170-179, V, 723 et s.; — D. 16 janv. 1894, VI, 543.

Autorités concourant à l'autorisation d'ouverture des ∾ : C. 13 déc. 1833, II, 87 ; — Let. 30 août 1838, II, 398. = Pour l'autorisation de tenir un pensionnat, il n'y a point de distinction à faire entre l'instituteur public et l'instituteur privé : Av. C. 11 nov. 1836, II, 282.

Ouverture de ∾ par des Congrégations : Av. C. 12 janv. 1847, II, 542 ; — Av. C. 19 janv. 1847, II, 544 ; — Av. 10 nov. 1848, III, 56. = Les Frères des Écoles chrétiennes peuvent être autorisés à recevoir des pensionnaires ou des demi-pensionnaires : A. 24 avril 1832, I, 420, n. 2 ; — C. 1er juin 1832, I, 420.

Nature du stage exigé pour l'ouverture des ∾ : C. 23 févr. 1877, IV, 661.

Compétence des Comités d'arrondissement pour les questions relatives à l'extension des ∾ : Av. C. 3 mars 1843, II, 487.

Classes primaires dans les ∾ : A. 21 août 1818, I, 269. = Limites de l'enseignement dans les ∾ : C. 29 sept. 1876, IV, 648.

Dispositions particulières aux *pensionnats de jeunes filles* : I. 19 juin 1820, I, 281 ; — O. 23 juin 1836, art. 8, II, 254 ; — C. 13 août 1836, II, 264 ; — D. 31 déc. 1853, art. 11-12, III, 570 ; — C. 26 janv. 1854, III, 571 et 573 ; — C. 20 mars 1854, III, 584 ; — C. 20 déc. 1854, III, 621.

Le brevet supérieur ne doit pas être exigé d'une institutrice du degré élémentaire qui demande l'autorisation de recevoir des pensionnaires : Décis. 25 oct. 1842, II, 469. = Ne peuvent tenir un pensionnat primaire les institutrices, non munies de brevet, qui appartiennent à une association religieuse non régulièrement approuvée : Av. C. 11 févr. 1845, II, 511.

Un ∾ ne doit pas être annexé à une école gratuite : Av. C. 11 févr. 1845, II, 511 ; — Av. 7 avril 1848, III, 15, 17 ; — Av. 19 mai 1848, III, 23 ; — Av. 29 sept. 1848, III, 50 ; — Av. 13 oct. 1848, III, 51 ; — Av. 10 nov. 1848, III, 56 ; — Av. 15 déc. 1848, III, 114, 115 ; — Av. 20 juil. 1849, III, 186.

Fermeture de ∾ tenus illégalement : Décis. 31 mai 1839, II, 421. = Mesures à prendre en cas de fermeture : D. 7 oct. 1850, art. 6, III, 385.

Modèle d'autorisation de tenir un pensionnat dans une école primaire : I, 503.

Projets et propositions de lois : 3 oct. 1797, I, 129 ; — 8 nov. 1800, tit. VIII I, 175 ; — 15 déc. 1848, art. 55, III, 106 ; — 18 juin 1849, art. 48, III, 180 ; — 6 oct. 1849, art. 49, III, 239 ; — 17 déc. 1849, art. 71, III, 281 ; — 31 déc. 1849, art. 55, III, 306 ; — 3 juil. 1872, art. 42-46, IV, 405 ; — 23 mars 1877, art. 36-38, IV, 689 ; — 1er déc. 1877, art. 38, IV, 732.

Voir aussi JURISPRUDENCE (C. de Cass.), PATENTE.

PENSIONS.

Voir INSTITUTIONS, MAÎTRES et maîtresses de pensions.

PENSIONS civiles ou de retraite.

Concession et payement de ∾ aux instituteurs : 5 mai 1793, I, 41 ; — D. 17 nov. 1794, ch. III, art. 9, I, 103 ; — D. 24 oct. 1795, tit. 1er, art. 7, I, 121 ; — Stat. 10 avril

1883, **V**, 521 ; — 4 févr. 1889, **VI**, 137 ; — 19 févr. 1891, art. 59-60, **VI**, 355 ; — 22 nov. 1894, **VI**, 586 ; — 5 juin 1895, art. 2, **VI**, 628.

Voir aussi RETENUES.

PÈRES DE FAMILLE.

Obligation pour les ⁓ de faire donner l'instruction primaire à leurs enfants : L. 28 mars 1882, art. 7 et s., **V**, 423 et s.

Intervention des ⁓ dans le choix et la nomination des instituteurs. — **Propositions de lois** : 19 déc. 1871, **IV**, 343 ; — 10 janv. 1872, **IV**, 346 ; — 24 janv. 1872, **IV**, 347 ; — 3 juil. 1872, art. 3, 55-59, **IV**, 399 et s.

PÈRES ET MÈRES.

Rapports entre les ⁓ et les enfants : L. 26 août 1793, **I**, 65.

PERSÉVÉRANCE (Classes de).

Création de ⁓ dans les Écoles de filles : C. 30 oct. 1867, **IV**, 175.

PETITES ÉCOLES.

Sous la dépendance de l'Université : D. 17 mars 1808, art. 5, 6°, **I**, 197.

Voir ÉCOLES primaires élémentaires.

PÉTITIONS.

Interdiction de colporter des ⁓ dans les écoles : C. 30 avril 1877, **IV**, 706 ; — C. 30 avril 1879, **V**, 38 ; — Règl. 7 juin 1880, art. 17, **V**, 171 ; — A. 6 janv. 1881, art. 17, **V**, 237 ; — A. 2 août 1881, art. 14, **V**, 313 ; — Règl. 18 juil. 1882, art. 15, **V**, 444 ; — Règl. 18 janv. 1887, art. 15, **V**, 823, et art. 17, **V**, 825.

PHOTOGRAPHIE.

Notions de ⁓. — **Proposition de loi** : 1er déc. 1877, art. 1er, **IV**, 727.

PHYSIQUE.

Notions de ⁓ applicables aux usages de la vie, comprises parmi les matières de l'enseignement primaire : L. 28 juin 1833, art. 1er, **II**, 11 ; — Règl. 7 mars 1837, art. 2, **II**, 306 ; — L. 15 mars 1850, art. 23, **III**, 329 ; — L. 28 mars 1882, art. 1er, 419 ; — D. 18 janv. 1887, art. 27, 35, **V**, 725 et s.

Notions de ⁓ demandées aux examens des brevets de capacité : Règl. 19 juil. 1833, art. 9, **II**, 36 ; — Règl. 28 juin 1836, art. 2, **II**, 257 ; — Règl. 7 mars 1837, art. 17, **II**, 309 ; — A. 15 févr. 1853, art. 12, **III**, 516 ; — A. 3 juil. 1866, art. 17, **IV**, 108 ; — A. 5 juin 1881, art. 16-17, **V**, 232 ; — A. 30 déc. 1884, art. 18-19, **V**, 598 ; — A. 18 janv. 1887, art. 148, 151-152, **V**, 802 et s. ; — A. 24 janv. 1896, **VI**, 677.

Enseignement de la ⁓ dans les Écoles normales primaires : Règl. 14 déc. 1832, art. 1er, **I**, 429 ; — D. 24 mars 1851, art. 1er, **III**, 453 ; — A. 31 juil. 1851, **III**, 478 ; — D. 2 juil. 1866, art. 1er, **IV**, 91 ; — D. 22 janv. 1881, art. 1er, **V**, 248 ; — D. 29 juil. 1881, art. 7, **V**, 270 ; — D. 9 janv. 1883, art. 7, **V**, 504 ; — D. 18 juil. 1887, art. 82, **V**, 739 ; — A. 10 janv. 1889, **VI**, 135, 136.

Projets et propositions de lois : 30 juin 1848, art. 1er, **III**, 36 ; — 15 déc. 1848, art. 12, 25, **III**, 99 et s. ; — 17 déc. 1849, art. 25, **III**, 274 ; — 26 janv. 1872, art. 1er, **IV**, 348 ; — 12 juin 1872, art. 2, **IV**, 370 ; — 23 mars 1877, art. 2, **IV**, 685 ; — 1er déc. 1877, art. 1er, **IV**, 727 ; — 6 déc. 1879, art. 3, **V**, 84.

PLANS D'ÉCOLES.

Voir Maisons d'École.

POIDS ET MESURES.

Nouveau système des ~ : D. 1er août 1793, I, 63; — D. 7 avril 1795, I, 107.

Application du système décimal des ~ : A. 4 nov. 1800, 166; — D. 12 févr. 1812, I, 222.

Loi relative aux ~ : 4 juil. 1837, II, 323.

Enseignement du système légal des ~ dans les écoles primaires : *Voir* Système légal des poids et mesures.

Envoi d'une collection de ~ aux Écoles normales primaires : C. 1er déc. 1838, II, 406.

Projet de décret : 27 juil. 1795, art. 4, I, 118.

PRÉFETS.

Rôle et attributions des ~ dans l'enseignement primaire : L. 1er mai 1802, art. 5, I, 179; — Régl. 15 févr. 1804, art. 10-11, I, 189; — D. 15 nov. 1811, art. 191-192, I, 222; — O. 29 févr. 1816, art. 3, 13, 41, I, 240 et s.; — I. 3 juin 1819, I, 271; — O. 3 avril 1820, art. 2, I, 280; — O. 31 oct. 1821, I, 314; — L. 28 juin 1833, art. 19, II, 17; — O. 16 juil. 1833, art. 5-7, II, 28; — C. 24 juil. 1833, II, 43; — C. 13 déc. 1833, II, 85; — Av. C. 25 mars 1834, II, 117; — L. 11 janv. 1850, art. 1er, 3, III, 308; — C. 16 janv. 1850, III, 311, 313, 314; — C. 28 févr. 1850, III, 318; — D. 7 oct. 1850, art. 6, 8-10, 20, 22, 30, III, 385 et s.; — L. 14 juin 1854, art. 8, III, 588; — C. 15 sept. 1854, III, 598; — C. 31 oct. 1854, III, 601; — D. 21 mars 1855, art. 23, 27, 33, III, 632 et s.; — D. 26 déc. 1855, art. 33, 56, 70, III, 676 et s.; — A. 14 juil. 1858, art. 3, III, 728; — C. 24 mai 1870, IV, 599; — L. 30 oct. 1886, art. 27-29, V, 682; — D. 18 janv. 1887, art. 20-22, 24, 142, 145, 147-148, 151, 155, 158-159, 162, 164, V, 724 et s.

Autorisation par les ~ de l'acceptation de legs faits à des établissements religieux, n'excédant pas 300 francs : O. 2 avril 1817, art. 1er, I, 262; — I. 17 juil. 1825, art. 19, I, 335.

Les ~ membres des Conseils académiques : L. 15 mars 1850, art. 10-11, III, 325; — des Conseils départementaux : L. 14 juin 1854, art. 5, III, 588; — L. 30 oct. 1886, art. 44, V, 691.

Le ~ préside la commission de la caisse d'épargne et de prévoyance : O. 13 févr. 1838, art. 1er, II, 366.

Annulation d'un arrêté pris irrégulièrement par le préfet : Décis. C. d'Ét. 7 févr. 1873, IV, 438.

Projets et propositions de lois : 13 déc. 1849, art. 1er-3, III, 267; — 17 déc. 1849, art. 50, III, 278; — 7 févr. 1882, art. 26, 62, V, 382 et s.

Voir aussi Administration préfectorale.

PRINCIPAUX DE COLLÈGES.

Sont membres des Comités chargés de surveiller les écoles primaires : O. 29 févr. 1816, art. 2, I, 240; — O. 8 avril 1824, art. 14, I, 326; — C. 29 avril 1824, I, 327.

Soumission aux Comités d'arrondissement des demandes des ~ à fin de tenir une classe primaire, non passible de la rétribution universitaire : Décis. 3 avril 1835, II, 184.

Voir aussi Collèges.

PRISONS (Écoles dans les).

Projets et propositions de lois : 24 oct. 1831, art. 17, I, 416; — 17 nov. 1832, art. 30, I, 428; — 15 déc. 1848, art. 1er, 38, III, 98, 104; — 22 janv. 1878, IV, 766.

PRIX.

Institution de ⚬ à donner aux élèves : Stat. 25 avril 1834, art. 8, II, 127 ; — Règl. 17 août 1851, art. 37, III, 486.

Choix des livres à donner en ⚬ dans les écoles primaires publiques : C. 16 juil. 1878, IV, 803.

Projets et propositions de lois : sept. 1791, tit. I, art. 7, I, 10 ; — 26 juin 1793, art. 36-37, I, 47 ; — 1er oct. 1793, art. 20, I, 68 ; — 27 mai 1795, tit. II, art. 14-15, I, 117 ; — 12 nov. 1798, art. 34-39, I, 145 ; — 20 avril 1799, art. 15-16, I, 164 ; — janv. 1821, art. 41, I, 300.

Voir aussi DISTRIBUTIONS de prix.

PROCUREUR GÉNÉRAL.

Intervention du ⚬ en matière d'écoles primaires : D. 15 nov. 1811, art. 55, I, 221. Le ⚬ fait partie du Conseil académique, devenu Conseil départemental : L. 15 mars 1850, art. 10-11, III, 325 ; — L. 14 juin 1854, art. 5-6, III, 588.

PROCUREURS près les Tribunaux.

Droit pour les ⚬ de poursuivre d'office les écoles indûment ouvertes : D. 15 nov. 1811, art. 54, I, 221.

Les ⚬ sont membres des Comités d'instruction primaire : O. 29 févr. 1816, art. 5, I, 241 ; — Décis. 30 avril 1816, I, 249 ; — O. 2 août 1820, art. 2, 9, I, 289 ; — O. 16 oct. 1830, art. 3, 5, I, 384 ; — L. 28 juin 1833, art. 19, II, 17. = Suppléance des ⚬ dans les Comités : Av. C. 26 mai 1837, II, 316.

Les ⚬ sont membres des Conseils académiques, qui deviennent les Conseils départementaux : L. 15 mars 1850, art. 10, III, 325 ; — L. 14 juin 1854, art. 5, III, 588.

Leur intervention en matière d'écoles primaires : D. 15 nov. 1881, art. 54-56, I, 221 ; — L. 15 mars 1850, art. 27-28, 30, III, 330 ; — D. 7 oct. 1850, art. 2, 6, III, 384 et s. ; — L. 30 oct. 1886, art. 38, V, 686 ; — D. 18 janv. 1887, art. 158, V, 760.

PROFESSEURS d'Écoles normales primaires.

Nomination, conditions, fonctions : D. 5 juin 1880, V, 161 ; — A. 5 juin 1880, V, 165 ; — D. 29 juil. 1881, tit. III, V, 271 ; — D. 4 janv. 1882, V, 347 ; — D. 28 juil. 1885, V, 627 ; — D. 28 janv. 1887, art. 65-68, V, 734 ; — A. 18 janv. 1887, art. 77-85, V, 784 et s.

Délégation à titre provisoire dans les fonctions de ⚬ : A. 1er sept. 1887, VI, 50.

Nomination de licenciés aux fonctions de ⚬ : D. 27 déc. 1887, VI, 75 ; — A. 7 mars 1888, VI, 86.

Classement et traitement des ⚬ : D. 30 juil. 1881, V, 280 ; — A. 5 mai 1886, V, 662 ; — L. 19 juil. 1889, art. 13, 18, 21, VI, 169 et s. ; — D. 4 juin 1890, art. 3, VI, 276 ; — D. 19 juil. 1890, VI, 282 ; — L. 25 juil. 1893, art. 15, VI, 505.

Indemnités à allouer aux ⚬ pourvus de certificats d'aptitude à l'enseignement des Langues vivantes, du Travail manuel, du Chant et de la Gymnastique : A. 13 mars 1888, VI, 87.

Répartition du service des ⚬ : A. 5 mai 1886, V, 662.

Voir aussi CERTIFICAT D'APTITUDE au professorat des Écoles normales primaires, MAÎTRES ADJOINTS et Maîtresses adjointes d'Écoles normales primaires.

PROFESSEURS d'Écoles primaires supérieures.

Institution de ⚬ : L. 30 oct. 1886, art. 28, V, 682.

Assimilation des ⚬ aux professeurs d'Écoles normales primaires : A. 10 janv. 1887, V, 720. = Nomination de licenciés aux fonctions de ⚬ : D. 27 déc. 1887, VI, 75 ; — A. 7 mars 1888, VI, 86.

Traitement des ⚬ : L. 19 juil. 1889, art. 13, 15, VI, 169 et s. ; — L. 25 juil. 1893, art. 15, VI, 505.

Proposition de loi : 15 déc. 1848, art. 31-34, **III**, 103.

Voir aussi PROFESSEURS d'Écoles normales primaires.

PROFESSEURS de gymnastique.

Admission des ~ au bénéfice de la retraite : A. 5 juin 1869, **IV**, 220 ; — C. 9 juin 1869, **IV**, 221.

Voir aussi GYMNASTIQUE.

PROFESSEURS départementaux d'agriculture.

Mode de nomination, attributions : D. 9 juin 1880, **V**, 173.

Proposition de loi : 16 juin 1877, art. 2-8, **IV**, 718.

PROJETS de Décrets, de Lois, de Résolutions, etc.

1791.	Projet de décret sur l'organisation des écoles publiques (*Mirabeau*), **I**, 7.
10-19 sept. 1791.	Projet de décret sur l'Instruction publique (*de Talleyrand*), **I**, 9.
20-21 avril 1792.⎫	— sur l'organisation de l'Instruction publique (*Con-*
24 mai 1792. ⎭	*dorcet*), **I**, 14, 18.
1792.	Projet de décret sur l'organisation de l'Instruction publique (*Fou-ché*), **I**, 24.
12-18 déc. 1792.	Projet de décret sur l'organisation des écoles primaires (*Chénier et Lanthenas*), **I**, 26. = Opinion de *Michel-Edme Petit*, **I**, 30.
18 déc. 1792.	Projet de décret, amendant le projet Lanthenas (*J.-B. Leclerc*), **I**, 31.
20 déc. 1792.	— sur l'Instruction publique (*Romme*), **I**, 32.
21 déc. 1792.	— sur les fêtes civiques et l'éducation nationale (*Rabaud Saint-Étienne*), **I**, 33.
24 déc. 1792.	Projet de décret sur l'éducation nationale (*Bancal*), **I**, 35.
1792.	— sur la composition de livres d'enseignement (*Arbogast*), **I**, 36.
1792-1793.	Projet de décret sur l'éducation nationale (*Jean Bon Saint-André*), **I**, 37.
26 juin 1793.	Projet de décret sur l'éducation nationale (*Siéyès, Daunou, Lakanal*), **I**, 44.
3 juil. 1793.	Projet de décret sur l'éducation nationale (*Léonard Bourdon*), **I**, 48.
13 juil. 1793.	Projet de décret sur l'éducation nationale (*Michel Lepelletier et Max. Robespierre*), **I**, 53.
1er août 1793.	Projet de décret sur l'éducation nationale (*Léonard Bourdon*), modifiant le projet de *Lepelletier*, **I**, 60.
1793.	Projet de décret sur les bases de l'éducation publique (*P. C. Fr. Dupont*), **I**, 61.
1793.	Projet de décret sur l'éducation nationale (*Jean-Marie Calès*), **I**, 62.
1er oct. 1793.	— — (*Michel-Edme Petit*), **I**, 67.
20 oct. 1793.	Projet de décret présenté par *Romme* au nom de la Commission d'éducation, **I**, 70.
Sans date.	Projet de décret pour les écoles nationales (traitement des instituteurs et institutrices), **I**, 78, *n*. 1.
13 avril 1794.	Projet de décret sur l'Instruction publique (*G. Bouquier*), **I**, 88, 91.
Sans date.	— sur l'éducation (*Saint-Just*), **I**, 95.
23 sept. 1794.	— sur les fondements de la morale publique (*Debry*), **I**, 98.
13 nov. 1794.	Opinion de *J.-Fr. Baraillon* sur les écoles primaires, **I**, 100.

PROMOTIONS.

Voir CLASSEMENT et avancement.

PROPOSITIONS DE LOIS.

12 févr. 1884. Sur la création de crèches communales (*Escande*), **V**, 558.

8 avril 1885. Sur une bourse à accorder dans les familles de sept enfants (*Bernard*, etc.), **V**, 607.

4 nov. 1886. Sur la nomination des instituteurs par les recteurs (*Lefèvre-Pontalis*), **V**, 699.

   [Rapports : 1ᵉʳ févr. 1887, VI. 1 ; — 21 mai 1889, VI, 144.]

5 nov. 1886. Sur la nomination des instituteurs (*Ch. Dupuy*), **V**, 700.

   [Rapports : 1er févr. 1887, VI, 1 ; — 21 mai 1889, VI, 144.]

23 nov. 1886. Sur la limite d'âge de mise à la retraite (*du Mesnildot*, etc.), **V**, 705.

2 avril 1887. Sur l'abrogation de la loi du 30 oct. 1886 (*de l'Angle-Beaumanoir*, etc.), **VI**, 16.

15 déc. 1887. Proposition de résolution sur les sollicitations concernant les intérêts privés (*Chavoix*), **VI**, 72.

3 avril 1888. Sur l'instruction intégrale par voie de concours (*Hervieu*, etc.), **VI**, 95.

4 févr. 1889. Sur les pensions civiles (*J. Piou*), **VI**, 137.

16 mai 1889. Sur la modification de la loi du 28 mars 1882 (*Baudry d Asson*), **VI**, 142.

   [Raport, 3 juin 1889, VI, 150.]

6 nov. 1890. Sur les traitements et le classement du personnel primaire (*Viger*, etc.), **VI**, 312.

18 nov. 1890. Sur la dispense du certificat d'aptitude pédagogique en faveur d'adjoints et adjointes (*Babaud-Lacroze*), **VI**, 315.

17 janv. 1891. Sur les traitements du personnel primaire (*J. Siegfried*, etc.), **VI**, 339.

19 févr. 1891. Sur la revision de la loi du 19 juil. 1889 (*Cabart-Danneville*) **VI**, 345.

24 févr. 1891. — (*Lavy*), **VI**, 356.

28 févr. 1891. — (*Leveillé*), **VI**, 367.

28 févr. 1891. Sur le droit, pour les communes, de subventionner les écoles primaires privées (*Thellier de Poncheville*, etc.), 365.

   [Rapport, 28 mai 1891, VI, 381.]

7 juil. 1891. Sur la modification de l'article 12 de la loi du 19 juil. 1889 (*Dellestable*, etc.), **VI**, 389.

2 juin 1892. Sur les conditions d'éligibilité des instituteurs et institutrices au Conseil départemental (*Bouge*), **VI**, 416.

   [Déposée à nouveau le 22 nov. 1894, VI, 586. — Rapports : 27 oct. 1892, VI, 446; — 2 févr. 1895, VI, 602.]

27 févr. 1893. Sur la démission des fonctionnaires candidats aux élections législatives (*Bazille*, etc.), **VI**, 490.

20 janv. 1894. Sur une addition à l'art. 11 de la loi du 30 oct. 1886 (*Cazenove de Pradines*, etc.), **VI**, 547.

   [Rapport, 10 mars 1894, VI, 553.]

28 avril 1894. Sur la revision de l'art. 36 de la loi du 25 juil. 1893 (*Gendre*), **VI**, 557.

14 juin 1894. Sur l'abaissement à cinq années de la durée de l'engagement décennal (*R. Viviani*, etc.), **VI**, 564.

9 juil. 1894. Sur la modification de l'art. 18 de la loi du 30 oct. 1886 (*Jacquemin*), **VI**, 567.

22 nov. 1894. Sur la modification de l'art. 38, § 3, de la loi du 25 juil. 1893 (*Cabart-Danneville*), **VI**, 586.

5 juin 1895. Sur la modification des lois du 19 juil. 1889 et du 25 juil. 1893 (*Carnaud*, etc.), **VI**, 626.

13 mars 1896. Sur la responsabilité civile des membres de l'enseignement (*Malzac*), **VI**, 704.

   [Rapport, 25 mars 1896, VI, 716. — Avis (Sénat), 1er mars 1899, VI, 874.]

28 mai 1896. Sur la responsabilité civile des membres de l'enseignement (*Hubbard*), **VI**, 729.

28 mai 1896. Sur la responsabilité civile des membres de l'enseignement (*Lavy*), VI, 731.

[Rapports : *Chambre*, 4 mars 1898, VI, 794 ; — *Sénat*, 31 janv. 1900, VI, 865.]

13 nov. 1896. Sur le droit des communes en matière d'enseignement primaire et secondaire (*Fresneau*), VI, 742.

[Rapport, 18 déc. 1896, VI, 748.]

13 juin 1898. Sur la nomination des instituteurs publics (*Cunéo d'Ornano*, etc.), VI, 822.

30 janv. 1899. Sur la modification des lois du 19 juil. 1889 et du 25 juil. 1893 (*Carnaud*), VI, 862.

Voir aussi Projets de décrets, etc.

PROTESTANT (Culte).

Surveillance spéciale des écoles du ⌣ : O. 29 févr. 1816, art. 6, 8, I, 241 ; — Décis. 30 avril 1816, I, 249 ; — A. Pr. S. 9 oct. 1819, art. 20, I, 278 ; — O. 8 avril 1824, art. 13-14, I, 326 ; — C. 29 avril 1824, § 3, I, 327 ; — O. 21 avril 1828, art. 22, I, 345 ; — C. 6 mai 1828, 7°, I, 349 ; — O. 26 mars 1829, art. 20, I, 365 ; — A. 30 juin 1829, I, 370 ; — L. 28 juin 1833, art. 9, 19, II, 13 et s. ; — O. 5 nov. 1833, art. 2, II, 70 ; — O. 26 oct. 1838, art. 3, II, 404 ; — O. 8 sept. 1845, art. 2-4, II, 524 ; — L. 15 mars 1850, art. 31, III, 331.

Autorisation d'établissement d'écoles modèles du ⌣ pour la formation d'instituteurs : O. 16 juil. 1833, art. 23, II, 32.

Nomination des instituteurs appartenant au ⌣ : Av. 12 mars 1851, III, 449.

Création d'écoles communales affectées aux enfants du ⌣ : L. 28 juin 1833, art. 9, II, 13 ; — C. 24 juil. 1833, II, 39 ; — Av. C. 18 févr. 1848, III, 9 ; — C. 27 mars 1880, V, 138. = Rejet de demandes pour création d'écoles communales spécialement affectées aux enfants du ⌣ : Av. C. 18 févr. 1848, III, 10.

Instruction religieuse à donner, dans les écoles primaires et normales, aux élèves appartenant au ⌣ : C. 12 nov. 1835, II, 210.

Délégués spéciaux pour les écoles protestantes : D. 29 juil. 1850, art. 47, III, 365.

Voir aussi Consistoires, Pasteurs.

PUNITIONS.

Interdiction des ⌣ corporelles ; énumération des ⌣ admises : Stat. 25 avril 1834, art. 29, II, 127 ; — Règl. 7 juin 1880, art. 18, V, 172 ; — Av. 6 janv. 1881, art. 18, V, 237 ; — A. 2 août 1881, art. 9, V, 313 ; — Règl. 18 juil. 1882, art. 16-17, V, 444 ; — Règl. 18 janv. 1887, art. 10, V, 822 ; — Règl. 18 janv. 1887, art. 19-20, V, 825.

Q

QUART COLONIAL.

Suppression du ⌣ en Algérie : L. 26 déc. 1890, art. 51, VI, 322. — Rétablissement du ⌣ en Algérie : L. 16 avril 1895, art. 63, VI, 609.

L'indemnité de résidence n'est point accordée aux agents qui jouissent du ⌣ : L. 26 avril 1895, art. 63, VI, 609.

QUÊTES.

Interdiction des ⌣ dans les écoles primaires publiques : Règl. 7 juin 1880, art. 17, V, 171 ; — A. 6 janv. 1881, art. 17, V, 237 ; — A. 2 août 1881, art. 14, V, 313 ; — Règl. 18 juil. 1882, art. 15, V, 444 ; — Règl. 18 janv. 1887, art. 15, V, 823 ; — Règl. 18 janv. 1887, art. 17, V, 825.

R

RABBIN.

Fait partie, s'il y a lieu, du Comité local : L. 28 juin 1833, art. 17, II, 16 ; — du Comité d'arrondissement : L. 28 juin 1833, art. 19, II, 17.

Au nombre des autorités préposées à la surveillance et à la direction morale des écoles primaires : L. 15 mars 1850 art. 44, III, 335.

Voir aussi Israélite (Culte), Ministres du culte.

RAPPORTS parlementaires.

Voir Projets de Décrets, etc., Propositions de Lois. — Les rapports publiés dans cet ouvrage sont indiqués à la suite du projet ou de la proposition.

RAPPORTS sur l'Enseignement primaire.

Rédaction d'un rapport annuel sur l'emploi des fonds destinés à l'enseignement primaire et sur l'état de l'instruction primaire dans toute l'étendue du territoire : O. 14 févr. 1830, art. 13, I, 381.

RECENSEMENT.

Conséquences du ∿ de 1896 pour la distinction entre écoles obligatoires et écoles facultatives : C. 30 avril 1897, VI, 765.

RÉCOMPENSES.

Autorisées pour les élèves : Stat. 25 avril 1834, art. 28, II, 127 ; — C. 27 avril 1834, II, 136 ; — Règl. 17 août 1851, art. 37, III, 486 ; — Règl. 2 août 1881, art. 8, V, 313 ; — Règl. 18 juil. 1887, art. 9, V, 822.

A décerner aux instituteurs et institutrices : O. 14 févr. 1830, art. 12, I, 381 ; — L. 15 mars 1850, art. 15, §§ 4 et 5, III, 327 ; — A. 21 août 1858, III, 735 ; — D. 7 sept. 1885, V, 637 ; — L. 30 oct. 1886, art. 34, V, 684.

Accordées pour enseignement des adultes : A. 18 nov. 1865, IV, 64 ; — A. 25 janv. 1896, VI, 678 ; — A. 7 déc. 1896, VI, 743 ; — A. 14 mai 1897, VI, 770 ; — A. 1er févr. 1898, VI, 790 ; — A. 27 janv. 1899, VI, 860, 861 ; — C. 3 févr. 1899, VI, 870 ; — A. 15 janv. 1900, VI, 906 ; — C. 18 janv. 1900, VI, 908 ; = pour propagande en faveur de la Caisse de retraites pour la vieillesse : C. 27 avril 1893, VI, 495 ; = pour propagande contre l'alcoolisme : C. 18 avril 1898, VI, 812.

A décerner aux sociétés de secours mutuels scolaires : C. 2 déc. 1899, VI, 903.

Projets et propositions de lois : 30 juin 1848, art. 45, 46, III, 42 ; — 15 déc. 1848, art. 82, III, 111 ; — 17 déc. 1849, art. 101-102, III, 283 ; — 7 juil. 1876, art. 15, IV, 624 ; — 1er déc. 1877, art. 76, IV, 738 ; — 6 déc. 1879, art. 35, V, 89 ; — 20 janv. 1880, art. 6, V, 119.

Voir aussi Honorariat, Médailles et Mentions, Officier d'Académie.

RECTEURS.

Chefs d'une Académie universitaire : D. 17 mars 1808, art. 4, 104-105, I, 196, 199 ; — D. 30 mars 1815, I, 237 ; — O. 15 août 1815, I, 238 ; = L. 14 juin 1854, art. 2, III, 587 ; — D. 22 août 1854, art. 15-21, III, 594. = Chefs d'une Université : O. 17 févr. 1815, art. 2, 16-25, I, 229, 231. = Chefs d'une circonscription départementale : L. 15 mars 1850, art. 8-9, III, 324.

Nomination des ~ : O. 17 févr. 1815, art. 16, I, 231 ; — O. 15 août 1815, art. 1er, I, 238 ; — D. 29 juil. 1850, art. 16, III, 360 ; — D. 9 mars 1852, art. 1er, III, 492 ; — D. 22 août 1854, art. 16, III, 594.

Fonctions de ~ de l'Académie de Paris dévolues à un membre du Conseil royal de l'Instruction publique : O. 1er nov. 1820, art. 8, I, 292 ; — O. 27 févr. 1821, tit. II, I, 310 ; = au Grand-Maître de l'Université : O. 8 avril 1824, art. 1er, I, 324 ; — D. 22 août 1854, art. 29, III, 596 ; — D. 22 août 1854, III, 597. = Le fonctionnaire chargé de l'administration de l'Académie de Paris reçoit le titre de Vice-Recteur : O. 7 déc. 1845, II, 532 ; — D. 22 août 1854, art. 29, § 2, III, 596 ; — D. 22 août 1854, III, 597 ; — A. 5 oct. 1854, III. 600.

Fixation des attributions principales du vice-recteur de la Corse : D. 22 août 1854, art. 25, III, 596 ; — D. 29 août 1860, III, 760. = Attributions du recteur d'Alger : D. 15 août 1875, art. 9-12, IV, 569.

ATTRIBUTIONS DES ~ EN MATIÈRE D'INSTRUCTION PRIMAIRE. — I. Intervention dans la délivrance aux instituteurs et institutrices primaires publics : 1° de l'autorisation d'exercer : O. 29 févr. 1816, art. 10, 12-13, I, 241 et s. ; — O. 21 avril 1828, art. 10-11, I, 342 ; — A. 22 mars 1836, art. 1-2, II, 226 ; — O. 23 juin 1836, art. 7, 11, II, 253 et s. ; — O. 22 déc. 1837, art. 5, II, 352 ; = 2° de l'autorisation d'avoir des pensionnaires : A. 5 déc. 1820, art. 2-4, I, 295 ; — O. 21 avril 1828, art. 12, I, 342 ; = 3° de l'autorisation de recevoir des élèves de religions différentes : O. 21 avril 1828, art. 13, I, 343 ; = 4° des brevets de capacité : O. 29 févr. 1816, art. 10, I, 241 ; — O. 21 avril 1828, art. 9-10, I, 342.

Droit de retirer l'autorisation, de réprimander, suspendre ou révoquer l'instituteur communal : O. 29 févr. 1816, art. 25-26, 28, I, 243 et s. ; — O. 2 août 1820, art. 17, I, 290 ; — O. 8 avril 1824, art. 10, I, 326 ; — O. 21 avril 1828, art. 16-19, I, 343.

Rôle des ~ dans la surveillance des écoles : D. 15 nov. 1811, art. 55, I, 221 ; — O. 29 févr. 1816, art. 29, 33, I, 244 ; — A. 22 juil. 1817, art. 2, I, 264 ; — O. 14 févr. 1830, art. 2, I, 378 ; — O. 16 juil. 1833, art. 16, 19, 28, II, 30 et s. ; — Av. C. 8 nov. 1833, II, II, 72.

Droit de nomination de membres des Comités : O. 29 févr. 1816, art. 3, I, 240 ; — O. 2 août 1820, art. 14, I, 290 ; — O. 16 oct. 1830, art. 3, I, 384.

Pouvoir des ~ en matière de congé à accorder aux instituteurs : Av. C. 29 nov. 1833, II, 83 ; — I. 23 juil. 1847, II, 595.

Les ~ font partie des commissions des caisses d'épargne et de prévoyance : O. 13 févr. 1838, art. 1er, II, 366.

L'intervention du ~ n'est pas nécessaire pour l'acceptation de legs faits à des congrégations religieuses en faveur d'écoles ou de salles d'asile : Av. 10 mars 1848, III, 13.

II. Attributions des ~ départementaux : L. 15 mars 1850, art. 10, 15, 18, 27, 28, 30, 33, 53, 325 et s. ; — C. 27 août 1850, III, 369 ; — C. 31 août 1850, III, 377 ; — D. 7 oct. 1850, art. 4, III, 384 ; — D. 9 mars 1852, art. 4, III, 493 ; — C. 12 mars 1852, III, 495.

III. Les attributions déférées aux ~ par la loi du 15 mars 1850 et le décret du 9 mars 1852 sont transmises aux préfets : L. 14 juin 1854, art. 8, III, 588 ; — C. 31 oct. 1854, III, 612. = Nouvelles attributions des ~ en matière d'instruction primaire : D. 22 août 1854, art. 17, 4°, 21, III, 594 et s. ; — C. 15 sept. 1854, III, 598 ; — I. 31 oct. 1854, III, 601 et 610 ; — Let. 6 déc. 1865, IV, 66 ; — D. 11 déc. 1869, art. 1er, § 4, IV, 238 ; — C. 24 mai 1876, IV, 598 ; — L. 30 oct. 1886, art. 9, 2°, V, 673.

INTERVENTION DES ~ DANS L'ADMINISTRATION DES ÉCOLES NORMALES PRIMAIRES : Règl. 14 déc. 1832, art. 7, 17, 23, 24, 26, I, 430 et s. ; — A. 8 janv. 1833, art. 1er, I, 433 ; — Av. C. 20 oct. 1843, II, 497 ; — D. 24 mars 1851, art. 8, 10, 14, 17, 18, III, 454 et s. ; — D. 26 déc. 1855, art. 6, 31, 32, 50, 63, 68, 69, III, 670 et s. ; — D. 2 juil. 1866, art. 6-7, 9-10, 12, 15, 19, 21, IV, 92 et s. ; — D. 29 juil. 1881, art. 1er-3, 7, 9, 11, 14, 20, 22, 23, 25-26, 27, 29-30, 34, 36, V, 268 et s. ; — D. 1er août 1881, art. 1er, 14-15, 44, 49-50, V, 285 et s. ; — D. 29 juil. 1882, art. 1er, 14-15, 44-47, 53,

55, V, 470 et s.; — D. 16 avril 1883, art. 46, V, 533; — D. 18 janv. 1887, art. 57-58, 67, 72-74, 86, 89, V, 732 et s.; — L. 19 juil. 1889, art. 47, VI, 185; — D. 29 mars 1890, art. 12, 20, 24, 35, 42, 49-51, 53, 58, 64, VI, 245 et s.

DISPOSITIONS DIVERSES. — Traitement et classement des ~ départementaux : D. 27 mai 1850, art. 3-4, III, 350; — D. 29 juil. 1850, art. 16, III, 360.

Prestation de serment exigée des ~ : A. 28 avril 1852, art. 2-3, III, 502.

Incompatibilité des fonctions de ~ avec tout autre emploi salarié : D. 29 juil. 1850, art. 15, III, 360.

Frais de tournées des ~ : D. 29 juil. 1850, art. 41, III, 364.

Intervention des ~ dans la direction morale et intellectuelle des salles d'asile : C. 14 nov. 1856, III, 702; = dans l'inspection des établissements primaires : O. 13 nov. 1837, art. 2, II, 340; — A. 14 août 1855, art. 2, III, 662.

Les ~ sont membres de droit de tous les comités de patronage des écoles primaires supérieures de leur ressort : A. 18 janv. 1887, art. 35, V, 775.

Modification de l'âge de retraite des ~ : D. 28 mai 1898, VI, 819.

Projets et propositions de lois : 20 janv. 1831, art. 2-5, 8, I, 388; — 31 mars 1847, art. 18, II, 564; — 30 juin 1848, art. 12 *bis*, 21, 23, 40, 44, III, 37 et s.; — 15 déc. 1848, art. 76, III, 110; — 22 janv. 1878, IV, 766; — 12 déc. 1878, art. 8, IV, 833; — 4 nov. 1886, V, 699; — 5 nov. 1886, V, 700; — 1er févr. 1887, VI, 1; — 21 mai 1889, VI, 144; — 13 juin 1898, VI, 825.

RECUEIL des actions héroïques et civiques des Républicains français.

Obligation pour les instituteurs de faire lire à leurs élèves le ~ : D. 30 déc. 1793, I, 86.

RECUEIL des poésies populaires de la France.

Publication, par les soins du Ministre de l'Instruction publique, d'un ~ : D. 13 sept. 1852, III, 510.

RECUEIL périodique.

Publication d'un ~ à l'usage des écoles primaires : Décis. 19 oct. 1832, I, 423.

RÉDACTION.

Enseignement de la ~ : **Proposition de loi** : 1er déc. 1877, art. 1er, IV, 727.

REGISTRE D'APPEL.

Prescription de la tenue du ~ : A. 17 avril 1866, 3e catégorie, IV, 86; — L. 28 mars 1882, art. 10, § 2, V, 425; — A. 18 janv. 1887, art. 23, V, 773.

Modification du ~ : C. 1er août 1879, V, 71.

Proposition de loi : 20 janv. 1880, art. 4, V, 109.

REGISTRE D'INSCRIPTION des maîtres et maîtresses.

Prescription d'un ~ : Règl. 15 févr. 1804, art. 1-2, 25, I, 188 et s.

REGISTRE MATRICULE pour l'inscription des élèves.

Prescription d'un ~ : C. 9 avril 1836, II, 242; — C. 24 déc. 1850, XI, III, 424; — Règl. 17 août 1851, art. 31, III, 486; — A. 17 avril 1866, 1re catégorie, IV, 86; — A. 18 janv. 1887, art. 23, V, 773. = Nouveau modèle du ~ : C. 14 janv. 1890, VI, 222; — C. 12 nov. 1890, VI, 315.

10.

REGISTRES SCOLAIRES.

Détermination des ⏑ : Règl. 17 août 1851, art. 31, III, 486; — A. 17 avril 1866, IV, 86; — C. 14 oct. 1881, V, 324; — A. 18 janv. 1887, art. 23, V, 773.
Nomenclature des ⏑ à la charge des Communes : L. 19 juil. 1889, art. 4, 6°, VI, 164; — D. 29 janv. 1890, art. 5-6, VI, 227.

RÈGLEMENTS SCOLAIRES.

Interdiction de règlements particuliers dans les écoles entretenues aux frais de personnes ou d'associations : O. 29 févr. 1816, art. 31, I, 244.
Nécessité d'un règlement pour toute école primaire : C. 13 déc. 1823, II, 86.
Règlement général dans les écoles primaires élémentaires : Stat. 25 avril 1834, II, 123; — C. 8 août 1834, II, 158; — A. 26 juin 1835, II, 185; — Av. 3 juin 1851, III, 465; — D. 18 janv. 1887, art. 29, V, 726; = dans les salles d'asile : Règl. 24 avril 1838, II, 375; = dans les écoles primaires supérieures : C. 3 févr. 1843, II, 484; — A. 18 janv. 1887, art. 32, V, 775; — A. 29 déc. 1888, VI, 131.
Règlement modèle pour les écoles primaires publiques élémentaires : 17 août 1851, III, 482; — A. 7 juin 1880, V, 170; — A. 6 janv. 1881, V, 235; — A. 18 juil. 1882, V, 441; — A. 18 janv. 1887, V, 823; = pour les écoles maternelles publiques : A. 2 août 1881, V, 311; — 18 janv. 1887, V, 821.
Approbation d'un règlement spécial pour le département de la Moselle : Av. 23 févr. 1870, IV, 241. = Ajournement d'un projet de règlement-type pour les petites classes destinées à servir de transition entre la salle d'asile et l'école primaire : Av. 17 févr. 1870, IV, 239.
Droit pour les Conseils départementaux de modifier les règlements scolaires en ce qui concerne la fixation des heures de travail et l'époque des vacances : A. 29 déc. 1867, IV, 182. = Modification des règlements scolaires, relatifs à la durée des classes d'été et à la fréquentation des élèves : Av. 17 juil. 1869, IV, 229.

Projet d'un règlement général pour les écoles primaires : janv. 1821, I, 297.

RÉHABILITATION.

Effets de la ⏑ à la suite d'une condamnation : Décis. 13 déc. 1839, II, 433; — Av. 16 déc. 1865, IV, 67; — Av. 28 janv. 1869, IV, 199.

RELIGION.

Voir ARCHEVÊQUES et Evêques, CURÉ, INSTRUCTION religieuse, ISRAÉLITE (Culte), PROTESTANT (Culte).

REPRÉSENTATIONS THÉATRALES.

Interdiction de ⏑ dans les distributions de prix : I. 19 juin 1820, I, 287; — A. 18 nov. 1837, art. 11, II, 347; — Règl. 7 juin 1880, art. 15, V, 171; — A. 6 janv. 1881, art. 15, V, 237; — A. 2 août 1881, art. 10, V, 313; — Règl. 18 juil. 1882, art. 13, V, 444; — Règl. 18 janv. 1887, art. 11, V, 822; — Règl. 18 janv. 1887, art. 15, V, 824.

RÉPRIMANDE.

Droit de ⏑ à l'égard des instituteurs et institutrices : L. 28 juin 1833, art. 23, II, 19; — Av. C. 4 avril 1837, II, 312; — L. 11 janv. 1850, art. 3, III, 309; — L. 15 mars 1850, art. 33, III, 331; — L. 14 juin 1854, art. 8, III, 588; — L. 30 oct. 1886, art. 30-31, V, 683.

Projets et propositions de lois : 17 nov. 1832, art. 22, I, 427; — 30 juin 1848, art. 43, III, 42; — 15 déc. 1848, art. 51, 78, III, 105 et s.; — 18 juin 1849, art. 33,

III, 177; — 6 oct. 1849, art. 30, III, 236; — 31 déc. 1849, art. 30, III, 303; — 23 mars 1877, art. 81, 83, IV, 695; — 1ᵉʳ déc. 1877, art. 127-128, IV, 747; — 6 déc. 1879, art. 36-37, V, 89; — 7 févr. 1882, art. 38-39, V, 384.

RÉSIDENCE.

Voir Indemnité de résidence.

RESPONSABILITÉ civile des Instituteurs.

Responsabilité de l'instituteur en cas d'accident survenu à ses élèves : Ar. C. d'app. 8 janv. 1874, IV, 502.

Substitution de la responsabilité civile de l'État à la ⌣ : L. 20 juil. 1899, VI, 893.

Propositions de lois relatives à la responsabilité des membres de l'enseignement : 13 mars 1896, VI, 704 et 716; — 28 mai 1896, VI, 729; — 28 mai 1896, VI, 731; — 4 mars 1898, VI, 794; — 31 janv. 1899, VI, 865; — 1ᵉʳ mars 1899, VI, 874.

RETENUES pour pensions civiles ou de retraite.

Taux des ⌣ : Projet de loi de finances de 1816, I, 249, *n.* 1; — O. 19 avril 1820, I, 281; = L. 9 juin 1853, art. 3, III, 522; — D. 9 nov. 1853, art. 5-25, III, 543.

Retenue du premier mois de traitement et du premier mois d'augmentation de traitement : A. C. 11 mai 1832, I, 419; = du vingtième sur le traitement de chaque instituteur communal : L. 28 juin 1833, art. 15, II, 16; — Décis. 27 déc. 1833, 3º, II, 97; — O. 13 févr. 1838, art. 2-3, 10, II, 369; = du douzième lors de première nomination ou dans le cas de réintégration : L. 29 mars 1897, art. 28, VI, 758; — D. 28 juil. 1897, VI, 777; — C. 11 févr. 1898, VI, 790.

Traitements sur lesquels s'exercent les ⌣ : A. 14 nov. 1837, II, 342.

Obligation pour les instituteurs de verser la ⌣ du vingtième de leur traitement à la Caisse d'épargne instituée par la loi : Av. C. 16 déc. 1836, II, 292. = La ⌣ pour le compte des Caisses d'épargne des instituteurs doit avoir lieu également sur le traitement de tous les instituteurs, laïques ou congréganistes : Av. C. 17 oct. 1834, II, 169; — Décis. 24 févr. 1835, II, 180.

Versement de ⌣ sur les allocations supplémentaires accordées aux instituteurs et institutrices : C. 17 juil. 1888, VI, 108; = sur l'indemnité de résidence : L. 13 avril 1898, art. 49, VI, 810; = par les fonctionnaires en congé, en non-activité ou en disponibilité : L. 28 déc. 1895, art. 40, VI, 675; — C. 10 mai 1897, VI, 768.

Retenue pour le fonds de retraite sur le traitement des inspecteurs primaires : A. 19 déc. 1834, II, 175; — O. 13 nov. 1837, art. 6, II, 341; — C. 12 janv. 1838, II, 361.

Autorisation aux maîtres auxiliaires des Écoles normales primaires de continuer le versement des ⌣ : L. 26 déc. 1890, art. 30, VI, 322; — L. 28 avril 1895, art. 69, VI, 496.

Projets et propositions de lois : 31 mars 1847, art. 25, 32, 35, II, 565 et s.; — 20 juil. 1847, art. 22, II, 594; — 15 déc. 1848, art. 84, 99, III, 111 et s.; — 5 févr. 1849, art. 23, III, 147; — 24 déc. 1880, art. 7, V, 224; — 7 févr. 1882, art. 36, V, 384.

RETRAIT du brevet de capacité.

Par le recteur : O. 29 févr. 1816, art. 28, I, 244; — A. 5 déc. 1820, art. 6, I, 296; — O. 8 avril 1824, art. 10-11, I, 326; — C. 29 avril 1824, I, 327; — O. 21 avril 1828, art. 16-18, I, 343; — Av. C. 12 juil. 1842, II, 462.

RETRAITE.

Modification des conditions de la ⌣ des divers fonctionnaires de l'enseignement primaire : L. 17 août 1876, IV, 646; — C. 28 juin 1895, VI, 629; — Let. 3 août 1895, VI, 652.

Admission à la retraite : des instituteurs et institutrices : C. 18 juil. 1885, **V**, 619; — C. 15 mai 1897, **VI**, 770; == des inspecteurs primaires âgés de 60 ans : C. 28 mars 1894, **VI**. 554.

Nécessité d'un établissement régulier de l'état de services dans les propositions d'admission à la retraite des instituteurs et institutrices primaires publics : C. 21 déc. 1878, **IV**, 835.

Périodes de suppléance pour cause de maladie imputables pour la retraite des instituteurs et institutrices : Av. C. d'Ét. 24 févr. 1897, **VI**, 764.

Projets et propositions de lois : 15 déc. 1871, **IV**, 341; — 3 juil. 1872, **IV**, 383; — 9 juin 1873, **IV**, 463; — 27 juil. 1874, **IV**, 527; — 28 févr. 1882, **V**, 412; — 23 nov. 1886, **V**, 705; — 14 févr. 1889, **VI**, 137.

Voir aussi Pensions civiles ou de retraite, Retenues.

RÉTRIBUTION SCOLAIRE.

Perception d'une ⁓ au profit des instituteurs et institutrices : D. 24 oct. 1795, tit. 1ᵉʳ, art. 8, **I**, 121; — L. 1ᵉʳ mai 1802, tit. ɪɪ, art. 3, **I**, 179; — O. 29 févr. 1816, art. 16, **I**, 242; — Règl. 9 oct. 1819, art. 25, **I**, 278; — O. 14 févr. 1830, art. 6, **I**, 379; — L. 28 juin 1833, art. 14, **II**, 14; — O. 16 juil. 1833, art. 1ᵉʳ, 11, **II**, 26 et s.; — Décis. 27 déc. 1833, 2°, **II**, 97; — Av. C. 24 janv. 1834, **II**, 103; — Av. C. 14 mars 1834, **II**, 113; — Av. C. 25 mars 1834, **II**, 118; — C. 27 avril 1834, **II**, 138; — Av. C. 16 mai 1834, **II**, 142; — O. 23 juin 1836, art. 10, **II**, 254; — Av. C. 23 sept. 1836, **II**, 275; — Av. C. 5 janv. 1838, 1°, **II**, 359; — C. 20 juil. 1841, **II**, 445; — Av. C. 5 avril 1842, **II**, 458; — L. 15 mars 1850, art. 15, 38, **III**, 327 et s.; — D. 7 oct. 1850, art. 19-20, **III**, 387; — C. 24 oct. 1850, **III**, 423; — L. 14 juin 1859, **III**, 745; — Décis. C. d'Ét. 31 juil. 1862, **III**, 806; — L. 10 avril 1867, art. 12, **IV**, 136.

Perception d'une ⁓ au profit de la Commune qui assure un traitement fixe suffisant à l'instituteur public : Av. C. 28 janv. 1834, **II**, 103; — Décis. 17 juin 1836, **II**, 250; — O. 23 juin 1836, art. 10, **II**, 254; — Décis. 4 fév. 1842, 1°, **II**, 453; — C. 27 mai 1861, **III**, 771; — Décis. C. d'Ét. 31 juil. 1862, **III**, 806.

La ⁓ n'est pas perçue dans les salles d'asile : Règl. 24 avril 1838, art. 10, **II**, 377. == Perception d'une ⁓ dans les salles d'asile : D. 21 mars 1855, art. 11, 33-34, **III**, 630 et s.

Affectation d'une partie de la ⁓ au traitement des instituteurs adjoints et des institutrices adjointes : L. 10 avril 1867, art. 6, **IV**, 135; — Let. 29 mars 1878, **IV**, 778.

Les délibérations des conseils municipaux sur la ⁓ sont soumises à l'approbation du préfet : C. 20 juil. 1841, **II**, 445. == Droit pour le préfet et le maire de la Commune de se pourvoir devant le ministre contre les délibérations du Conseil départemental relatives à la fixation du taux de la ⁓ : L. 10 avril 1867, art. 12, **IV**, 136; — C. 12 mai 1867, **IV**, 150. == Les décisions relatives à la ⁓ doivent recevoir leur exécution à partir du 1ᵉʳ janvier de l'année suivante : Av. C. 8 juil. 1834, **II**, 155.

Mode de perception de la ⁓ : Av. C. 25 mars 1834, **II**, 118; — Décis. 17 juin 1836, **II**, 250; — Av. C. 5 avril 1842, **II**, 458; — L. 15 mars 1850, art. 41, **III**, 334; — D. 7 oct. 1850, art. 18, 21-31, **III**, 387 et s.; — C. 24 déc. 1850, **III**, 416, 422 et s.; — D. 31 déc. 1853, art. 14, **III**, 570. == Franchise du droit de timbre pour la perception de la ⁓ : Décis. Min. F. 22 juil. 1875, **IV**, 555.

Recouvrement et payement de la ⁓ : C. 24 juil. 1833, **II**, 46; — Av. C. 24 janv. 1834, **II**, 103; — C. 27 avril 1834, **II**, 139; — Av. C. 13 mai 1834, **II**, 141; — Décis. 4 févr. 1842, 2° et 3°, **II**, 453; — D. 31 déc. 1853, art. 14, **III**, 570; — I. 9 août 1870, **IV**, 257; — C. 16 mai 1877, **IV**, 713. == Le mode de recouvrement de la ⁓ pour les écoles primaires communales n'est pas applicable aux écoles de filles : Av. C. 13 mai 1834, **II**, 141.

La ⁓ est due pour le mois entier, sauf convention contraire de l'instituteur avec les parents : Av. C. 16 mai 1834, **II**, 142.

Suppression de la ⁓ : L. 16 juin 1881, art. 1ᵉʳ, **V**, 261.

Projets et propositions de lois : 13 avril 1794, art. 8, **I**, 93; — 12 nov. 1798,

art. 25-31, I, 144; — 20 avril 1799, art. 20, I, 165; — 20 janv. 1831, art. 12, I, 389;
— 17 nov. 1832, art. 17, 27, I, 426 et s.; — 31 mars 1847, art. 2, 4, II, 561; —
20 juil. 1847, art. 2, 4, 6, II, 591; — 15 déc. 1848, art. 90-95, III, 112; — 5 févr.
1849, art. 23, III, 147; — 18 juin 1849, art. 41, III, 179; — 6 oct. 1849, art. 41,
III, 237; — 17 déc. 1849, art. 64, III, 280; — 31 déc. 1849, art. 41, III, 305; —
sept. 1866, art. 11, IV, 120; — 27 mai 1871, art. 3, IV, 288; — 3 juil. 1872, art. 31,
IV, 404; — 29 janv. 1877, art. 5, IV, 660; — 1er mai 1877, art. 6-7, 12, IV, 708; —
17 déc. 1877, art. 5, IV, 757; — 21 mai 1878, IV, 794; — 20 janv. 1880, art. 1er,
V, 118.

Voir aussi GRATUITÉ.

RÉTRIBUTION UNIVERSITAIRE.

Exemption de la ɯ en faveur des élèves des écoles purement primaires : Décis.
3 févr. 1809, I, 204; — O. 29 févr. 1816, art. 34, I, 244; — A. 5 déc. 1820, art. 8, I,
296; — Av. C. 8 nov. 1833, vɪɪɪ, II, 73; — Av. C. 31 janv. 1834, II, 105.

RÉUNION (La).

Application à la colonie de ɯ de diverses dispositions des lois relatives à l'ensei-
gnement primaire : L. 30 oct. 1886, art. 68, V, 698; — D. 26 sept. 1890, VI, 302.
Traitements du personnel de l'enseignement primaire à ɯ : D. 26 sept. 1890,
VI, 306.

RÉUNIONS PUBLIQUES.

Interdiction aux instituteurs et institutrices de conduire leurs élèves aux ɯ :
C. 18 nov. 1883, V, 555.

REVACCINATION.

Exigence d'un certificat de ɯ : des candidats aux bourses d'enseignement primaire,
aux Écoles normales primaires et aux Écoles normales primaires supérieures : A.
29 déc. 1888, VI, 129; = des élèves des Écoles primaires élémentaires : A. 29 déc.
1888, VI, 130.

RÉVOCATION.

Cas de ɯ ou destitution d'un instituteur : D. 17 nov. 1794, ch. ɪɪɪ, art. 4-6, I, 102;
— D. 24 oct. 1795, tit. ɪᵉʳ, art. 4, I, 120; — O. 2 août 1820, art. 17, I, 290; — O.
8 avril 1824, art. 10-11, I, 325; — L. 28 juin 1833, art. 21, 23, II, 18; — Av. C.
4 oct. 1839, II, 430; — L. 11 janv. 1850, art. 3-5, III, 309; — L. 15 mars 1850,
art. 33-34, III, 331; — L. 30 oct. 1886, art. 30-31, V, 683.
Effets de la ɯ : Av. C. 16 déc. 1834, II, 175; — Av. C. 18 nov. 1836, II, 286 et
288, n.; — L. 11 janv. 1850, art. 4, III, 309; — C. 28 févr. 1850, III, 318; — L.
15 mars 1850, art. 33, § 2, III, 332.
Indication des causes de révocation d'un instituteur, mentionnée au verso d'une
autorisation pour enseignement primaire, I, 517.
Révocation d'une institutrice appartenant à une congrégation religieuse, qui refuse
de se conformer aux règlements universitaires : Av. C. 11 févr. 1845, II, 510; =
de délégués cantonaux : L. 15 mars 1850, art. 42, III, 334; = de directrices et
sous-directrices de salles d'asile : D. 21 mars 1855, art. 23, 26, III, 632.
Conditions de l'exercice du droit de ɯ : Décis. 24 mai 1839, II, 420; — Av. C.
31 mai 1839, II, 422; — A. 30 août 1839, II, 430.
Procédure à suivre par un instituteur pour se pourvoir contre un arrêté de ɯ :
Décis. 26 août 1834, II, 162. = Conséquences du pourvoi devant le Conseil de
l'Instruction publique contre une délibération d'un Comité d'arrondissement pronon-

çant la ~ d'un instituteur : Av. C. 24 janv. 1845, II, 510. = Annulation de décisions de ~ pour vice de forme : Décis. 18 janv. 1850, III, 316 ; — Décis. 18 janv. 1850, III, 316 ; — Av. 12 juil. 1850, III, 351.

Projets et propositions de lois : 10-19 sept. 1791, IV, art. 16, I, 12 ; — 31 mars 1847, art. 22, 24, II, 564 ; — 20 juil. 1847, art. 19, 21, II, 594 ; — 30 juin 1848, art. 13, 43, III, 37 et s.; — 15 déc. 1848, art. 78-80, III, 111 ; — 18 juin 1849, art. 34, III, 177 ; — 13 déc. 1849, art. 3-4, III, 268 ; — 17 déc. 1849, art. 53, III, 278 ; — 17 déc. 1849, III, 284 ; — 15 déc. 1871, art. 8, IV, 338 ; — 3 juil. 1872, art. 63, IV, 409 ; — 23 mars 1877, art. 81, 86, IV, 695 ; — 18 mai 1877, art. 3, IV, 715 ; — 1er déc. 1877, art. 126, 132, IV, 747 et s.; — 6 déc. 1879, art. 37-38, V, 89 ; — 7 févr. 1882, art. 38-39, V, 384 ; — 16 févr. 1882, art. 20, V, 402.

Voir aussi PEINES DISCIPLINAIRES.

S

SACRISTAIN.

Il n'y a pas incompatibilité absolue entre les fonctions d'instituteur et celles de ~ : Av. C. 19 mai 1843, II, 492.

Les fonctions de ~ déclarées incompatibles avec la surveillance et les soins qu'exigent des élèves pensionnaires : Av. C. 2 févr. 1847, II, 544.

Interdiction aux instituteurs de remplir les fonctions de ~ : L. 30 oct. 1886, art. 25, V, 681.

SALLES D'ASILE.

Nature et objet des ~ : C. 4 juil. 1833, II, 20 ; — C. 9 avril 1836, II, 238 ; — Av. C. 13 mai 1836, II, 246.

Utilité de la création de ~ : C. 27 avril 1834, II, 136 ; — C. 9 avril 1836, II, 238 ; — C. 31 oct. 1854, III, 610.

Établissement et organisation des ~ : O. 22 déc. 1837, II, 349 ; — Règl. 24 avril 1838, II, 375 ; — C. 20 juil. 1838, II, 391 ; — A. 31 mars 1840, II, 438 ; — L. 15 mars 1850, art. 57-59, III, 338 ; — D. 16 mai 1854, III, 585 ; — D. 21 mars 1855, III, 626 ; — C. 18 mai 1855, III, 654 ; — C. 16 juin 1855, III, 657.

Autorités préposées aux ~ : C. 29 avril 1836, II, 241 ; — A. 13 mai 1836, II, 246 ; — Av. C. 7 juin 1836, II, 247 ; — D. 21 mars 1855, tit. III, III, 630.

Création de ~ modèles : D. 21 mars 1855, art. 8, III, 629 ; — C. 18 mai 1855, III, 656 ; — A. 28 mars 1857, III, 705 ; — C. 10 juin 1857, III, 706 ; — C. 12 juin 1858, III, 720.

Régime intérieur des ~ : Règl. 24 avril 1838, II, 375 ; — A. 22 mars 1855, III, 635 ; — C. 18 mai 1855, III, 654 ; — A. 5 juin 1855, III, 657 ; — A. 5 août 1859, III, 746 ; — C. 2 déc. 1859, III, 749 ; — C. 12 déc. 1859, III, 750. = Limites de l'enseignement à donner dans les ~ : C. 10 mai 1869, IV, 218.

Institution d'un Comité central de patronage des ~ : D. 21 mars 1855, art. 18, III, 631 ; — dissolution : D. 6 juil. 1871, IV, 292. = Organisation de comités de patronage des ~ : C. 5 juil. 1869, IV, 226.

Intervention des recteurs dans la direction morale et intellectuelle des ~ : C. 14 nov. 1856, III, 702.

Conditions d'existence des ~ libres : D. 21 mars 1855, art. 22, 24, III, 632.

Établissement d'un service médical dans les ~ : A. 20 déc. 1842, II, 479. = Fourniture d'aliments chauds aux enfants des ~ : C. 14 juin 1869, IV, 221.

Subventions en faveur de la fondation de ~ : C. 9 août 1845, II, 518 ; — C. 11 sept. 1846, II, 537. = Appel à la sollicitude des Conseils généraux en faveur des ~ : C.

19 août 1850, III, 367. = Formalités prescrites à l'appui d'une demande de secours à l'État pour la construction de ⌢ : A. 14 juil. 1858, III, 727 ; — C. 30 juil. 1858, III, 729.

Collection des plans-modèles des ⌢ : C. 28 sept. 1861, III, 781.

Modèle d'autorisation de diriger une ⌢ : II, 687.

Transformation des ⌢ en écoles maternelles : Rap. 25 avril 1848, III, 19 ; — A. 28 avril 1848, III, 22 ; — D. 2 août 1881, V, 303.

Projets et propositions de lois : 15 déc. 1848, art. 1er-9, 93, 95, III, 98 et s. ; — 6 oct. 1849, art. 60-62, III, 240 ; — 17 déc. 1849, art. 74-75, III, 282 ; — 31 déc. 1849, art. 59-61, III, 307 ; — 20 janv. 1872, art. 20, IV, 351 ; — 3 juil. 1872, art. 47, IV, 406 ; — 23 mars 1877, art. 31-35, IV, 689 ; — 20 mai 1879, V, 60, et art. 2, V, 61.

Voir aussi ADJOINTE de Salle d'asile, COURS PRATIQUE des Salles d'asile, DÉLÉGUÉE GÉNÉRALE, DÉLÉGUÉE SPÉCIALE, DIRECTRICES de Salles d'asile, ÉCOLE NORMALE de Directrices de Salles d'asile, ÉCOLES MATERNELLES, INSPECTION des Salles d'asile, SOUS-DIRECTRICES de Salles d'asile, SURVEILLANTS et SURVEILLANTES de Salles d'asile.

SALLES de lecture et de conférences.

Fondation de ⌢ dans chacun des arrondissements de Paris : Rap. 24 sept. 1870, IV, 270.

SCIENCES mathématiques.

Proposition de loi : 6 déc. 1879, art. 3, V, 84.

Voir aussi ALGÈBRE, ARITHMÉTIQUE, GÉOMÉTRIE.

SCIENCES naturelles.

Voir HISTOIRE NATURELLE.

SCIENCES physiques.

Voir CHIMIE, PHYSIQUE.

SCIENCES physiques et naturelles.

Enseignement des ⌢ dans les Écoles normales primaires : A. et C. 10 août 1885, V, 634.

Projets et propositions de lois : 15 déc. 1848, art. 12, 25, III, 99 et s. ; — 17 déc. 1849, art. 25, III, 274 ; — 26 janv. 1872, art. 1er, IV, 348 ; — 3 juil. 1872, art. 2, IV, 399 ; — 6 déc. 1879, art. 3, V, 84.

SECOURS.

Distribution de ⌢ aux instituteurs sur les fonds de l'État : Av. C. 18 juil. 1834, II, 156 ; — Av. C. 18 mars 1836, II, 225 ; — Av. C. 2 juin 1837, 2o, II, 319.

Avis sur les ⌢ à accorder à l'enseignement primaire : L. 28 juin 1833, art. 22, § 4, II, 18.

Formalités pour les demandes de ⌢ : C. 13 août 1836, II, 267.

Demande de ⌢ sur les fonds de l'État pour les établissements d'instruction primaire : C. 1er sept. 1851, III, 487.

Projet de loi : 31 mars 1847, art. 33, II, 566.

Voir aussi SUBVENTIONS.

SECRÉTAIRE DE MAIRIE.

Fonctions de ⌣ déclarées incompatibles avec la surveillance et les soins qu'exigent des élèves pensionnaires : Av. C. 2 févr. 1847, II, 544.

Incompatibilité légale des fonctions de ⌣ avec celles d'instituteur communal : Av. 16 déc. 1850, III, 395.

Choix d'instituteurs pour les fonctions de ⌣ : C. 30 mars. 1861, III, 767 ; — C. 26 août 1862, III, 810 ; — C. 24 juil. 1875, IV, 555.

Autorisation aux instituteurs d'exercer les fonctions de ⌣ : L. 30 oct. 1886, art. 25, V, 681.

Propositions de lois : 6 déc. 1879, art. 95, V, 98 ; — 24 déc. 1880, art. 12, V, 225 ; — 7 févr. 1882, art. 79, V, 390 ; — 16 févr. 1882, art. 24, V, 402.

Voir aussi ANIMAUX de réquisition (Classement des), ARCHIVES communales.

SECRÉTAIRES-ARCHIVISTES.

Proposition de loi pour la création de ⌣ : 1er mai 1877, art. 11, IV, 708.

SECRÉTAIRES D'ACADÉMIE.

Traitement, classement, promotion des ⌣ : 27 mai 1850, art. 3-4, III, 351 ; — D. 29 juil. 1850, art. 30-31, III, 362. = Nomination et fonctions : D. 29 juil. 1850, art. 32-33, III, 362.

SERMENT.

Exigence de la prestation du ⌣ : D. 22 mars 1791, I, 6 ; — D. 17 mars 1808, art. 39, I, 197 ; — D. 17 sept. 1808, art. 14, I, 201. = Déchéance et remplacement des fonctionnaires de l'instruction publique qui n'ont pas prêté ⌣ : D. 15-17 avril 1791, I, 7.

Prestation de ⌣ par les instituteurs communaux : L. 28 juin 1833, art. 22, § 6, II, 18 ; — O. 16 juil. 1833, art. 28, II, 33 ; = par les fonctionnaires de l'instruction publique : A. 28 avril 1852, art. 2, 5, III, 502.

Projets et propositions de lois : 10-19 sept. 1791, IV, art. 11, I, 11 ; — 12 déc. 1792, tit. V, I, 30 ; — 15 déc. 1848, art. 68, III, 109.

SERVICE MÉDICAL.

Etablissement d'un ⌣ dans les Salles d'asile à Paris : A. 20 déc. 1843, II, 479.

Voir aussi HYGIÈNE, MÉDECINS.

SERVICE MILITAIRE.

Conditions particulières de ⌣ pour les membres de l'instruction publique : L. 15 juil. 1889, art. 23-25, VI, 153 ; — D. 23 nov. 1889, art. 7-11, VI, 205.

Obligation de savoir lire et écrire exigée pour contracter un engagement volontaire : L. 9 déc. 1875, IV, 574.

DISPENSE du ⌣ en faveur des membres de l'instruction publique qui contractent un engagement décennal : L. 10 mars 1818, art. 15, I, 265 ; — L. 21 mars 1832, art. 14, I, 417 ; — L. 15 mars 1850, art. 79, III, 339 ; — L. 10 avril 1867, art. 18, IV, 137 ; — L. 27 juil. 1872, art. 20 et s., IV, 416 ; — L. 30 oct. 1886, art. 66, V, 698.

Les sous-maîtres des écoles primaires ne sont admis à participer à la dispense du ⌣ que sous les conditions imposées à cet égard aux membres de l'enseignement primaire : Décis. 3 sept. 1833, II, 64.

Conditions de dispense du ⌣ pour les Français domiciliés en Algérie : L. 6 nov. 1875, IV, 571.

Propositions de lois : 7 juil. 1876, art. 8, IV, 623 ; — 1er déc. 1877, art. 75, IV, 738.

Voir aussi ENGAGEMENT DÉCENNAL, II.

SOCIÉTÉ de Marie.

Autorisation : I, 245, n. 1. = Prospectus des écoles primaires de la ⌣ : I, 247, n.

SOCIÉTÉ d'encouragement pour l'Instruction primaire parmi les protestants.

Reconnaissance d'utilité publique : O. 15 juil. 1829, I, 374. = Règlement : I, 375, n.

SOCIÉTÉ des Écoles chrétiennes du Faubourg Saint-Antoine.

Autorisation : I, 245, n. 1.

SOCIÉTÉ Fénelon.

Fondée à Paris pour l'éducation et le patronage des jeunes gens pauvres, orphelins et abandonnés : D. 5 févr. 1852, III, 491.

SOCIÉTÉ française de Tempérance.

Autorisation aux instituteurs et institutrices de prendre part au concours organisé par la ⌣ : C. 18 avril 1898, VI, 812 ; — C. 24 mars 1900, VI, 914.

SOCIÉTÉ pour l'encouragement de l'enseignement mutuel.

Établissement à Angers d'une ⌣, reconnue d'utilité publique : O. 3 déc. 1831, I, 417.

SOCIÉTÉ pour l'Instruction élémentaire.

Fondation à Paris de la ⌣, statuts : 24 nov. 1830, I, 385. = Reconnaissance d'utilité publique : O. 29 avril 1831, I, 396. = Règlement intérieur du Conseil d'administration, 21 févr. 1869, IV, 208.

SOCIÉTÉS de bienfaisance pour la propagation et l'amélioration de l'instruction primaire.

Autorisation de ⌣ : à Mirecourt, O. 2 mars 1832, I, 417, n.; = dans le département de Seine-et-Oise : O. 8 avril 1832, I, 417, n.

SOCIÉTÉS de secours mutuels des Instituteurs et Institutrices publics.

Statuts modèles pour les ⌣ : 31 août 1863, IV, 6 ; — 19 mars 1866, IV, 73. = Ouverture de comptes courants en faveur des ⌣ chez les trésoriers-payeurs généraux : C. 30 mai 1868, IV, 197.

SOCIÉTÉS de secours mutuels scolaires.

Récompenses honorifiques à accorder aux ⌣ : C. 2 déc. 1899, VI, 903.

SOCIÉTÉS pour l'encouragement de l'Instruction primaire.

Établissement de ~ : à Lyon, O. 5 avril 1829, I, 367 ; — à Mirecourt : O. 2 mars 1832, I, 417, *n.*
Légalité de l'existence d'une ~ : Av. C. 25 août 1837, II, 335.

Voir aussi ASSOCIATIONS LAÏQUES.

SOCIÉTÉS SCOLAIRES.

Création de ~, protectrices des animaux et conservatrices des oiseaux utiles, règlement modèle : 10 mars 1894, VI, 550, 551.

SŒURS DE LA CHARITÉ de Saint-Vincent de Paul.

Autorisation : 8 nov. 1809, I, 544.
Modèle de traité entre une commune et la supérieure générale des ~ : I, 330, *n.*

SORBONNE (La).

Siège de l'Académie de Paris : O. 27 févr. 1821, art. 9, I, 310.

SOURDS-MUETS.

Éducation des ~ : C. 20 août 1858, III, 733.
Enseignement des ~ admis dans les écoles primaires : C. 11 mars 1866, IV, 72.

SOUSCRIPTIONS.

Interdiction des ~ dans les écoles et parmi les instituteurs : Règl. 7 juin 1880, art. 17, V, 171 ; — A. 6 janv. 1881, art. 17, V, 237 ; — A. 2 août 1881, art. 14, V, 313 ; — Règl. 18 juil. 1882, art. 15, V, 444 ; — Règl. 18 janv. 1887, art. 15, V, 823 ; — Règl. 18 janv. 1887, art. 17, V, 825.

SOUS-DIRECTRICES de Salles d'asile ou d'Écoles maternelles.

Création de ~ dans les salles d'asile qui reçoivent plus de 80 enfants : D. 21 mars 1855, art. 25-26, III, 632.
Récompenses honorifiques à décerner aux ~ : A. 7 mai 1862, III, 794.
Titres de capacité exigés des ~ : L. 16 juin 1881, art. 2, V, 260.
Traitement des ~ : D. 21 mars 1855, art. 32, III, 634 ; — D. 10 oct. 1881, V, 319.
= Augmentation du traitement des ~ de la marine : Rap. 31 déc. 1881, V, 336.

SOUS-INSPECTEURS primaires.

Institution, conditions de nomination : O. 13 nov. 1837, II, 340 ; — C. 12 janv. 1838, II, 360 ; — O. 18 nov. 1845, II, 529.
Règlement pour l'examen de ~ : A. 6 déc. 1845, II, 531 ; — Règl. 12 mai 1846, II, 536.
Création de nouveaux emplois de ~ : L. 3 févr. 1841, II, 441 ; — O. 31 déc. 1846, II, 541.
Traitement des ~ : A. 29 déc. 1837, art. 4, II, 358.
Droit de surveillance des ~ sur les Salles d'asile : O. 22 déc. 1837, art. 38, II, 356.
Adjonction des ~ aux commissions d'examen : Décis. C. 31 août 1838, II, 399.
Affectation d'un local particulier aux réunions des inspecteurs et ~ primaires : C. 9 août 1838, II, 392.
Lieu de résidence des ~ : C. 11 août 1849, III, 186.

Mode de correspondance des ∾ en Algérie : Av. 15 juin 1849, III, 160.
Suppression des ∾ : L. 15 mars 1850, art. 18, 20, III, 327 et s.; — en Algérie : A. 8 mai 1860, art. 1er, III, 753.
Maintien provisoire des ∾ en exercice : A. 28 août 1850, III, 373.

Projets et propositions de lois : 31 mars 1847, art. 21, II, 564; — 15 déc. 1848, art. 69-74, III, 109.

Voir aussi CERTIFICAT D'APTITUDE aux fonctions de sous-inspecteur primaire.

SOUS-MAITRES des Écoles primaires.

Ne sont pas soumis aux conditions et formalités prescrites pour les instituteurs proprement dits, et ne sont admis à participer aux dispenses du service militaire que dans certains cas : Décis. 3 sept. 1833, II, 64.
Cas où les ∾ sont tenus de remplir toutes les formalités prescrites par la loi : Av. C. 1er juil. 1834, II, 154.

SOUS-MAITRESSES.

Diplôme exigé des ∾ : I. 19 juin 1820, I, 285.
Autorisation à délivrer aux ∾ par le préfet du département : O. 31 oct. 1821, art. 3-4, I, 314.
Conditions exigées des ∾ : dans le département de la Seine : A. 7 mars 1837, art. 16-20, II, 309; — Av. C. 8 août 1837, 4°, II, 333; — dans le département du Loiret : A. 26 déc. 1843, tit. II, § 2, II, 502; — Av. 13 juil. 1849, III, 184.
Programme des connaissances exigées pour le brevet d'aptitude aux fonctions de ∾ : 15 nov. 1837, II, 343; — A. 26 déc. 1843, II, 505.
Liberté pour les institutrices de choisir leurs ∾ : C. 13 août 1836, II, 267.
Modèle de brevet d'aptitude aux fonctions de ∾ : III, 847.

Voir aussi MAÎTRESSES d'études.

SOUS-OFFICIERS.

Emplois civils réservés aux ∾ : L. 18 mars 1889, VI, 139.

SOUS-PRÉFETS.

Rôle des ∾ dans la surveillance des écoles primaires : L. 1er mai 1802, art. 5, I, 179; — D. 15 nov. 1811, art. 192, I, 222; — O. 29 févr. 1816, art. 41, I, 248; — Règl. 9 oct. 1819, art. 21, 34, I, 278 et s.; — L. 28 juin 1833, art. 14, II, 14; — L. 15 mars 1850, art. 28, III, 330; — D. 29 juil. 1850, art. 46, III, 365; — D. 7 oct. 1850, art. 19, 30, III, 388 et s.
Membres des Comités de leur arrondissement : O. 29 févr. 1816, art. 5, I, 241; — Décis. 30 avril 1816, I, 249; — O. 2 août 1820, art. 2, 9, I, 289; — O. 16 oct. 1830, art. 3, I, 384; — L. 28 juin 1833, art. 19, II, 17; — C. 13 déc. 1833, II, 85.
Donnent des indications aux recteurs pour la nomination des membres des Comités cantonaux : O. 29 févr. 1816, art. 3. I, 240.
Reçoivent communication des délibérations des Conseils municipaux relatives aux écoles primaires : O. 16 juil. 1833, art. 5, 29, II, 28 et s.; — C. 24 juil. 1833, II, 43.
Dressent un tableau général des traitements des instituteurs : D. 9 nov. 1853, art. 11, III, 545.
Ont le droit d'entrer dans les écoles publiques de leur arrondissement : D. 18 janv. 1887, art. 145, V, 758.

STAGE dans les Écoles primaires.

Conditions de ∾ : D. 12 mars 1851, III, 446; — D. 31 déc. 1853, art. 1er, III, 568; — L. 30 oct. 1886, art. 23, V, 680; — D. 18 janv. 1887, art. 17-18, V, 723; — D. 25 mai 1894, art. 3, § 4, VI, 564.

Projet de loi : 17 déc. 1849, art. 97; III, 282.

Voir aussi Certificat de stage.

STAGIAIRES (Instituteurs).

Voir Instituteurs stagiaires.

STATISTIQUE sanitaire.

Concours à apporter par les instituteurs à la préparation de la ⌣ : C. 25 juil. 1889, VI, 192.

STATISTIQUE scolaire.

Établissement, tous les trois ans, d'une ⌣ de l'Instruction primaire : Décis. R. 5 oct. 1821, I, 313; — Décis. R. 5 oct. 1831, I, 313,

Projet de loi : 16 mai 1878, IV, 786.

STATUTS d'Associations, de Congrégations, de Sociétés.

Frères des Écoles chrétiennes, 4 août, 1810, I, 211. = Société pour l'encouragement de l'Instruction primaire à Lyon, 5 avril 1829, I, 368. = Société pour l'Instruction élémentaire, 24 nov. 1830, I, 385. = Association religieuse et charitable des Petits-Frères de Marie, 20 juin 1851, III, 468. = Sociétés de secours mutuels des instituteurs et institutrices primaires publics, IV, 6.

SUBVENTIONS.

Du département et de l'État pour les Écoles communales : O. 29 févr. 1816, art. 35, I, 244; — O. 14 févr. 1830, art. 11-13, I, 380; — L. 28 juin 1833, art. 13, 22, II, 14 et s.; — O. 16 juil. 1833, art. 6-10, II, 28; — C. 13 août 1836, II, 269; — L. 15 mars 1850, art. 14, 40, 59, III, 326 et s.; — L. 10 avril 1867, art. 8, IV, 135; — L. 26 déc. 1876, art. 4, IV, 652; — C. 27 déc. 1876, IV, 652; — L. 16 juin 1881, art. 5, V, 263; — L. 19 juil. 1889, art. 2-3, VI, 162; = de l'État aux communes en faveur des caisses des écoles : A. 23 sept. 1881, V, 314.

Enquête sur les ⌣ nécessaires aux communes qui voudraient établir la gratuité absolue de l'enseignement primaire : C. 31 mars 1879, V, 36.

Projets et propositions de lois : sept. 1866, art. 7, IV, 120; — 26 janv. 1872, art. 7, IV, 349; — 12 juin 1872, art. 21, IV, 372; — 3 juil. 1872, art. 12, 36, IV, 401 et s.; — 12 mars 1877, IV, 676; — 23 mars 1877, art. 11, IV, 686; — 1er déc. 1877, art. 22, IV, 729; — 4 nov. 1878, art. 22, IV, 828.

Voir aussi Construction de maisons d'écoles, Départements, État.

SUISSE.

Fréquentation des écoles primaires par les enfants de la ⌣ sur le territoire français : L. 12 juin 1888, VI, 105; — D. 12 juin 1888, VI, 106.

SUJETS DE COMPOSITION.

Relevé complet des ⌣ : A. 7 févr. 1887, VI, 2.

Choix des ⌣ : A. 27 août 1862, III, 812; — C. 18 déc. 1873, IV, 499; — A. 21 janv. 1885, V, 603; — I. 10 mars 1896, VI, 697 et s.

SUPPLÉANCE des Instituteurs et Institutrices primaires publics pour cause de maladie.

Création, conditions de nomination d'instituteurs et institutrices chargés de suppléer les instituteurs et institutrices titulaires dans la direction de leur école : C. 12 mai

1881, **V**, 255 ; — D. 2 août 1890, sect. II, **VI**, 292 ; — D. 25 mai 1894, **VI**, 563 ; — C. 21 avril 1897, **VI**, 762 ; — C. 5 mai 1897, 763, *n.* ; — D. 25 juin 1898, **VI**, 826.

Frais de suppléance à la charge de l'État dans les villes de 150 000 âmes : Av. C. d'Ét. 26 juil. 1894, **VI**, 572.

Durée du congé à accorder aux instituteurs et institutrices chargés de suppléance : A. 8 janv. 1895, **VI**. 589.

SURVEILLANTS dans les Écoles primaires.

Ne sont pas soumis aux conditions et formalités exigées des instituteurs proprement dits : Décis. 3 sept. 1833, II, 64.

SURVEILLANTS ET SURVEILLANTES dans les Salles d'asile.

Conditions de nomination aux fonctions de ᴠᴠ : O. 22 déc. 1837, tit. II, **II**, 352 ; — C. 20 juil. 1838, **II**, 391.

Devoirs et fonctions des ᴠᴠ : Régl. 24 avril 1838, art. 38 et s., **II**, 382.

Examens pour les fonctions de ᴠᴠ : A. 6 févr. 1838, **II**, 363 ; — A. 10 juil. 1838, **II**, 389. = Constatation de l'identité des aspirants et aspirantes : A. 28 déc. 1838, **II**, 408. = Délais d'ajournement des candidats non admis : A. 8 juin 1838, art. 2, **II**, 388 ; — C. 9 août 1838, **II**, 394.

Autorisation aux aspirants d'assister aux exercices : Régl. 24 avril 1838, art. 35, **II**, 382.

Traitement des ᴠᴠ : Régl. 24 avril 1838, art. 10, **II**, 377.

Registres à tenir par les ᴠᴠ : Régl. 24 avril 1838, art. 30-32, **II**, 381.

Création d'une caisse d'épargne pour les ᴠᴠ de la ville de Paris : O. 9 août 1846, **II**, 537. = Liquidation : D. 10 déc. 1856, **III**, 703.

Procès-verbal des examens du certificat d'aptitude aux fonctions de ᴠᴠ : **II**, 631, 633 ; — de surveillante adjointe, **II**, 635.

Voir aussi SOUS-DIRECTRICES de Salles d'asile.

SUSPENSION des fonctions d'Instituteur.

Droit de prononcer la ᴠᴠ : O. 29 févr. 1816, art. 27, **I**, 244 ; — Régl. 9 oct. 1819, art. 34, **I**, 279 ; — O. 21 avril 1828, art. 16-17, **I**, 343 ; — L. 28 juin 1833, art. 21, 23, **II**, 18 et s. ; — O. 23 juin 1836, art. 15, **II**, 255 ; — Av. C. 13 déc. 1842, **II**, 476 ; — L. 11 janv. 1850, art. 3-5, **III**, 309 ; — L. 15 mars 1850, art. 30, 33, **III**, 331 et s. ; — D. 7 oct. 1850, art. 5, 16-17, **III**, 385 et s. ; — C. 24 déc. 1850, **III**, 405 ; — L. 14 juin 1854, art. 8, **III**, 588 ; — L. 30 oct. 1886, art. 33, **V**, 684.

Procédure en matière de ᴠᴠ : Décis. 19 mai 1843, **II**, 491. = Durée de la ᴠᴠ : Av. C. 7 janv. 1842, **II**, 450 ; — L. 11 janv. 1850, art. 4, **III**, 309.

Suspension des traitements conséquence de la ᴠᴠ : Av. C. 31 mai 1842, **II**, 461.

Non recevabilité d'un recours en grâce ou d'un pourvoi contre une décision frappant un instituteur communal de ᴠᴠ : Av. 2 mars 1849, **III**, 147 ; — Av. 1er mai 1849, **III**, 158.

Projets et propositions de lois : 20 janv. 1831, art. 16, **I**, 390 ; — 17 nov. 1832, art. 22, **I**, 427 ; — 31 mars 1847, art. 22, 24, **II**, 564 ; — 20 juil. 1847, art. 19, 21, **II**, 594 ; — 30 juin 1848, art. 13, **III**, 37 ; — 15 déc. 1848, art. 78-80, **III**, 111 ; — 18 juin 1849, art. 33, **III**, 177 ; — 6 oct. 1849, art. 29-30, **III**, 236 ; — 13 déc. 1849, art. 3, 5, **III**, 268 ; — 17 déc. 1849, art. 53-54, **III**, 278 ; — 15 déc. 1871, art. 3, 8, **IV**, 336 ; — 3 juil. 1872, art. 63-64, **IV**, 409 ; — 20 mars 1876, art. 2, **IV**, 582 ; — 23 mars 1877, art. 81, **IV**, 695 ; — 18 mai 1877, art. 3, **IV**, 715 ; — 1er déc. 1877, art. 130, **IV**, 747 ; — 6 déc. 1879, art. 37, **V**, 89 ; — 20 janv. 1880, art. 5, **V**, 109 ; — 7 févr. 1882, art. 41, **V**, 385 ; — 16 févr. 1882, art. 22, **V**, 402.

Voir aussi INTERDICTION.

SYNTAXE FRANÇAISE.

Simplification de l'enseignement de la ᴠᴠ : A. 31 juil. 1900, **VI**, 922.

SYSTÈME LÉGAL des Poids et mesures, SYSTÈME MÉTRIQUE.

Enseigné dans les établissements primaires : D. 21 oct. 1793, art. 3, I, 73 ; — D. 12 févr. 1812, art. 5, I, 223 ; — Règl. 14 déc. 1832, art. 1er, I, 429 ; — L. 28 juin 1833, art. 1er, II, 11 ; — Règl. 19 juil. 1833, art. 8, II, 36 ; — Stat. 25 avril 1834, art. 1er, II, 123 ; — C. 14 avril 1838, II, 374 ; — Décis. 28 juin 1839, 2o, II, 426 ; — A. 22 oct. 1839, II, 432 ; — Av. C. 11 avril 1840, II, 439 ; — L. 15 mars 1850, art. 23, 48, III, 329 et s. ; — D. 24 mars 1851, art. 1er, III, 453 ; — A. 31 juil. 1851, III, 472 ; — Règl. 17 août 1851, art. 30, III, 485 ; — D. 2 juil. 1866, art. 1er, IV, 91 ; — D. 22 janv. 1881, art. 1er, 7o, V, 248 ; — D. 29 juil. 1881, art. 7, 7o, V, 269 ; — L. 28 mars 1882, art. 1er, V, 419 ; — D. 9 janv. 1883, art. 7, 7o, V, 504 ; — D. 18 janv. 1887, art. 27, 82, 7o, V, 725 et s.

Projets et propositions de lois : 20 janv. 1831, art. 1er, I, 388 ; — 30 juin 1848, art. 1er, III, 35 ; — 15 déc. 1848, art. 11, 24, III, 99 et s. ; — 18 juin 1849, art. 21, III, 175 ; — 6 oct. 1849, art. 21, III, 234 ; — 17 déc. 1849, art. 25, III, 274 ; — 31 déc. 1849, art. 21, III, 302 ; — 26 janv. 1872, art. Ier, IV, 348 ; — 12 juin 1872, art. 2, IV, 369 ; — 3 juil. 1872, art. 1er, IV, 399 ; — 23 mars 1877, art. 2, IV, 684 ; — 1er déc. 1877, art. 1er, IV, 726.

Voir aussi POIDS et mesures.

T

TABLEAU des dépenses de l'Instruction primaire.

Rédaction du ⁓ : C. 24 juil. 1833, II, 43, 44.

TARIF RÉDUIT.

Voir VOYAGES à tarif réduit.

TAXE POSTALE.

Taxe postale applicable aux lettres de convocation aux examens : D. 6 mai 1897, VI, 767.

TENUE DES LIVRES.

Comprises parmi les matières de l'enseignement primaire : L. 21 juin 1865, art. 9, IV, 55 ; — D. 2 juil. 1866, art. 1er, IV, 91 ; — A. 3 juil. 1866, art. 17, IV, 108 ; — A. 5 janv. 1881, art. 17, V, 232 ; — D. 22 janv. 1881, art. 1er, 7o, V, 248 ; — D. 29 juil. 1881, art. 7, 7o, V, 269 ; — D. 9 janv. 1883, art. 7, 7o, V, 504 ; — A. 30 déc 1884, art. 19, 4o, V, 599 ; — D. 18 janv. 1887, art. 35, 82, 7o, V, 728 et s. ; — A. 18 janv. 1887, art. 152, 5o, V, 803 ; — D. 21 janv. 1893, art. 35, VI, 473.

Projets et propositions de lois : 15 déc. 1848, art. 12, 25, III, 99 et s. ; — 3 juil. 1872, art. 2, IV, 399 ; — 23 mars 1877, art. 2, IV, 684 ; — 1er déc. 1877, art. 1er, IV, 726.

Voir aussi CERTIFICAT D'APTITUDE à l'enseignement de la Comptabilité.

THÉATRES.

Emploi des enfants dans les ⁓ : C. 26 janv. 1893, VI, 479.

Voir aussi REPRÉSENTATIONS théâtrales.

TIMBRE (Droit de).

Dispense du ⁓ en faveur des déclarations d'ouverture des écoles libres : C. 26 oct. 1858, III, 737 ; = pour les quittances de perception de la rétribution scolaire : Décis. Min. F. 22 juil. 1875, IV, 555.

Application de la loi du 13 brumaire an VII sur le ⚬ aux demandes, pétitions et réclamations adressées au Ministère : C. 7 juin 1886, V, 664.

TIR.

Exercices de ⚬ à la carabine Flobert dans les écoles primaires publiques : A. 27 juil. 1893, VI, 518.

TITRES DE CAPACITÉ.

Exigés pour l'enseignement primaire : D. 17 mars 1808, art. 107-109, I, 199 ; — O. 29 févr. 1816, art. 10, I, 241 ; — L. 28 juin 1833, art. 4, II, 12 ; — L. 15 mars 1850, art. 25, III, 329 ; — L. 16 juin 1881, V, 259 ; — D. 30 déc. 1884, V, 592 ; — L. 30 oct. 1886, art. 20, V, 679 ; — D. 18 janv. 1887, tit. II et art. 180, V, 746, 764. Règlement des examens relatifs aux ⚬ : A. 30 déc. 1884, V, 594.

Projets et propositions de lois : 18 juin 1849, art. 24, III, 176 ; — 6 oct. 1849, art. 23, III, 234 ; — 15 déc. 1871, art. 16, IV, 340 ; — 26 janv. 1872, art. 19, IV, 351 ; — 12 juin 1872, art. 19, IV, 372 ; — 20 mars 1876, art. 1er, IV, 581 ; — 1er déc. 1877, art. 48-49, 64-65, IV, 734 et s. ; — 20 mai 1879, V, 54 ; — 6 déc. 1879, art. 103, V, 99 ; — 28 févr. 1882, art. 2, V, 406.

Voir aussi BREVETS DE CAPACITÉ et les divers CERTIFICATS D'APTITUDE.

TITRES HONORIFIQUES.

Voir OFFICIER D'ACADÉMIE et Officier de l'Instruction publique.

TOISÉ.

Enseignement du ⚬ : Projet de décret : 10-19 sept. 1791, I, art. 4, I, 9.

TRAITEMENT thermal.

Demandes de secours pour ⚬ en faveur d'instituteurs et institutrices primaires publics : C. 14 avril 1890, VI, 262 ; — C. 14 mars 1896, VI, 708.

TRAITEMENTS des Instituteurs et des Institutrices.

Conditions et fixation des ⚬ : D. 8 mars 1793, art. 8-12, I, 40 ; — D. 28 oct. 1793, art. 1-2, I, 78 ; — D. 19 déc. 1793, sect. III, art. 3-4, 11-13, I, 84 et s. ; — D. 17 nov. 1794, ch. III, art. 10, I, 103 ; — D. 24 oct. 1795, tit. Ier, art. 6-8, I, 120 ; — L. 1er mai 1802, tit. II, art. 3, I, 179 ; — O. 29 févr. 1816, art. 16, 36, I, 242 et s. ; — Régl. 9 oct. 1819, art. 24-25, I, 278 ; — O. 14 févr. 1830, art. 3, 6, I, 378 et s. ; — L. 28 juin 1833, art. 12, 14, II, 13 et s. ; — O. 16 juil. 1833, art. 5-6, 8, 10, II, 28 et s. ; — C. 24 juil. 1833, II, 42 ; — Av. C. 12 nov. 1833, II, 75 ; — Décis. 27 déc. 1833, II, 96 ; — I. 27 avril 1834, II, 132 ; — Av. C. 22 août 1834, II, 159 ; — Av. C. 5 janv. 1836, II, 218 ; — O. 23 juin 1836, art. 9-10, II, 254 ; — Av. C. 2 juin 1837, 3°, II, 319 ; — Av. C. 4 juil. 1837, II, 327 ; — Av. C. 5 janv. 1838, 9°, II, 360 ; — Av. C. 31 mai 1842, II, 461 ; — Av. C. 25 oct. 1842, II, 469 ; — D. 7 juil. 1848, III, 42 ; — L. 15 mars 1850, art. 34, 37-38, III, 332 et s. ; — D. 20 avril 1850, III, 342 ; — D. 7 oct. 1850, art. 19, III, 387 ; — C. 24 déc. 1850, III, 414, 420-427 ; — D. 31 déc. 1853, art. 4-5, III, 568 ; — I. 31 oct. 1854, III, 605 ; — D. 20 juil. 1858, III, 728 ; — D. 29 déc. 1860, art. 1er, § 2, III, 766 ; — D. 19 avril 1862, art. 1-4, III, 791 ; — L. 10 avril 1867, art. 4-6, 9-11, 13, IV, 134 et s. ; — C. 12 mai 1867, IV, 150 ; — C. 17 oct. 1867, IV, 170 ; — C. 10 mars 1870, IV, 247 ; — D. 27 juil. 1870, IV, 253 ; — I. 9 août 1870, IV, 258, 260-266 ; — D. 20 janv. 1873, IV, 433 ; — L. 19 juil. 1875, IV, 552 ; — D. 8 août 1876, IV, 642 ; — D. 20 août 1877, IV, 722 ; — D. 30 août 1878, IV, 817 ; — L. 16 juin 1881, art. 6, V, 263 ; — A. 7 févr. 1882, V, 367 ; — A. 21 juil. 1884, V, 582 ; — L. 19 juil. 1889, art. 2-15, VI, 162 ; — A. 7 août 1890, VI, 298 ; — A. 29 déc. 1890, VI, 324 ; — A. 16 mai 1891, VI, 380 ; — L. 25 juil. 1893, art. 6-15, VI, 503 ; — C. 21 déc. 1893, VI, 535 ; — C. 30 nov. 1894, VI, 589 ; — L. 13 avril 1900, art. 30, VI, 916 ; — C. 11 juin 1900, VI, 917.

TRAVAIL des Enfants dans les manufactures, usines et ateliers.

L. 7 déc. 1874, **IV**, 539; — D. 27 mars 1875, **IV**, 547; — C. Min. Agr. et C. 10 juil. 1876, **IV**, 625; — C. 22 nov. 1879, **V**, 80; — C. 16 déc. 1885, **V**, 639; — L. 2 nov. 1892, **VI**, 449; — C. 26 janv. 1893, **VI**, 453, *n.* 1; — C. 9 juin 1893, **VI**, 449; — C. 3 mars 1897, **VI**, 755; — L. 30 mars 1900, **VI**, 451, *n.* 1.

Organisation du service d'inspection du ⠍ : D. 13 déc. 1893, **VI**, 460.

Formule du certificat spécial d'instruction primaire prescrit par la loi du 19 mai 1874 : C. 16 févr. 1876, **IV**, 578.

Propositions de lois relatives à des modifications aux lois sur le ⠍ : 10 mai 1876, **IV**, 597 et 598; — 8 juin 1876, **IV**, 604; — 17 juil. 1876, **IV**, 625.

Voir aussi APPRENTIS, INSPECTEURS du travail des enfants.

TRAVAIL manuel.

Exercices de ⠍ dans les établissements primaires : D. 17 nov. 1794, ch. IV, art. 10-11, **I**, 104; — D. 22 janv. 1881, art. 1er, 15°, **V**, 248; — D. 29 juil. 1881, art. 7, 15°, **V**, 270; — L. 28 mars 1882, art. 1er, **V**, 419; — D. 9 janv. 1883, art. 7, 15°, **V**, 504; — D. 18 janv. 1887, art. 27, 35, 82, 16°, **V**, 725 et s.

Projets et propositions de lois : 26 juin 1793, art. 32, **I**, 47; — 3 juil. 1793, tit. II, art. 4, **I**, 49; — 13 juil. 1793, art. 4, **I**, 54; art. 13, **I**, 56; — 1er août 1793, III, **I**, 60; — 20 oct. 1793, art. 4, **I**, 70; — 1er déc. 1877, art. 1er, **IV**, 727; — 6 déc. 1879, art. 3, **V**, 84.

Voir aussi CERTIFICAT D'APTITUDE à l'enseignement du travail manuel, COURS NORMAUX préparatoires à l'enseignement du travail manuel, ECOLE NORMALE spéciale pour l'enseignement du travail manuel.

TRAVAUX D'AIGUILLE.

Enseignement des — dans les écoles primaires : O. 23 juin 1836, art. 1er, **II**, 252; — Règl. 28 juin 1836, art. 1er, **II**, 256; — Règl. 7 mars 1837, art. 2-3, 17, **II**, 306 et s.; — Règl. 13 avril 1849, art. 9, **III**, 154; — L. 15 mars 1850, art. 48, **III**, 336; — A. 15 févr. 1853, art. 15, **III**, 517; — A. 3 juil. 1866, art. 22, **IV**, 109; — A. 5 janv. 1881, art. 14, **V**, 231; — D. 22 janv. 1881, art. 1er, 15°, **V**, 248; — D. 29 juil. 1881, art. 7, 15°, **V**, 270; — L. 28 mars 1882, art. 1er, **V**, 419; — D. 9 janv. 1883, art. 7, 15°, **V**, 504; — A. 30 déc. 1884, art. 16, **V**, 598; — D. 18 janv. 1887, art. 27, 35, 82, 16°, **V**, 725 et s.; — A. 18 janv. 1887, art. 147, **V**, 802; — A. 20 janv. 1897, art. 147, **VI**, 748.

Enseignement des ⠍ dans les écoles mixtes quant au sexe, tenues par un instituteur : L. 10 avril 1867, art. 1er, **IV**, 134. — *Voir* MAÎTRESSES DE COUTURE.

Projets et propositions de lois : 30 juin 1848, art. 17, **III**, 37; — 15 déc. 1848, art. 24-25, **III**, 102; — 31 déc. 1849, art. 49, **III**, 306; — 26 janv. 1872, art. 1er, **IV**, 343; — 3 juil. 1872, art. 1er, **IV**, 399; — 23 mars 1877, art. 2, **IV**, 684; — 1er déc. 1877, art. 1er, **IV**, 727; — 6 déc. 1879, art. 3, **V**, 84.

Voir aussi CERTIFICAT D'APTITUDE à l'enseignement des travaux de couture.

TRIBUNAL DES CONFLITS.

Voir JURISPRUDENCE, 8°.

TRIBUNAUX.

Civils : voir JURISPRUDENCE, 5°; = Correctionnels : voir JURISPRUDENCE, 6°; = de Commerce : voir JURISPRUDENCE, 7°.

TUNISIE.

Voir FRAIS DE PASSAGE.

U

UNIVERSITÉ de France.

Formation de l'... : D. 10 mai 1806, I, 193. = Organisation et régime : D. 17 mars 1808, I, 196; — D. 17 sept. 1808, I, 199; — D. 15 nov. 1811, art. 190-191, I, 221; — O. 22 juin 1814, I, 226; — O. 17 févr. 1815, I, 228; — D. 30 mars 1815, I, 237; — O. 15 août 1815, I, 238; — O. 27 févr. 1821, art. 3, I, 309; — O. 1er juin 1822, I, 320; — O. 10 févr. 1828, I, 340; — Ar. C. d'app. 28 juin 1831, I, 404; — L. 14 juin 1854, III, 587; — D. 22 août 1854, III, 592.

Costume des membres de l'... : D. 31 juil. 1809, I, 206.

Discipline et juridiction de l'... : D. 15 nov. 1811, art. 41, I, 220; — O. 1er nov. 1820, art. 9, I, 292; — I. 19 janv. 1821, I, 302.

Conduite que doivent tenir les membres de l'... : C. 24 avril 1871, IV, 284.

Les instituteurs primaires ne sont pas membres de l'... : I. 25 juil. 1812, I, 224, n. 1; — deviennent membres de l'... : L. 15 mars 1850, art. 31, III, 331; — L. 14 juin 1854, art. 8, III, 588; — L. 30 oct. 1886, art. 27, § 2, V, 682.

Intervention de l'... dans l'acceptation de dons et legs : Délib. 2 avril 1839, II, 411; — Av. C. 7 déc. 1847, II, 603.

Voir aussi ACADÉMIES UNIVERSITAIRES.

UNIVERSITÉS.

Substituées [aux Académies : O. 17 févr. 1815, art. 1er-25, I, 229; — supprimées : 30 mars 1815, I, 237.

Projet de loi : 10-19 sept. 1791, xx, I, 14.

V

VACANCE d'emploi.

Cas de ... : D. 7 oct. 1850, art. 15, III, 387; — C. 12 juil. 1862, III, 803.

VACANCES.

Fixation et durée des ... dans les établissements primaires publics : Stat. 25 avril 1834, art. 32, II, 128; — A. 21 avril 1837, II, 313; — Av. C. 26 mai 1837, II, 316; — Av. C. 4 août 1837, II, 331; — Av. C. 6 juil. 1849, III, 182; — D. 24 mars 1851, art. 21, III, 457; — Règl. 17 août 1851, art. 41, III, 487; — D. 18 août 1860, III, 759; — D. 2 juil. 1866, art. 19, IV, 96; — Règl. 7 juin 1880, art. 22, V, 172; — A. 6 janv. 1881, art. 22, V, 237; — D. 29 juil. 1881, art. 34, V, 278; — Règl. 18 juil. 1882, art. 19, V, 446; — A. 18 janv. 1887, art. 103, V, 793; — Règl. 18 janv. 1887, art. 22, V, 825; — A. 29 déc. 1888, art. 19, VI, 133; — A. 4 janv. 1894, VI, 536; — C. 4 févr. 1899, VI, 873; — C. 18 janv. 1900, VI, 911; — C. 8 mai 1900, VI, 917; — A. 21 juil. 1900, VI, 921.

Prolongation des ... dans les écoles où le personnel a collaboré aux cours d'adultes et aux œuvres complémentaires de l'école : A. 27 juil. 1896, VI, 737; — C. 27 juil. 1896, VI, 738; — A. 25 mai 1897, VI, 771; — C. 25 mai 1897, VI, 771, n. 1; — C. 12 juil. 1897, VI, 771, n. 1; — A. 30 mars 1898, VI, 809; — A. 28 janv. 1899, VI, 861; — C. 4 févr. 1899, VI, 872; — A. 18 janv. 1900, VI, 907; — C. 18 janv. 1900, VI, 911.

Projets et propositions de lois : 1er oct. 1793, art. 21, I, 68; — 22 nov. 1798, tit. VIII, I, 152; — 20 avril 1799, art. 12-14, I, 164; — 8 nov. 1800, tit. III, § 1er, art. 5, I, 170.

VACCINATION.

Recommandation d'appliquer la ⁓ : C. 12 nov. 1822, I, 323.

Les enfants doivent avoir été vaccinés avant leur admission à l'école : Règl. 17 août 1851, art. 7, III, 483; — Règl. 7 juin 1880, art. 2, V, 170; — A. 6 janv. 1881, art. 2, V, 235; — D. 2 août 1881, art. 28, V, 307; — Règl. 18 juil. 1882, art. 2, V, 442; — Règl. 18 janv. 1887, art. 2, V, 823.

Récompenses aux instituteurs et institutrices primaires publics pour avoir propagé la ⁓ : A. 18 janv. 1893, art. 273, VI, 471; — C. 13 janv. 1895, VI, 597.

Voir aussi MALADIES épidémiques et contagieuses, REVACCINATION.

VICAIRE.

Remplace de droit le curé dans les Comités : Av. C. 26 mai 1837, II, 316.

VICE-RECTEUR de l'Académie de Paris.

Institution d'un ⁓ : D. 22 août 1854, art. 29, III, 596. = Nomination : D. 22 août 1854, III, 597. = Attributions : A. 5 oct. 1854, III, 600; — D. 11 déc. 1869, IV, 238.

VICE-RECTEUR de la Corse.

Institution d'un ⁓ : D. 22 août 1854, art. 25, III, 596. = Attributions : D. 29 août 1860, III, 760.

VISITES des enfants des écoles aux ateliers, hôpitaux, fermes, etc.

Recommandation de ⁓ : D. 21 oct. 1793, art. 3, I, 73; — D. 17 nov. 1794, ch. IV, art. 7-9, I, 104.

VOLONTARIAT D'UN AN.

Bénéfice du ⁓ acquis au brevet de capacité délivré à la sortie des fermes-écoles et des écoles pratiques d'agriculture : L. 30 juil. 1875, art. 11, IV, 558.

VOYAGES à tarif réduit.

Concession d'un tarif réduit aux instituteurs et institutrices voyageant sur les chemins de fer : Let. Min. T. P. 20 janv. 1879, IV, 844.

Conditions exigées des instituteurs et institutrices pour profiter du tarif réduit sur les chemins de fer : A. 23 juin 1879, V, 65; — C. 26 mai 1884, V, 579; — C. 15 juillet 1884, V, 581.

Mode de délivrance des billets à tarif réduit : C. 5 mai 1896, VI, 719; — C. 4 août 1896, VI, 738; — C. 19 juin 1897, VI, 775.

Modèle : de demande de billet à tarif réduit, VI, 957; = de carte d'identité, VI, 959.

Formalités à observer pour les demandes de Cartes permanentes de circulation pour les instituteurs et institutrices : C. 12 avril 1897, VI, 760; — C. 25 janv. 1898, VI, 789. = Modèle de demande de Carte permanente à tarif réduit, VI, 969.

PARIS. — IMPRIMERIE DELALAIN

18, RUE SÉGUIER.

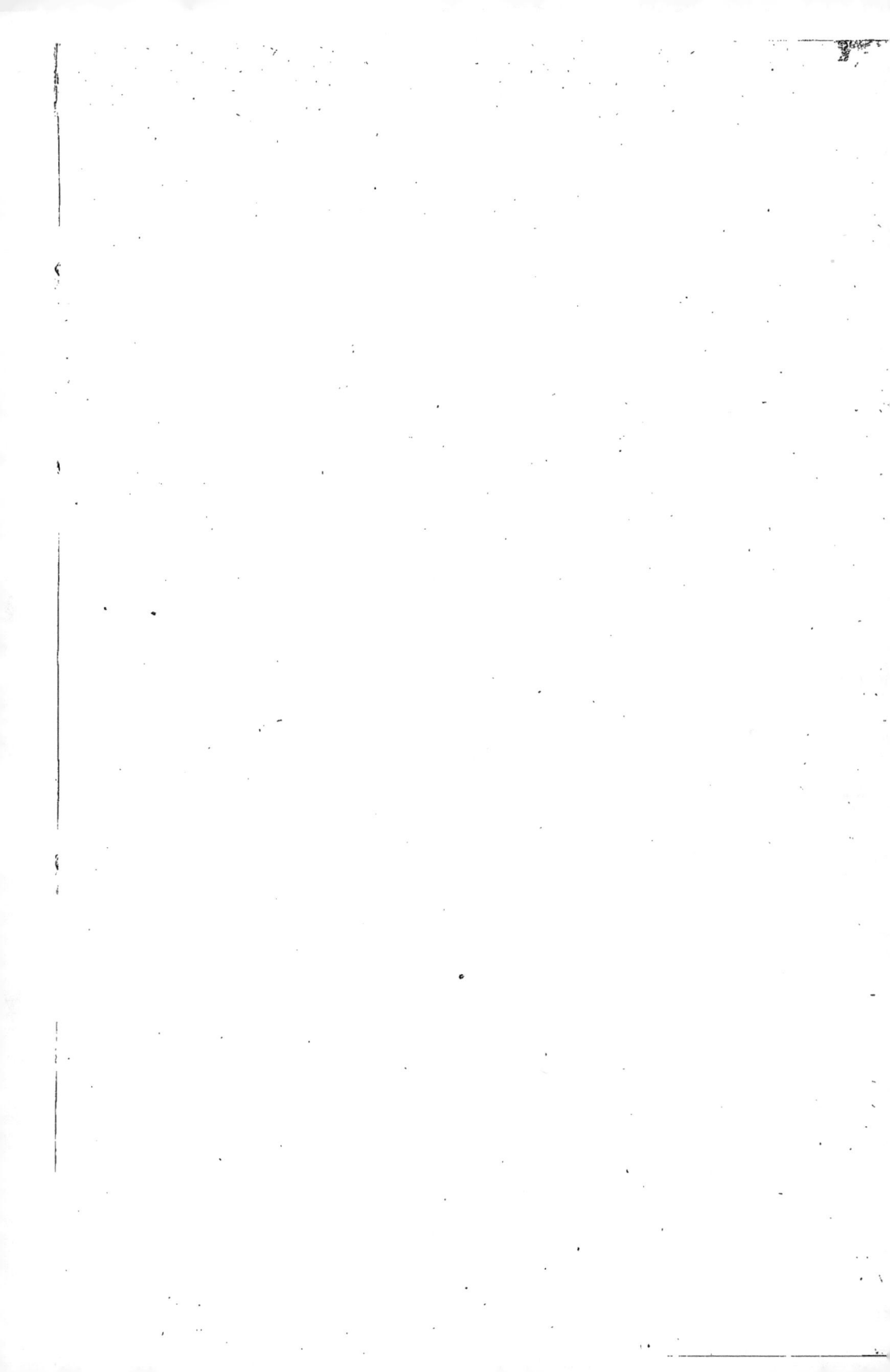

www.ingramcontent.com/pod-product-compliance
Lightning Source LLC
Chambersburg PA
CBHW072344200326
41519CB00015B/3654